国家について　法律について

キケロー

岡　道男 訳

講談社学術文庫

目次

国家について

法律について

凡例

・翻訳にあたっては、次の校訂本を底本とし、解説に掲げた他の校訂本を併せて参照した。
Konrat Ziegler, *Cicero: De re publica*, Leipzig: Teubner, 1969.
Konrat Ziegler, *Cicero: De legibus*, Heidelberg: F. H. Kerle, 1963.

・章および節の区分について。キケロー作品本文の区分には、慣例的に二つのシステムが存在する。Oxford Classical Text のほぼ一頁に対応する大まかな区分は、Janus Gruter 版キケロー全集（一六一八年）に始まるものであり、本訳では、これを「章」の区分として漢数字で表した。また、テクストの五行ないし一五行ごとに施される細かい区分は、Alexander Scot 版キケロー全集（一五八八—八九年）に由来するとされ、本訳では、これを「節」の区分として、本文中に［ ］の形のアラビア数字で示した。なお、訳注および「訳者解説」におけるキケロー作品本文の個所の指示は、「一・二二」（＝第一巻第二二節）のように巻数と節数で行い、章数は示さなかった。

ただし、この区分はあくまで便宜的なものであり、内容の区切りとは一致しない場合が多い。また、『国家について』は、右とは異なる方式で番号区分が施されている。『国家について』のうち、第六巻「スキーピオーの夢」を除く部分の十九世紀における写本発見の経緯については、「訳者解説」の該当個所を参照されたい。

・固有名詞について。ギリシア人名はギリシア語形で、ローマ人名はラテン語形で表記した。長音は音引き記号を用いて表記したが、地名については、ギリシア語形、ラテン語形にかかわらず、慣用を優先する場合が多い。

例　アエギュプトゥス　↓　エジプト　　アルペース　↓　アルプス

・ph、th、chの音は、それぞれp、t、kと同じものとして表記した。

・本文中で用いた記号の意味は、以下のとおりである。

［　］　校訂者による削除

〈　〉　校訂者による補足

〔　〕　訳者による補訳

・巻末に、登場する人名・神名およびその出現個所を示す「人名索引」を付した。詳細については、人名索引の凡例を参照されたい。

国家について　法律について

国家について

登場人物

スキーピオー・アエミリアーヌス・アーフリカーヌス・ミノル（小アーフリカーヌス）、プブリウス・コルネーリウス
　第三次ポエニー戦争に出征。前一四七、一三四年の執政官。本対話篇の主人公。
トゥベロ、クイントゥス・アエリウス
　前一三〇年（？）の護民官。哲学者パナイティオスに師事した教養人。
ファンニウス、ガーイウス
　第三次ポエニー戦争に出征。前一二二年の執政官。パナイティオスに師事した。
フーリウス・ピルス、ルーキウス
　前一三六年の執政官。ヌマンティア（スペイン）との条約の締結に携わった。
マーニーリウス、マーニウス
　前一四九年の執政官として第三次ポエニー戦争に出征。法律家としても有名。

ムーキウス・スカエウォラ・アウグル、クイントゥス
前一一七年の執政官。キケローが青年時代に師事した法律の大家。
ムンミウス、スプリウス
兄弟のルーキウスの副官としてギリシアに出征(前一四六年)。ストア派哲学者。
ラエリウス、ガーイウス
第三次ポエニー戦争に出征。前一四〇年の執政官。スキーピオーの友人。
ルティーリウス・ルーフス、プブリウス
前一〇五年の執政官。スキーピオーの友人。

第一巻

一

［1］……攻撃から、またガーイウス・ドゥエーリウス、*[1] アウルス・アティーリウス、*[2] ルーキウス・メテッルス*[3]はカルターゴーの恐怖から〔わが国を〕解放しなかっただろう。二人のスキーピオー*[4]は第二次ポエニー戦争の燃え上がる大火を自己の血で消し止めなかっただろう。またクイントゥス・マクシムス*[5]はいっそう激しい勢いで起こされた戦いの鋒《ほこさき》を鈍らせることも、またマルクス・マルケッルス*[6]はそれを打ち砕くこともなかっただろう。またプブリウス・アーフリカーヌス*[7]は戦いをこの都の門から引き離し、敵の城壁の中へ追い込むこともなかっただろう。さらに、無名の新人*[8]であったマルクス・カトー*[9]は——同じ仕事に励むわたしたちは皆彼をいわば模範と仰いで勤勉と徳へ導かれるのだが——都に近い健康な土地トゥスクルム*[10]で閑暇のうちに自適することがたしかに許されただろう。しかし、その人々*[11]から見れば彼は狂人としか思われないのだが、やむをえない事情に強いられたわけではないのに、あの平穏と閑暇の中に生を存分に楽しむよりも、高齢となるまでこの世の荒波や嵐にも

まれることを望んだ。わたしはこの国の安寧にそれぞれ尽くした無数の人々を省いておく。また、この時代の記憶からさほど遠くない人々の名もあげずにおく。それは自分の、または一族のうち誰かの名が省かれているという不平を防ぐためである。ここで一つわたしが明らかにしておくことは、人類には自然からかくも大きな徳の必要と、かくも大きな熱意が共同の安寧を守るため与えられているので、その勢いは快楽と閑暇のすべての誘惑に打ち勝つということである。

二

［2］しかし徳は、それを用いないなら、ある種の技術のように所有するだけでは十分でない。技術というものはそれを用いないときでも、知識そのものによって保持することができるが、徳はひとえにその活用にかかっているのだ。そしてその最大の活用とは国の指導であり、また、その人々[*12]が片隅で声高に説いているようなこと自体を、口先ではなく、実力によって達成することである。なぜなら、哲学者たちが少なくとも公正な立場から誠実に論じていることで、国に法を課したこれらの人々によって作り出され、確立され〈なかっ〉たものは一つもないからである。じじつ、どこから義務を守る心が、あるいは誰から神を畏れる心が生まれるのか。どこから万民法[*13]、あるいはこの市民法[*14]と言われるもの自体が、どこから正義、信義、公正が生じるのか。どこから名誉心、自制心、不名誉の回避、称賛と徳性の欲求が、どこから苦難と危険における勇気がくるのか。明らかにそれは、陶冶によってほぼ形

作られたこれらのものを、あるものは慣習によって確立し、またあるものは法律によって定めた人々からくるのである。

［3］それればかりか、きわめて声望の高い著名な哲学者クセノクラテース*[15]は、彼の弟子たちが何を学んでいるのか尋ねられたとき、彼らが法律によって強いられていることを自発的に行うことだ、と答えたと言われる。だから、哲学者がその弁論をふるったところでわずかの者さえ説得できない事柄を、権力と法律による刑罰とによりすべての人に強いる市民*[16]は、これらのことを議論する教師自身よりいっそう望ましいのだ。じじつ、彼らのどの弁論がそのように念入りに作られているのか。それが、公の法と慣習のおかげで確固として立つ国よりまさると思われるほどにだ。じっさい、わたしは、エンニウス*[17]の言う「支配権を揮う偉大な都市」のほうが、村や要塞よりも望ましいと思うように、これらの都市を思慮と権威をもって支配する者は、公務にまったく関与しない者よりも、英知そのものにおいてはるかにまさるとみなすべきだと考える。そしてわたしたちは、人類の資力を増大させるべく大いに駆り立てられ、わたしたちの配慮と労苦によって人間の生活をいっそう安全に豊かになすべく努めるのだから、またこの欲望を満たすためじつに本性そのものの突き棒*[18]で促されるのだから、きわめて優れた人なら誰でもつねにとったあの道を進むことにしよう。そしてすでに先に進んだ者さえ呼び戻すために退却喇叭を吹く人々の合図には耳をふさぐことにしよう。

三

［4］これらの、このように確実で明白な論拠にたいし、反論を行う者によって、まず国家を守るために耐えなければならない労苦があげられる。しかし、それは熱意ある勤勉な者にとってはまったく軽い負担であり、そのように大きな事柄においてのみでなく、ありふれた勉学や義務やさらに仕事においても取るに足らぬものである。その上に生命の危険があげられる。また勇気ある人々にたいしては不名誉な死の恐れが彼らの反論として述べられる。だがこれらの人々[*19]は、いずれ自然に帰すべき生命をとりわけ祖国のために捧げる機会が自分に与えられることよりも、自然の理によって老衰することをむしろ憐れむべきものとみなすのがつねである。しかしこの点について彼ら反論者は、もっとも有名な人々の不幸や、亡恩の市民によってこれらの人に加えられた不正を数え上げるなら、雄弁に委曲を尽くしたと考える。

［5］ここでまずギリシアにおける、よく知られた例があげられる。すなわちペルシア軍の征服者および勝利者ミルティアデース[*20]は、もっとも輝かしい勝利において正面に受けた傷がまだ癒えないうちに、市民による桎梏のもとに、敵の武器から救われた生命を落とした。またテミストクレース[*21]は、彼が解放した祖国から脅され追われ、彼が救ったギリシアの港の中へではなく、彼が打ち倒した異国のふところの中へ逃れた。しかし著名な市民にたいする

アテーナイ人の無分別と残酷の例は少なくはない。それはギリシアにおいて起こり繰り返され、さらにきわめて堅実なわが国にまで流れ込んだと言われる。

［6］じじつ、カミッルス*22の追放、アハーラ*23の屈辱、ナーシーカ*24にたいする嫉視、ラエナス*25の追放、オピーミウス*26にたいする有罪判決、メテッルス*27の亡命、ガーイウス・マリウス*28のもっとも痛ましい不幸、………卓越した市民たちの殺害、その後まもなく起こった多くの者の破滅*29があげられる。そして彼らはいま〈わたしの〉名前すらあげるのであり*30、おそらくわたしの思慮と危険によって自分たちの生命と平和が救われたと考えるゆえに、よりいっそうはげしく、よりいっそう心からわたしのために嘆くのである。しかし、彼ら自身が勉学と視察のために海を渡るとき、なぜ………か、わたしには容易に言えないだろう………

四

［7］………が安全であると、執政官職から退くにあたりわたしが集会において誓い、ローマ国民が同じことを誓ったとき、わたしはすべての不正による苦悩と煩労の償いを容易に得ただろう。とはいえ、わたしの不幸は労苦よりもいっそう多くの名誉を、煩労よりもむしろ大きな栄光をもたらしたのであり、またわたしは、不正な者の喜びに苦痛を感じるよりも、正しい人々がわたしを慕ってくれたことに、より大きな喜びをもったのである。しかし、上に述べたように、もし異なった結果になったとしても、どうしてわたしは不平を言う

ことができようか。なぜなら、わたしにとって、わたしのなし遂げたかくも大きなことに比べて思いがけないこと、またわたしが予期していたよりもいっそう重くのしかかったことは何一つないからだ。というのも、わたしという人間は、幼少より慣れ親しんだ学問の豊かな喜びのゆえに、閑暇からほかの人より大きな実りを得ることができたのに、あるいはすべての人々に苦難が降りかかったさいに、ほかの人と変わらぬ同じ運命の条件に従うことができたのに、市民を救うためとあれば強烈な嵐や、いわば雷撃さえも物ともせず立ち向かい、わが身の危険を冒してほかの人々に共通の平和を獲得したのであるから。

［8］じじつ、祖国がわたしたちを生み、あるいは教育したのは、わたしたちからいわゆる養育料をまったく期待せず、それ自身ただわたしたちの便宜に仕え、わたしたちの閑暇のために安全な隠れ場と、休養のために静かな場所を提供するという条件によるのではなく、わたしたちの勇気、才能、思慮の最大最善の部分を祖国自身が自己の利益のためにあて、自己に不用となるものだけをわたしたちの自由な使用のために返してくれるという条件によるのである。

五

［9］さらに自分たちがいっそう容易に閑暇を楽しむための言い訳として彼らがあげるあの口実には、たしかにいかなる場合にも耳を貸してはならない。すなわち彼らは、たいてい

いかなる価値もない者が国政に携わるのであり、これらの者と比較されるのも恥ずべきことだが、これらの者と争うのは、とくに民衆が扇動されているとき、浅ましいことであり危険だと言う。それゆえ俗衆の気狂いじみた、抑制を失った殺到を抑えることができないときに手綱を受け取ることは賢者のなすことではなく、また汚らわしい恐るべき相手と戦って侮蔑の鞭打ちを忍び、あるいは賢者には耐えられない侮辱を覚悟することは自由人にふさわしくない、と彼らは言う。さながら、正しく勇敢な、高邁な心をもつ人が国政に携わるのに、不正な者に従わないこと、またはこれらの者によって国家が滅ぼされるのを許さないことよりも、より正当な理由があるとでも言いたいようだ。しかしそういう彼ら自身、たとえ援助の意志があってもそれを行うことはできないのである。

六

［10］また、賢者は時勢とやむをえない事情によって強いられないかぎり国政にまったく関与しないだろうという彼らの留保を、いったい誰が是認できるか。じっさい彼らは、わたしが直面した事態よりも深刻な危機が誰かに起こることがありうるとでも言いたいようだ。しかしそのさい、わたしは、もし当時執政官*31でなかったなら、何をなすことができただろうか。さらに、騎士階級の出身でありながら最高の名誉に到達したその経歴を幼少より一筋に歩まなかったなら、どうして執政官となることができただろうか。だから、その権限をもつ

地位についていないなら、国家がいかに危険によって圧迫を受けようとも、国家を援助する機会は準備なしに、あるいは望みのときに手に入らないのだ。

［11］また学者の主張においていつもとくに不思議に思われるのは、それを学んだことがなく、また覚えることをまったく心がけなかったので、海が静かなとき舵を取ることができないと言う者が、大波の逆立つときには舵を取ろうと約束することである。じじつ、彼らは国家の確立あるいは維持の原則についてかつて学んだことも、教えることも何一つないと公言し、さらにその点を大いに自慢するのがつねである。また彼らはその事柄にかんする知識は学者や賢者にではなく、その分野に経験のある者たちに任せるべきだと考える。とすれば、非常事態に面してやむをえないときにはじめて国家に尽力を約束することとどうして矛盾しないのか。彼らは、危機が迫らないときに国家を治めることははるかに容易であるのに、その心得を知らないのだから。たしかに、賢者がみずからすすんでへりくだり国政に携わることはまれであるが、時勢が強要するときは結局その義務を拒絶しないのだということが事実であるにせよ、この国政の知識は賢者によってけっしてなおざりにされてはならない、とわたしは考えるだろう。なぜなら、賢者は、おそらくいつか用いなければならないことはすべてあらかじめ備えておくべきであるから。

七

［12］わたしがこれらのことに多言を費やしたのは、この著作において国家にかんする討議を計画し、それに取りかかっているからだ。この討議が無駄に終わらないために、わたしはまずはじめに国政に携わるさいの疑念を取り除く必要があった。しかし、なお哲学者の権威に左右される者がいるなら、もっとも優れた学者のあいだで最大の権威と栄誉を担う人々の言葉に、しばらくのあいだ注意深く耳を傾けてもらいたい。これらの人々は、みずから国家を運営しなかった者が中にはいるとはいえ、国家について多くの探究を行い著作を著したので、国家にたいする一種の義務をやはり果たしたとわたしはみなすのである。じっさい、わたしは、ギリシア人が賢人と名づけた七人*32のほとんどすべてが国政の中心に携わっていたのを認める。じじつ、いかなる業といえども、新しく国を建設すること、あるいはすでに建設された国を守ることほど、そこにおいて人間の徳が神意に近づくものはない。

八

［13］それゆえわたしは、たまたま国家の運営において世人の記憶に値するようなことをなし遂げ、また国政の原則を説明することができるいわば能力を身につけたのであるから、実務によってのみならず、熱心に学び教えることによっても……熟達した者である。なぜなら、以前の人々は、ある者は議論においてきわめて巧みであったが実行したことは何も見当たらず、またある者は、実行において有能であったが議論において未熟であったから。し

かし、わたしは何か新たに発見した原則を定めようとしているのではなく、ある一時期にわが国でもっとも著名でありもっとも賢明であった人々の議論を思い起こそうとしているのである。それはかつてわたしと、青年であったきみ[*33]に、わたしたちがスミュルナ[*34]で数日間ともに滞在したとき、プブリウス・ルティーリウス・ルーフス[*35]が打ち明けてくれたものだ。その議論において、これらすべての事柄の原理に深い関連のあることは、ほとんど省かれていないはずである。

九

［14］パウルスの子、プブリウス・アーフリカーヌス[*36]が、トゥディターヌスとアクイーリウスが執政官であった年[*37]のラティーナエ祭[*38]を別邸で過ごすことに決め、彼にもっとも親しい人々がその祭日のあいだ彼をしばしば訪問することを告げていたので、ラティーナエ祭当日の朝早く彼の姉妹の息子クイントゥス・トゥベロ[*39]は一番にやって来た。スキーピオーは彼に親しく挨拶し、よろこんで迎えて言った。「トゥベロよ、どうしてこのように早く来たのか。この祭日はきみの書物をひもとくためじつに都合のよい機会をきみに与えるはずだったのに。」

トゥベロ「じっさい、わたしにとって、わたしの書物はいつでも暇です。書物にはけっして用がありませんから。しかし、暇であるあなたを摑まえることはまったく素晴らしいことです。とくに国家のこの騒動[*40]にさいして。」

スキーピオー「たしかにきみはわたしを摑まえた。だが、神にかけて、仕事において暇であるほど心は暇ではない。」

トゥベロ「だが、じっさい、あなたは心ものんびりとさせるべきです。わたしたち大勢が、取り決めたとおり、あなたの都合がよければこの閑暇をあなたとともに利用しようと待ちかまえているのですから。」

スキーピオー「じつによろこんで。やっと学問の研究について何か教えられることができようから。」

一〇

［15］トゥベロ「それでは、あなたがわたしをいわば誘い、あなたについて期待を抱かせるので、まず、アーフリカーヌスよ、ほかの人々が来る前に、元老院において報告されたもう一つの太陽[*41]について、いったい何事なのか考えてみませんか。じじつ、二つの太陽を見たという人は少なくなく、また無分別でもないので、それを信じないというよりも、むしろその説明を求めなければなりません。」

スキーピオー「わたしたちの友人パナイティオス[*42]がここにおればじつによいのだが。彼はほかの事物と同様、とくにこれらの天界にかんすることをきわめて熱心にたえず探究しているのだ。だがわたしは、トゥベロよ、わたしの思うことをきみに正直に言うなら、そのような種類のすべてについて、あのわたしたちの友人にまったく同意しているわけではない。彼は、わたしたちが推測を凝らしてもどんな性質かほとんど想像ができないものを、さも確信あり気に述べる。だから彼はそのようなものを目で認め、実際に手で触れていると思われるほどだ。わたしはソークラテースのほうが彼より賢明であるといつも考えている。ソークラテースはそのような関心をいっさい捨て去り、自然について探究されるような事柄は、人間の理性が捉えることができるよりも大きなものであるか、あるいは人間の生活にまったく関係がない、と言った[*43]。」

［16］トゥベロ「アーフリカーヌスよ、ソークラテースがそのような議論をいっさい拒否し、ただ人生と慣習について探究することをつねとしたと言い伝えられている理由がわたしには分かりません。じじつ、彼について、プラトーンよりも信じるべき権威者をほかにあげることができますか。この人の著作の多くの個所においてソークラテースは、[*44]慣習や美徳、さらに国家について議論するときでさえ、数や幾何学や調和をピュータゴラース流に自分の話と結び付けようと努力して対話を行っています。」

スキーピオー「きみの言うとおりだ。しかしトゥベロよ、きみはこのことを聞いたことがあると思う。プラトーンはソークラテースの死後、勉学のためにまずエジプトへ行き、ついでピュータゴラース[*45]の発見をすべて学ぶためイタリアとシキリアへ行った。そしてタラースのアルキュータース[*46]やロクロイ人のティーマイオスと長く付き合い、ピロラーオス[*47]の書物を

ラースの難解さとあのきわめて多くの学術の重みで織り合わせたのだ。」すべてを師に帰することを欲したので、ソークラテースの討論の優雅と洗練を、ピュータゴラースの弟子たちやその学問に熱中した。そして彼は、ソークラテースをひとえに敬愛し、手に入れた。また当時これらの地方でピュータゴラースの名声が高かったので、ピュータゴ

一一

[17] スキーピオーは、こう言い終えたときルーキウス・フーリウス*48が不意にやって来たのを認めたので、彼に挨拶してから親しく彼の手を取り、自分の長椅子に座らせた。そして同時にこの話の内容をわたしたちに伝えたプブリウス・ルティーリウスがやって来たので、スキーピオーは彼にも挨拶してから、トゥベロの傍らに座るように言った。

フーリウス「あなたがたは何を論じているのですか。もしかして、わたしたちが途中でやって来て、あなたがたの討論の邪魔をしたのではないでしょうね。」

スキーピオー「いや、けっして。あなたはトゥベロが少し前に探究を始めた種類の問題をつねに熱心に研究しているから。また、わたしたちの友人ルティーリウスときたら、まさにヌマンティアの城壁のもとにおいてさえ、わたしとそのようなことをときどき探究するくせがあった。」

ピルス〔フーリウス〕が言った。「いったいどのようなことが話題になっていたのです

か。」

スキーピオー「あの二つの太陽について。それについて、ピルスよ、あなたから意見をぜひ聞きたいものだ。」

一二

［18］彼がそう言い終えるやいなや、召使いが、ラエリウス*49は家をすでに出てこちらへやって来ると告げた。そこでスキーピオーは外出用の靴を履き、衣服を改めて寝室*50から出てきた。そしてしばらく柱廊を散歩してから、到着したラエリウスと、彼と一緒に来た人々に挨拶した。それは彼がとくに愛したスプリウス・ムンミウス*51、二人ともラエリウスの女婿で、すでに財務官になれる年齢*52の、学問を修めた青年ガーイウス・ファンニウス*53とクイントゥス・スカエウォラ*54であった。スキーピオーは彼らすべてに挨拶してから、柱廊で向きを変えて、ラエリウスが真ん中に来るようにした。そのわけは、彼らのあいだに友情のいわば掟のようなものがあって、戦時においてラエリウスがスキーピオーを絶大な武勲のゆえに神のごとく敬い、平時には入れ替わってスキーピオーが年長者であるラエリウスを父親のごとく尊敬していたからである。それから彼らはしばらくのあいだあちらこちらを歩きながら互いに話し合い、スキーピオーが彼らの来訪を大いに喜び歓迎するむね述べてから、季節は冬であったので、草原の陽がもっともよく当たる場所に座ることに決めた。彼らがそうしようとし

ていたときに、彼らすべてに人気があり愛されていた聡明な人マーニウス・マーニーリウス*55がやって来た。彼はスキーピオーやほかの人々からねんごろな挨拶を受け、ラエリウスの傍らに座った。

一三

[19] そこでピルスが言った。「わたしの見るところ、この人たちが来たからといって、わたしたちがほかの話題を探す必要はないようですが、しかしより正確に議論し、この人たちの耳に入れるにふさわしいようなことを言わなければなりません。」

ラエリウス「あなたがたはいったい何を論じていたのか。どのような討論の途中でわたしたちが邪魔をしたのか。」

ピルス「二つの太陽が観察されたという周知の事実について、スキーピオーがわたしに意見を尋ねたのです。」

ラエリウス「ピルスよ、あなたはほんとうにわたしたちが家や国家に関係のある事柄をすでに知り尽くしていると思うのか。じつに、わたしたちは、天界で何が行われているかを探究するのであるから。」

ピルス「あなたは、『家』において何が行われ、何が起こっているかを知ることが、わたしたちの家に関係ないと考えますか。それはわたしたちの壁が取り巻いている家ではなく、神々が自己と共通の住居および祖国としてわたしたちに与えたこの宇宙全体なのです。とくに、このことを知らなければ、わたしたちは当然多くの大切なことを知ることができないのですから。その上、事物の認識そのものと考察は、神にかけてラエリウスよ、あなた自身やすべて知識に貪欲な人々と同様に、わたしに喜びを与えるのです。」

〔20〕ラエリウス「わたしは止めはしない。とくにわたしたちは祭日を過ごしているのだから。だが、まだ議論を聞くことができるのか。それともわたしたちの来るのが間に合わなかったのか。」

ピルス「これまで何も議論されていません。そしてまだ手をつけていないので、ラエリウスよ、それについてあなたの議論を聞くためにわたしはよろこんで譲りましょう。」

ラエリウス「いや、むしろあなたの意見を聞こう、もしかしてマーニーリウスが、二つの太陽のあいだになんらかの仮決定を発し、どちらも同時に天界を占有してきた仕方で天界を支配させるべきだと考えているのでなければ。」

マーニーリウス「ラエリウスよ、あなたは法律学をからかうのをやめないのですか。その分野ではあなたはまずきわめて優れておられ、さらに、それなしではどれが自分のもので、どれが他人のものであるか誰にも分かりません。だが、そのことはあとにして、いまピルスの意見を聞きましょう。彼は、わたしの見るところでは、わたしやプブリウス・ムーキウス*56が意見を求められることよりもいっそう重要な事柄についてすでに意見を求められています。」

一四

［21］ピルス「わたしはあなたがたに何か新しいことを、またわたしが考え出し、あるいは発見したことを話そうとするのではありません。わたしの記憶によれば、あなたがたも知っているように、並み外れて博学な人であったガーイウス・スルピキウス・ガッルス*[57]は、これと同じ現象が見られたと言われた頃、彼と同時に執政官であったマルクス・マルケッルス*[58]の家にたまたま居合わせたとき、マルクス・マルケッルスの祖父*[59]がシュラークーサイを占領したさいにそのきわめて富裕な美しい都からもち帰った天球儀――彼は多くの戦利品の中からほかに何一つ家*[60]へもち帰らなかったので――を見せてもらいたいと頼みました。わたしはアルキメーデースの名声のゆえにこの天球儀のことはしばしば聞いてはいましたが、その形自体にはさほど感心しませんでした。というのは、同様にアルキメーデースによって作られたもので、同じマルケッルスがウィルトゥース*[61]の神殿に奉納した天球儀のほうがより立派で、また一般にもっと有名だったからです。

［22］しかし、ガッルスがこの装置の原理についてきわめて学問的な説明を始めてから、そのシキリア人はおよそ人間の本性が授けることのできると思われるよりも、さらに多くの才能をそなえていたとわたしは考えるようになりました。ガッルスの説明によれば、もう一つの、中が空洞でなくて詰まっている天球儀は古い発明で、ミーレートスのタレース*[62]がはじ

めて形を作り、のちにプラトーンの弟子というクニドスのエウドクソス[*63]が天界にちりばめられている星を配したものです。かなりのちになって、アラートス[*64]はこの配置と構図のすべてをエウドクソスから借りてきて、天文学の知識によってではなく、いわば詩才を発揮して歌いあげたとのことです。しかし、この種の天球儀[*65]は、その中に太陽と月と、遊星または惑星と呼ばれる五つの星の運行が印されていましたが、そのような配置はもう一つの、中が詰まっている天球儀に示すことができなかったそうです。そして彼がアルキメーデースの発明で感心したのは、一回の回転が不同の、さまざまな軌道を、まったく異なった速度で動く状態で示す工夫がなされた点でした。ガッルスがこの天球儀を動かすと、青銅の上で月は太陽に、ちょうど天界において遅れる日数だけ、回転数において遅れました。その結果、〔天界に〕天球儀においても同じ日蝕が生じ、また太陽がその位置から………とき、月は地球の陰になる転回点に達したのです………」

一五

〔23〕スキーピオー「………であった。なぜなら、わたし自身その人を敬愛していたし、またとくにわたしの父パウルスが彼を高く評価し愛していたことを知っていたからだ。わたしは覚えているが、まだ青年になったばかりの頃、執政官としてマケドニアにいた父と陣営にいたとき、雲のない夜空に輝く満月が突然欠けたためわたしたちの軍勢が迷信と恐怖によ

って混乱に陥ったことがあった。*66 そのとき彼〔ガッルス〕は執政官に任命される約一年前で、わたしたちの副官であったが、*67 翌日陣営において皆の前でためらうことなく、それがいかなる予兆でもなく、太陽が月に光を当てることができない位置に置かれるときに起こったのであり、また一定の期間をおいて将来つねに起こるだろうと教えた。」
トゥベロは言った。「ほんとうに彼はほとんど無教養な者たちにそのことを教えることができたのですか。無知な人々にそのことをあえて説明しようとしたのですか。」
[24] スキーピオー「じっさい、彼は大きな……」
スキーピオー「……〈また〉思い上がった誇示でもなく、またきわめて真面目な人柄に似合わない演説でもなかった。じじつ、彼は、混乱した人々から迷信と恐怖を取り除くことによって、大きな手柄を立てたのだ。

一六

[25] さらにアテーナイ人とラケダイモーン人が必死になって互いに戦ったあの最大の戦争*68においても、声望と雄弁と思慮において国の第一人者であったあのペリクレース*69は、太陽が暗くなって突然暗闇となり、きわめて大きな怖れがアテーナイ人の心をとらえたとき、それに似たことを彼の市民に教えたと言われる。*70 彼自身そのことを師であったアナクサゴラース*71から学んでいた。すなわち、日蝕は定められた時期に、月全体が太陽の円の下に入ると

き、かならず起こるのであり、したがって、新月のたびごとではないが、新月の期間以外には起こらないのである。彼はその現象を検討しながら理由を説明して、国民の恐怖を取り除いた。なぜなら、月が対置されるとき日蝕が起こるという学説は当時新しく、知られていなかったからである。それはミーレートスのタレースがはじめて観察したと言われるが、のちにわが国のエンニウスも気づいたことである。彼の記すところによれば、ローマ建設後およそ三百五十年目に『六月五日のこと、月と夜が太陽をはばんだ』[*72]。また、このことには絶妙な規則性があるので、エンニウスや『大年代記』[*73]の記録に見られるこの日付から、ロームルス王の治下、七月七日のそれ[*74]に至るまで、以前の日蝕が計算されている。あの暗闇のさいに自然はロームルスから人間の生を奪ったとはいえ、徳は彼を天界へ連れ去ったと言われる。」

一七

[26] トゥベロ「アーフリカーヌスよ、あなたにさっき異なって思われたこと………あなたは見ますか………」

スキーピオー「………ほかの人々が見るもの………さらにこの神々の王国を一心に仰ぎ見た者は、この世の何を名誉あるものとみなすことができようか。あるいはこの永遠の意味を悟った者は、この世の何を永続的とみなすことができようか。あるいはこの地球、まず地球全体が、次に人間の住む部分がいかに小さなものであるか、また地球の、いかに小さな部分の中にわたしたちがくくりつけられ、多くの民族に存在すら知られていないのに、わたしたちの名があまねく翔《かけ》ひろがることを切望しているかを見た人は、この世の何を栄光あるものとみなすことができようか。

[27] しかし、土地や建築物や家畜や莫大な金銀が、享受するには取るに足らず、ほとんど役に立つこともなく、確保するには不安で、しばしばいちばん忌むべき人間によって無限に所有されているのを見て、それらをつねに財産とみなさず、財産とも呼ばない者は、なんと幸運な人とみなすべきか。このような者だけが、ローマ市民の権利[75]ではなく、賢者の特権によって――市民の契約[76]によってではなく、いかなる物も扱い用いる術を心得ている者以外に所有を禁じる自然の一般法によって、万物を自己のものとしてほんとうに要求できるのだ。このような者だけが、わたしたちの命令権や執政官職を追い求めるべきものではなく、欠くことのできないものとみなすのであり、義務を果たすために引き受けるべきであって、褒賞や栄光のために求めるべきではないと考える。最後に、このような者だけが、カトーの記すところによればわたしの祖父アーフリカーヌス[77]の口ぐせであったように、何もしていないときほど多くのことをしているときはなく、一人でいるときほど孤独でないときはないと、自己について公言できるのだ。

[28] じじつ、何もしていないように思われながらさきほど話に出た天球儀を作り上げた彼の市民[78]アルキメーデースよりも、あらゆる手段を講じて市民から自由を奪ったディオニューシオスのほうが多くのことを行ったと、誰がほんとうに考えることができるか。さらに誰

もそばにいなくとも自分自身と語り、あるいは偉大な学者の発見や書物に楽しみを見出して、いわば彼らの会合に出席する者よりも、中央広場《フォルム》や群衆の中にいながら話し合いたい相手をもたない者のほうがより孤独でないと、誰が考えることができるか。じっさい、自己の本性が要求するものは何一つ欠いていない者よりも富裕な人が、あるいは望みのものをすべて手に入れることができる者よりも権力のある人がいると、誰が考えようか。あるいは心の動揺からいっさい免れている者よりも幸福な人が、あるいはよく言われるように難破船からさえ自分の身につけてもち出せるものを所有する者よりも確実な財産をもつ人がいると、誰が考えようか。さらにすべての人間的なものを蔑視し、英知に劣るものとみなし、永遠なものと神的なもの以外の何ものにも思いをめぐらさないことよりも、いかなる権力が、いかなる官職が、いかなる王国がより素晴らしいものでありうるのか。このような者は、ほかの人々は人間と呼ばれているが、ほんとうに人間であるのは人間性[*79]に固有の学術によって磨かれた人々だけであると確信しているのだ。

〔29〕わたしにはプラトーンの、あるいはある別の人のあの言葉がまったく要を得ていると思われる。嵐によって沖から未知の陸地の、人気のない海岸へ打ち上げられた人が、土地を知らないためにほかの者が恐れているとき、砂地に幾何学のある図型が描かれているのに気づいた。それを見たとき彼は、人のいる印が見えるから皆元気を出すように、と叫んだと言われる。もちろん彼はそのことを、彼が同時に認めた土地の耕作からではなく、学識の証拠から推定した。それゆえ、トゥベロよ、学識と、博学の人と、きみのその研究がつねにわ

たしの気に入っているのだ。」

一八

〔30〕そのときラエリウスが言った。「そのことについては、スキーピオーよ、わたしはあえて言わない、あなたあるいはピルスあるいはマーニーリウスをそのように……」
ラエリウス「……あのわたしたちの友人は彼自身の父方の氏族の出身であり、彼にとって見ならうのにふさわしい人であった。

まれに見る賢明な人、利口なアエリウス・セクストゥス*80は。
彼は『まれに見る賢明な』、そして『利口な』人であり、またエンニウスによってそう呼ばれたが、それは彼がけっして発見できないようなものを探究したためではなく、相談に来た人々の不安や面倒を取り除くような助言を与えたからである。また彼はガッルスの研究にたいして反論したさい、つねに『イーピゲニーア』*81のアキレースの言葉を口にしていた。

天における天文学者の星座——観察することができるもの、
雄山羊や蠍《さそり》やそのほか獣の名が現れるときには。

誰も自分の足もとにあるものを見ずに、天の空間をくまなく探究する。

だがこの人の話によると——というのは、わたしはしばしばよろこんで彼の説に耳を傾けたのだが——パークウィウス[*82]のゼートゥスは学問にたいへん敵意をもっていた。むしろ彼には、『わたしは哲学をすることを欲するが、少しだけだ、それに没頭することは賛成できない』という、エンニウスの『ネオプトレムス[*83]』の言葉が気に入っていた。しかし、ギリシア人の学問が大いにあなたがたを引きつけるなら、ほかにも実生活またはさらに国家そのもののために応用できる、より自由人にふさわしい、より広範な学問がある。あなたがたの学芸自体は、もしなんらかの役に立つとすれば、いっそう重要なことをより容易に学ぶことができるよう、少年の才能を少しばかり鋭敏にし、いわば刺激するために役立つのだ。」

一九

［31］トゥベロ「あなたの意見に反対ではありません、ラエリウスよ、だが、お尋ねしますが、あなたが考える、いっそう重要なこととは何ですか。」

ラエリウス「神にかけて、答えよう、そしてきみにたぶん軽蔑されるだろう。きみはその天界のことをスキーピオーに尋ねたのに、わたしは目の前にあることをむしろ尋ねるべきだと考えるのだから。じじつ、ルーキウス・パウルスの孫で、ここにいる方を伯父にもつ人[*84]

が、もっとも高貴な家の出身でかくも誉れ高い国家に生まれながら、二つの太陽が見えた理由は尋ねるが、一つの国家の中に二つの元老院と、すでにほとんど二つの国民が存在する理由を尋ねないのは、なぜであるか。というのは、あなたがたも見て知っているように、ティベリウス・グラックス[*85]の死と、すでにそれ以前に護民官[*86]としての彼の政策のすべてが一つの国民を二つの党派に分けたからだ。さらにスキーピオーを中傷し嫉視する者たちは、端緒はプブリウス・クラッスス[*87]とアッピウス・クラウディウス[*88]によって開かれたが、これらの人が死んだあとも、メテッルス[*89]とプブリウス・ムーキウス[*90]を指導者として、相も変わらず元老院の一部をあなたがたから離反させている。そして彼らは、同盟国[*91]やラティーニー族[*92]が扇動され、盟約が破られ、きわめて反逆的な三人委員[*93]が毎日何か新しいことを企てており、有産層の正しい人々[*94]が混乱に陥っているにもかかわらず、ただ一人収めることのできるこの方[*95]がこのように危険な事態に手を貸すのを許さないのだ。

［32］だから青年たちよ、もしきみたちがわたしの言葉に耳を貸すなら、もう一つの太陽を恐れることはない。じじつ、そのようなものはありえないか、あるいはそれが煩わしくないかぎり、見えたとおりに存在させておくか、あるいはそのような事柄について何も知ることができないか、あるいはたとえきわめて多くのことを知りえても、その知識のゆえにわたしたちはより正しく、より幸福になることはできない。しかし、わたしたちが一つの元老院と一つの国民をもつことは可能であり、もしそうならないときはたいへん困ったことになる。わたしたちはいまそうでないことを知っており、またもしそのことが実現されるなら、

より正しく、より幸福に生きるだろうと考えるのだ。」

二〇

[33] ムーキウス「それでは、ラエリウスよ、あなたの要求そのものを実現するために、わたしたちは何を学ぶべきだとあなたは考えるのですか。」
ラエリウス「わたしたちを国のために役立たせる学問を学ぶべきだ。なぜなら、わたしはそれが英知のもっとも輝かしい任務であり、また徳の最大の証明または義務とみなしているから。それでわたしたちはこの祭日をとりわけ国家にとっていちばん有意義な討論で過ごすため、スキーピオーに頼んで、彼がどの政体を最善とみなすのか説明してもらうことにしよう。それからほかの事柄を探究しよう。これらのことを認識したなら、筋道をたどって現在の事件そのものに至り、いま差し迫っている事柄の性質を明らかにできるだろうとわたしは考える。」

二一

[34] ピルスとマーニーリウスとムンミウスがそれに大いに賛同したので……
わたしたちが国家を模するのに、より望ましい範例はほかにない。*96

ラエリウス「……そうすることをわたしが望んだわけは、誰よりも国の第一人者が国家について論じることが正当であるのみでなく、さらにいつもあなたがポリュビオス[*97]の前でパナイティオスと議論していたこと――この二人のギリシア人はたぶん国政にもっとも通じていたが――、またあなたが多くの論拠を集めて、祖先からわたしたちに伝えられた国の政体がはるかに最善であると説いていたことを思い出したからだ。このような議論においてあなたの用意は誰よりも整っているのだから、もしあなたが国家について考えるところを述べるなら――さらにここにいる人々に代わってわたしは言うが――、わたしたちは皆あなたに感謝するだろう。」

二二

［35］スキーピオー「ラエリウスよ、あなたによって課せられたその考察自体よりも、わたしがより熱心に注意深く携わることをつねとした考究はたしかにないと言える。じじつ、ひとかどの職人なら誰でも各々の仕事において、その職種でいっそう優れた者になること以外は、いっさい、考えることも思いめぐらすことも気を配ることもないのを見るとき、わたしは、両親と祖先からこの唯一の仕事、国家の守護と運営を引き継いでいるのに、もしこの最高の技術において、彼らが最小の技術において払うよりも少ない努力しか費やさないならば、自分が職人の誰よりも怠け者であることを告白すべきではなかろうか。

〔36〕しかしわたしは、この問題についてギリシアのもっとも優れた賢者たちがわたしたちに書き残したことに不満ではあるが、わたしの意見が彼らの考えより優れているとあえて言うつもりはない。それゆえ、わたしがこのような人間であることを知って話を聞いてもらいたい。つまりわたしは、ギリシアの事物にまったくうといわけではなく、またとくにこの種の問題においてギリシアの事物がわたしたちのものより優れているとみなしているのでもなく、ローマ市民*98の一人として父親の配慮により教養を身につけ、幼少より勉学の熱意に燃えていたが、書物から得るよりもはるかに多くを実際の経験とわが国の教訓とから学んだ者である、と。」

二三

〔37〕ピルスは言った。「たしかに、スキーピオーよ、天分においてあなたの右に出る者は誰一人なく、国家における最高職の経験においてもあなたは容易にすべての人にまさることをわたしは疑いません。また、わたしたちはあなたがつねにいかなる学問に携わったかよく知っています。それゆえ、もしあなたの言うとおりあなたがさらにその理論、いわば方法にも注意を払ったのであれば、わたしはラエリウスに大いに感謝します。なぜなら、あなたの述べることが、ギリシア人によって書かれたすべてよりもはるかに実りのあるものだろうと思うからです。」

スキーピオー「あなたはわたしの話にじつに大きな期待をかけているが、それはこれから重要な事柄について語ろうとする者にとっては大変な重荷だ。」

ピルス「たとえ期待が大きくとも、あなたのつねとして、それを上回ることでしょう。じじつ、あなたが国家について論じるとき、あなたの話が期待にそむく恐れはありません。」

二四

[38] スキーピオー「できうるかぎり、あなたがたの望むことをなそう。そしてすべての議論において誤りを排除しようとすれば守る必要があるとわたしに思われる方式により、議論に取りかかろう。つまり、論究される事柄の名称が取り決められたなら、その名称によって何が表されるかを明らかにする。もしこのことが取り決められたなら、そのときはじめて討論に入るべきである。なぜなら、あらかじめそれが何であるか理解されないなら、議論の対象となることがどのような性質のものであるかけっして理解されないだろうから。それゆえ、わたしたちは国家について探究するのであるから、まずわたしたちが探究するもの自体が何であるかを考察しよう。」

ラエリウスが賛成したので、アーフリカーヌスは言った。「しかし、わたしはそのように明白な、周知の事柄にかんして、学者がこれらの事柄についてつねに取り扱うあの基礎までさかのぼり、男と女の最初の出会い、ついで子孫と血縁関係から出発し、それぞれが何であり、いくつの様式があり、何と呼ばれるかをいちいち定義するような仕方で論述するつもりはない。じじつ、わたしは、戦時と平時において最大の国家に仕え、最高の栄光を得た思慮深い人々と話しているのであるから、わたしの話よりもわたしの論じる事柄そのものが目立つという誤りは避けることにしよう。わたしがこれを引き受けたのは、あたかも教師のように問題のすべてにわたって論じるためではないからだ。また、わたしはこの討論において詳細を漏れなく論じることも約束しない。」

ラエリウス「もちろん、あなたがちょうど約束するような話をわたしは期待している。」

二五

〔39〕アーフリカーヌスは言った。「それでは、国家とは国民の物である。しかし、国民とはなんらかの方法で集められた人間のあらゆる集合ではなく、法についての合意と利益の共有によって結合された民衆の集合である。民衆の集合の第一原因は、一人では無力であることよりも、むしろ人間に生まれつきそなわる一種の群居性と言うべきものである。すなわち人間は孤独な、一人で放浪する種属ではなく、あらゆるものがあり余っているときでさえ……ないように生まれついている………

本性そのものがそうするよう誘ったのみならず、強制した*99……」

〔40〕〔欠〕

二六

［41］ スキーピオー「………いわば種子と言うべきものが………、またそのほかの徳の、または国家そのもののいかなる確立も見出されないだろう。それで上に説いた原因から作られたこれらの集合体は、まずはじめに、ある一定の場所に住居のための居住地を設けた。彼らはその居住地を地形や労働によって固め終えたとき、神殿や共同の空間〔広場や道路〕で飾られたそのような家屋の結合を、町または都市と名づけた。*100 したがって、上に説いたような民衆の集合であるすべての国民、国民の組織であるすべての国、上に述べたように国民の物であるすべての国家は、永続するためには、ある審議体によって治められなければならない。そしてその審議体は、まず国を生み出した原因につねに関係づける必要がある。

［42］ 次にそれは一人の者に、あるいはある選ばれた市民に委ねられなければならないか、あるいは民衆およびすべての者がそれを引き受けなければならない。それゆえ国政の全権が一人の者にあるとき、わたしたちはその一人の者を王と呼び、その国家の政体を王政と名づける。それが選ばれた市民にあるとき、その国は貴族の裁量によって治められると言われる。しかし、国民に全権がある国は、民主国――というのは、そのように呼ばれるからだ――である。そしてこれら三つの種類の中のいずれも、最初に人間を互いに国家という結合によって結び付けたあの絆を保持する場合、たしかに完全でもなく、またわたしの考えでは

最善でもないが、耐えられうるものである。そしてあるものは他のものにまさっているかもしれない。じじつ、公正で賢明な王、あるいは選ばれた、卓越した市民たちは、あるいは国民自身さえ——これはもっとも賛同できないが——不正や欲望が介入しないかぎり、ある程度安定した政体をそなえていると思われる。

二七

［43］しかし王政においては、ほかの人々は共同の法および審議からまったく除かれている。また貴族の専制においては、民衆は共同の審議や権限のいっさいから締め出されているゆえに、自由にあずかることはほとんどできない。またすべてが国民によって運営されるとき、たとえその国民が正しく穏健であるにしても、平等そのものは、身分の段階をもたないゆえに不公平である。だから、たとえペルシアのあのキューロス[*101]がもっとも正しくもっとも賢明な王であったとしても、その国民の『物』が——それは上に述べたように国家であるから——ただ一人の者の指図と尺度によって支配されるとき、もっとも望ましいものであったとはわたしには思われない。また、たとえわたしたちの保護下にあるマッシリア人[*102]が、選ばれた、卓越した市民によってきわめて公正に治められているとしても、国民のその状態には一種の隷属に似たものがある。また、たとえアテーナイ人がある時期にアレイオス・パゴス[*103]を廃止し、国民の決定や布告によらずには何一つ行わなかったとしても、明確な身分の段階

をもたなかったゆえに、国はその秩序を保てなかった。

二八

［44］さて、わたしは国家のこれら三つの種類について、それが混乱し混じり合ったものとしてでなく、それ自身の状態を保持するものとして、このことを述べている。まずこれらの種類は、それぞれわたしが上に述べた欠陥があり、ついで別の有害な欠陥をもっている。それらの国家のどの種類をとっても、急な滑りやすい道がすぐそばにある堕落した形に通じていないものはないからである。じじつ、とくに彼の名をあげるなら、あの我慢のできる、あるいは愛すべきとさえ言えるキューロス王の中には、あのきわめて残酷なパラリス*104が潜んでいて、その性格をほしいままに変えようとする。一人の者による専制は、急な坂道を滑り落ちるように容易にこの男の支配に類似したものとなる。そして少数の指導的市民によるマッシリア人の国政には、ある一時期のアテーナイに見られた三十人*105の協定による党派がもっとも近い。すでにすべてのものにたいするアテーナイ国民の権限が――ほかの国民は引き合いに出さないとして――民衆の狂暴と放埒に変えられ、国民自身にとって破滅となった……」

二九

［45］スキーピオー「……もっとも忌むべき……そしてこれから貴族の、またはあの専制的党派の、または王の、またはその上きわめて頻繁に民衆の………、同様にそれから、わたしが上に述べたものの中の、ある一つの種類が発展するのがつねであり、また国家における変動と変転の、循環といわば周回は驚嘆に値する。それを認識するのは賢者のなすことであるが、しかしそれが差し迫ったとき、予知し、国家の舵を取りながらその航路を導き自己の支配下に保つのは、ある偉大な市民の、いやほとんど神に近い人のなす業である。したがって、わたしは最初に述べたこれら三つのものから適度に混ぜ合わされた、いわゆる第四の種類の国家がもっとも是認すべき政体だと考える。」

三〇

［46］ラエリウス「アーフリカーヌスよ、それがあなたの考えであることをわたしは知っている。あなたからしばしば聞いたことがあるから。しかし、もし煩わしくなければ、あなたはその三つの国家の様式の中でどれを最善とみなすのか知りたいものだ。というのは、……するためにたぶん役立つだろう……」

三一

［47］スキーピオー「……またあらゆる国家は、それを治める者の本性や意志と同じ様相をもつ。したがって自由は、国民の権限が最大である国を除いて、いかなる定住地ももたない。たしかに自由より甘美なものは何一つありえないし、またそれは公平でなければ、けっして自由ではない。しかし、隷属がけっして曖昧でも不確かでもない王国は言うまでもないが、名目の上ではすべての人が自由である国々において、自由はいかにして公平でありうるか。じじつ、彼らは投票を行い、戦時と平時の官職者を選出し、票のために言い寄られ、彼らに法律が提案されるが、しかし彼らは与えたくなくとも与えざるをえないもの、また他人が彼らから求めているが彼ら自身もっていないものを［むしろ］与える。なぜなら、彼らは命令権、公の審議、選ばれた審判人による裁判から除かれており、これらの権限は家柄の古さや財産を考量して与えられるのであるから。他方、ロドス*106やアテーナイにおけるように自由な国民においては……市民は一人もいない……」

三二

［48］スキーピオー「……誰か一人または少数者が国民よりもより富裕になり、より有

力になったとき、彼らの高慢と尊大から、臆病な弱い者が譲り、富の傲慢に屈して、……が生じたと彼らは述べている。しかし、もし国民がその権利を保持するなら、それはじつに法律、裁判、戦争、平和、盟約、あらゆる者の生命と財産の支配者であるから、より優れた、より自由な、より幸福なものはほかにない、と彼らは言う。彼らはこれのみが国家、すなわち国民の物と呼ばれるにふさわしいと考える。したがって王や元老院議員の専制から国民の物が解放されて自由になるのがつねであり、自由な国民から王、あるいは貴族の権限や富が求められることはない。

［49］そしてじっさい、自由な国民のこの種の政体すべてが放埒な国民の悪徳のゆえに拒否されるべきではない、つまり国民が一致してすべてを自己の安全と自由に基づいて判断するとき、より不変な、より確固たるものはほかにない、と彼らは言う。また、同じものがすべての人の利益になる国家においては一致はもっとも容易であるが、不和は、それぞれ異なったものがめいめいに利益となるとき、利害関係の相違から生じる。したがって元老院議員が主権をもっていたとき国の政体はけっして安定しなかったが、その安定は、エンニウスによって『いかなる神聖な結合も信義も［王政には］ない』*107と言われた王国においては、なおさらありえなかった。それゆえ、法律が市民の結合の絆であり、法が法律と等しいものであるとき、市民の条件が等しくないなら、市民の結合はいかなる法によって保持されうるのか。じじつ、財産を平等にすることに皆が同意しないにせよ、またすべての人の才能が等しくありえないにせよ、同じ国家の市民の権利は少なくとも互いに等しくなければならない。

じっさい、国は法による市民の結合以外の何ものであるか……」

三三

［50］スキーピオー「……しかし、他の種類の国家は、それがみずから呼ばれることを望む名称によってけっして呼ばれるべきでない、と彼らは考える。じじつ、専制あるいは権力の一人占めを望み、国民を抑圧して支配する者を、なぜわたしは至善のユッピテル*108の名で王と呼ぶべきであるか。むしろ僭主と呼ぶべきでないか。なぜなら、僭主は王が冷酷でありうるのと同様、寛大でありうるからである。だから国民にとって異なる点は、親切な主人の奴隷であるか、あるいは残酷な主人の奴隷であるかということである。もちろん奴隷として仕えるのをやめることはできない。さらにあのラケダイモーンは、国家による陶冶によって卓越したと考えられていたあの時代に、王の家系から生まれた者は誰でも王として仰がなければならなかったにもかかわらず、どのような方法で善き正しい王をいつももつことができたのか。じじつ、誰が貴族に我慢できようか。彼らは国民の同意によってではなく、彼ら自身の集会においてこの名称を自己のものとしたのだ。どうしてその者が『最善の人*109』と判断されるのか。教養、学術、努力によって、と言われる。だが、いつ……」

三四

[51] スキーピオー「……もし偶然に任せてそれを行うなら、それは船客の中から籤によって選ばれた者が舵を取ることになった船と同様、すぐに転覆するだろう。しかし、もし自由な国民が自己を委ねようとする人々を選び、また安泰であることを望むかぎり、およそ最善の人を選ぶなら、たしかに国の安全は最善の人々の思慮に任されることになる。とくに自然本性によって、徳と勇気においてもっとも卓越した人はより弱い者を指導するのみでなく、後者ももっとも優れた人に従うことを欲するからである。しかしこの最善の政体は、わずかの者しかそなえず、またわずかの者によってのみ見分けられ認められる徳について人々が無知であったため、有力な富める者、とくに名家の出身者を最善とみなす一般の誤った考えによってくつがえされた、と彼らは言う。大衆のこの誤りによってわずかの人の、徳ではなく、富が国家を支配し始めるとき、その指導者たちは貴族という名を頑強に保持するが、しかし実際はその名に値しない。というのは、富、名声、勢力は、思慮を失い、その生活や他人にたいする命令において節度を欠くとき、恥辱や向こう見ずな傲慢に満ちているからであり、また、もっとも富める者が最善の者とみなされる国の姿よりも醜いものは何一つないからである。

[52] じつに、国家を導く徳よりも優れたものは何がありうるか。他人に命令する者は、

彼自身所有しており、彼自身欲望の虜とならず、市民に教え勧誘するところのものをすべて彼自身従わない法律を国民に課することなく、彼の生活を市民に法律として示すのであるから。もしこのような一人の者がすべてを十分に達成することができるなら、二人以上の者を必要としないだろう。またすべての人が最善のものを見、それについて一致することができるなら、誰も、選ばれた指導者たちを必要としないだろう。審議を行うことの困難が王からより多くの人数へ、国民の誤りと無思慮が民衆から少数者へ、権力を移らせたのである。このように貴族は、一人の者の無力と、大勢の者の無思慮の中間の場所を占めたのであり、それよりもいっそう適正なものは何もない。彼らが国家を守るとき、国民はあらゆる不安と悩みから解放され、自己の平和をほかの人々に任せてもっとも幸福になるにちがいない。一任された者は、その平和を守り、国民に自己の利益が指導者によってなおざりにされると思わせるような誤りを犯してはならない。

［53］じじつ、自由な国民がよろこんで受け入れる法の公平自体は維持することはできない——国民自身、たとえ拘束されず手綱から放たれていても、とくに多くの人々に多くのことを与えるのであり、彼ら自身のあいだには人物や身分について大きな区別があるのだから——、また公平と呼ばれているものはもっとも不公平である。なぜなら、名誉が、国民全体の中にかならずいる最高の者と最低の者に等しいものとみなされるなら、公正そのものはもっとも不公平だからである。だが、そのことは貴族によって治められている国においては起こりえない。およそこれらのことが、ラエリウスよ、またそのような種類のことが、国家の

この形をもっとも称賛する人々によってつねに議論されているのです。」

三五

［54］そこでラエリウスは言った。「で、あなたはどうなのか、スキーピオーよ。その三つの種類の中でどれをもっとも是認するのか。」

スキーピオー「三つの種類のうちどれかというあなたの質問はもっともです。なぜなら、わたしはその中のどれもそれ自体別々に取り上げて是認するのではなく、それら一つ一つよりもすべてから結合されたものをより優れているとみなすのであるから。だが、もし単一のものを一つ選ぶなら、わたしは王政を是認するだろう……この個所で名づけられる……自分の子供のように市民の利益をはかり、彼らをいっそう熱心に守る……王の名は父親のそれのように思われる……あなたがたが一人の最善にして最高なる者の配慮によって支えられる……

［55］ここに貴族がいる。彼らはこれと同じことをより上手に行うと公言する。また一人よりも多人数となればいっそう多くの思慮が生まれよう、しかし公正と信義は同じであろうと言う。ここでは、さらに国民が大声で叫んでいる。一人の者にも少数の者にも従うつもりはない、獣にとってすら自由ほど甘美なものは何もない、だが王であれ貴族であれ、その奴隷となれば、すべての者は自由を失うのだ、と。このように王は敬愛によって、貴族は思慮

によって、国民は自由によって、わたしたちの心をとらえるので、比較するならどれがもっとも望ましいか選び出すのは困難である。」

ラエリウスは言った。「わたしもそう思う。しかし、あなたがこの取りかかったことを放棄するなら、まだ残っている問題はほとんど解決されないだろう。」

三六

［56］スキーピオー「それではわたしたちは、重要な事柄について語り始めるときユッピテルから始めるべきだと考えるアラートス[*110]を真似ることにしよう。」

ラエリウス「どうしてユッピテルからか。また、わたしたちの話は彼の詩とどのような似た点をもっているのか。」

スキーピオーは言った。「ただこのことだけです。すべての神々や人間の唯一の王であると［巧みに表現される[*111]ことに］、学のある者もない者も皆賛成するあの神〔ユッピテル〕から、わたしたちが当然のこととして話を始めるという点です。」

ラエリウスは「それはどういうことか」と聞いた。

スキーピオー「あなたの目の前にあることのほかに何があると考えるのですか。国家の指導者たちは実生活の利益のために次のように信じることを取り決めたのかもしれません。天界にはただ一人の王がいて、彼はホメーロスの言うように[*112]うなずくことによってオリュンポス全体を震撼させ、また万人の王であると同時に父親である、と。その場合、有力な権威者や多くの証人は——もしすべてを『多く』と呼ぶことが認められるなら——諸民族が、ということはつまり指導者の決定により、ただ一人の王の意志によってすべての神々が支配されると考えるゆえに、王より優れたものは何もないと同意したことを証言しています。あるいはこれらのことが無知な人々の誤りに基づくものであり、作り話に似たものであるとわたしたちは言うかもしれません。そのときはわたしたちが聞いてもほとんど理解できない事柄をいわば目のあたりに見たことのある人々の意見、学識者のいわゆる共通の教師の意見を聞くことにしましょう。」

ラエリウスは言った。「そのような人々とはいったい誰か。」

スキーピオー「すべての事物の本性を見きわめることにより、全宇宙は精神によって……と考えた人々です……」

[57] それゆえ、もしよければあなたの話をその場所からこれらの、こちら側の事柄に引き下ろして下さい。*113

三七

[58] ……スキーピオー「……しかしあなたが望むなら、ラエリウスよ、わたしはあまり昔の人でもなく、またけっして異国の人でもない証人*114をあなたに差し出しましょう。」

ラエリウスは言った。「わたしはそのような証人を望む。」

スキーピオー「では、あなたはこの都に王がいなくなって四百年足らずであることを知っていますね。」

ラエリウス「たしかに四百年足らずだ。」

スキーピオー「では、どうですか、この四百年の年月は都市や国にとってひじょうに長いものではありませんね。」

ラエリウスは言った。「たしかにまだ成年に達していない。」

スキーピオー「それでは四百年前にローマに王がいましたか。」

ラエリウス「しかも高慢な王[*115]がいた。」

スキーピオー「その前はどうですか。」

ラエリウス「この上なく正しい王[*116]がいた。そしていまから六百年前の王であったロームルスまで連綿とさかのぼる。」

スキーピオー「では、ロームルスさえそんなに昔の人ではありませんね。」

ラエリウス「そうだ。しかもギリシアはすでに老齢に近づいていた。」

スキーピオー「では、言って下さい、ロームルスは異国人の王でしたか。」

ラエリウス「ギリシア人の言うように、すべての人がギリシア人と異国人のどちらかであるなら、彼は異国人の王であったとわたしは思う。しかし、もしその名称が言葉ではなく慣習に与えられるべきだとすれば、ギリシア人もローマ人と同様に異国人であったとわたしは考える。」

スキーピオー「しかし、いま議論されていることについてわたしたちは民族を尋ねているのではなく、性情を尋ねているのです。というのは、もし聡明な、さほど昔でない人々が王をもつことを欲したとすれば、わたしのあげる証人は、大昔の人でも、粗暴な野蛮人でもないからです。」

三八

［59］ラエリウス「スキーピオーよ、わたしはあなたが十分に証人を用意しているのを見る。しかし、わたしにとっては、正しい審判人*117にとってそうであるように、証人よりも論証のほうが効果があるのだ。」

スキーピオー「それでは、ラエリウスよ、あなた自身あなたの感覚による論証を用いなさい。」

彼は言った。「どの感覚の論証か？」

スキーピオー「もしいつか、ひょっとしてあなたが誰かに腹を立てたと思われたときの感覚です。」

ラエリウス「わたしはたしかに、欲するよりもっとしばしば腹を立てた。」

スキーピオー「では、あなたは腹を立てたとき、その怒りがあなたの心を支配するのを許しますか。」

ラエリウスは言った。「いや、絶対に。わたしはあのタラースの人アルキュータースを真似ることにしている。彼は田舎の地所に行って、すべてが彼の命じたことと違っているのを見出したさい、管理人に向かって『ああ幸せなおまえよ、もしわたしが腹を立てていなければおまえをきっと鞭で打ち殺しただろう』と言ったのだ。」

[60] スキーピオーは言った。「まったく立派です。それでアルキュータースは明らかに理性に逆らう怒りをいわば心の謀反と当然みなし、それを思慮によって静めようと欲したのです。さらに貪欲を、権力欲と栄光の欲求を、欲望を取り上げてみなさい。もし人間の心の中に王権というものがあるなら、その支配は一つのもの、すなわち思慮に——というのは、それは心の最善の部分であるから——属することになり、さらに思慮が支配するとき、欲望や怒りや無分別の出る幕がまったくないことがあなたに分かります。」

ラエリウスは言った。「そのとおりだ。」

スキーピオー「では、そのような状態の心をあなたは是認しますか。」

ラエリウス「たしかに、それ以上に是認するものはない。」

スキーピオー「では、思慮が退けられ、無数にある欲望あるいは怒りがすべてを支配するなら、あなたは是認しないでしょうね。」

ラエリウス「たしかにわたしは、そのような心ほど、そのような心をもった人間ほど、みじめなものは何もないと思うだろう。」

スキーピオー「では、あなたは心のすべての部分は王政のもとにあり、それらは思慮によって治められることを認めますか。」
ラエリウス「もちろんわたしはそれを認める。」
スキーピオー「では、あなたはなぜ国家についてどう考えるべきかためらうのですか。そこでは、もし国政が二人以上の者の手に移ったなら、指揮をとるいかなる命令権もなくなることがすぐ理解できます。命令権は、一つでなければ、いかなる命令権でもありえないのです。」

三九

［61］ラエリウス「では尋ねるが、もし二人以上の者に正義があれば、一人と二人以上とのあいだにどのような相違があるのか。」
スキーピオー「ラエリウスよ、あなたがわたしの証人によってあまり動かされないことが分かったので、わたしの言うことを証明するため、あなたを証人として利用することをやめずにおきましょう。」
彼は言った。「わたしを、どんな仕方で？」
スキーピオー「最近、わたしたちがフォルミアエ*118のあなたの地所にいたとき、あなたが家の者に、ただ一人の者の命令に従うようきびしく命じているのにわたしは気づいたからです。」
ラエリウス「もちろん管理人に従うよう命じた。」
スキーピオー「では、家[*119]では二人以上の者があなたの家事を管理していますか。」
ラエリウスは言った。「いや一人だけだ。」
スキーピオー「では、あなたのほかに誰も家全体を治めていませんね。」
ラエリウス「そのとおりだ。」
スキーピオー「それでは国家においても同様に一人の者による支配が、公正であるかぎり、最善であることをなぜあなたは認めないのですか。」
彼は答えた。「わたしはほとんど同意するまで説得された。」

四〇

［62］スキーピオー「あなたはいっそう同意するでしょう、ラエリウスよ、その術を十分心得ているかぎり、多勢よりも一人の船頭または一人の医者に、船または病人を任せたほうが適切であるという譬えは省くとしても、もしわたしがより重要なことに話を進めるならば。」
ラエリウス「その重要なこととはいったい何かね。」
スキーピオー「ではあなたは、タルクイニウス[*120]〔・スペルブス〕一人の冷酷と傲慢のゆえに、この国民に王という名が憎まれたことを知らないのですか。」

「知っているとも」と彼は言った。

スキーピオー「では、さらにこのこともあなたは知っているはずです。それについてわたしは話が先に進んだときもっと言うことと思いますが、タルクイニウスが追放されたとき国民はいわば驚くべき慣れぬ自由に歓喜しました。だが、それからは無実の者が追放され、多くの人の財産が奪われ、一年期間の執政官*[121]が任命され、国民の前で儀鉞《ぎえつ》*[122]が降ろされ、あらゆる事柄について上訴*[123]が認められ、平民の離反*[124]が生じ、結局、国民にすべての権力が移るように多くのことが行われました。」

ラエリウスは「あなたの言うとおりだ」と言った。

〔63〕スキーピオーは言った。「たしかに平和や平穏なときはそうです。たとえば船に乗っているとき、さらに、よくあることですが軽い病気のときに、何事も恐れないあいだは気ままに過ごすことが許されます。だが航海している人は突然波が逆立ち始めたとき、また病人は病気が重くなったとき、ただ一人の者に助力を懇願します。このように、わが国民は平和や平時においては政務官にたいしてさえ命令し、政務官さえ脅迫し、従うことを拒み、護民官に訴え、上訴しますが、戦時においては王に従うかのように彼らに従います。それは安全が欲望に打ち勝つからです。じっさい、わが国民は重大な戦争においては同僚制を廃して、一人の者にいっさいの命令権*[125]を委ねることを望んだのであり、この者の名前自体が彼の権限の大きさを示しています。すなわち彼は、任命される〔dicitur〕ところから、独裁官*[126]

〔dictator〕と呼ばれているが、わたしたちの書物では彼が国民の指揮者*128と呼ばれていることを、ラエリウスよ、あなたは知っています。」

「わたしは知っている」と彼は言った。

スキーピオー「したがって彼ら昔の人々は、賢明にも……」

四一

［64］スキーピオー「……じつにその公正な王〔の死〕によって国民が孤児となったとき、エンニウスによれば最善の王の死後、

慕情が無情の胸をとらえた。

同時に互いにこのように偲んだ。おおロームルスよ、神のごときロームルスよ、

なんと偉大な祖国の守り人であるか、神々が生んだあなたは。

おお父よ、生みの親よ、神々から生まれた血統よ。*129

彼らは自分たちが当然従った人を主人、あるじ、さらに王とはけっして呼ばずに、祖国の守り人、父、神と呼んだ。それは理由のないことではない。じじつ、彼らはどのような言葉を付け加えているか。

あなたがわたしたちを光明の国へ導いた。

彼らは生命、名誉、名声が王の正義によって自分たちに与えられたと考えていた。王の同像がそのまま保たれたなら、彼らの子孫においても同じ好意が続いただろう。だが、あなたも知っているように一人の者の不正によってその種類の国家全体が崩壊したのです。」ラエリウスは言った。「よく知っているとも。それでその変転の経過をわが国だけでなく、すべての国家について知りたいと願っているのだ。」

四二

［65］スキーピオー「わたしがもっとも是認する国家の種類についてわたしの考えを述べたなら、国家の変化についていっそうくわしく述べる必要がたしかにある。もちろん、そのような変転はその国家においては容易に起こらないだろうとわたしは思うが。だが、この王政国において第一の、もっとも確実な変転は次のようなものである。王が不公正になり始めたとき、その種の国はただちに消滅し、王は、最善の傍らにあるが最悪の種類である僭主となる。もし貴族が彼を失脚させたなら――それはよく起ることだが――、国家は三つのうちの第二の政体をもつことになる。それは王政に似るもの、すなわち国民に正しい助言を行

う指導者たちによる長老的な審議体である。しかし国民が自己の手によって僭主を殺害し、あるいは追放したなら、それは、分別があり賢明であるかぎり、むしろ穏健であり、自己の功績に喜びを見出し、自己の手によって設立した国家を守ることを望むのだ。しかし国民が公正な王に暴力をふるい、彼から王国を奪ったなら、あるいはさらに、より頻繁に起こることだが、貴族の血を啜《すす》り、国家全体を自己の欲望に従わせるなら――いかなる大波や大火の激しさも、放埒によって手綱を放たれた民衆よりも静めるのが難しいと考えてはならない――、そのとき、もしそれをラテン語で言い表すことができるなら、プラトーンにおいてみごとに言われていることが生じる。それを訳すのは困難だが、ひとつ試みてみよう。*130

四三

[66] プラトーンは言う。『国民の飽くことを知らぬ喉が自由を求めて渇きを訴え、国民が邪悪な酌人を使って、自由を適当に水と混ぜずにまったく生《き》のまま渇した口で飲み干したとき、彼らは役職者や指導者たちがきわめて優しく寛大で、彼らに惜しみなく自由を与えるのでなければ、これらの者を迫害し、非難し、告発し、権勢者、王、僭主と呼ぶのだ』。あなたはたしかこの個所を知っているでしょう。」

「もちろん、どの個所よりもよく知っている」とラエリウスは言った。

[67] スキーピオー「彼はさらに続けています。『指導者に従う人々はその国民によって迫

害され、自発的な奴隷と呼ばれる。一方、彼らは公職にありながら私人のごとくありたいと欲する者や、私人と公職者とのあいだにいかなる区別もなくそうとする私人を称賛でもち上げ、名誉を授ける。その避け難い結果として、このような国家ではすべてが自由に満ち溢れるので、個人の家はどこであれ主人がいなくなり、この禍いは動物にまで及び、ついには父親は息子を恐れ、息子は父親をなおざりにし、恥を知る心はいっさい失われ、人々はまったく自由となって市民と居留外国人の区別がなくなり、教師は弟子を恐れて追従し、弟子は教師をあなどり、青年は老人の重々しさをわが物となし、他方、老人は彼らに忌み嫌われないようにへりくだって青年の遊戯を行うようになる。そのため、奴隷までがいっそう自由に振舞い、妻は夫と同じ権利を得、さらに犬や馬やついに驢馬までが自由になってまったくわが物顔で歩き回るので、彼らに道を譲らなければならないほどになる。したがって、この果てしない放埒の総計が集められると』と彼は言う、『市民の心は気難しく変わりやすくなり、ほんの少しの権力が行使されても腹を立ててそれに耐えることができなくなる。そのため彼らは法律をもなおざりにし始めて、まったく主人をもたなくなる』。」

四四

[68]　ラエリウスは言った。「あなたは彼の言ったことを正確に言い表した。」

スキーピオー「さて、いまわたしの話の証人に戻るなら、彼はこの極端な放逸から――彼らはそれだけが自由だと思っている——ちょうど根から生えてくるように僭主が現れ、いわば生まれると述べている。というのは、指導者のあまりにも大きな権力から彼らの破滅が生じるように、自由そのものがこのあまりにも自由な国民を隷属に陥れるからである。このように、すべて極端なものは、天候であれ、農地であれ、身体であれ、あまりにもうまくいったとき、たいてい反対のものに変わる。〈そのことは〉とくに国家において起こるのであり、あのあまりにも大きな自由は国民にとっても私人にとってもあまりにも大きな隷属となるのだ。こうしてこの最大の自由から僭主と、あのもっとも不公正でもっとも厳しい隷属が生じる。そのわけはこうである。この放埒な、むしろ残忍な国民の中から、すでに迫害され、地位から追われた支配者にたいするある指揮者がたいていの場合選び出される。彼は大胆で、卑劣で、国家にしばしば功績のあった人を臆面なく迫害し、国民には自分や他人のものをよろこんで与える。彼は私人のままであれば脅威に曝されるので、権力を与えられ、それが更新される。さらに彼はアテーナイのペイシストラトス[*131]のように護衛に守られ、ついに彼を引っ張り上げた人々自身の僭主となる。もし正しい人々がこの僭主を倒したなら——それはしばしば起こることだが[*132]——、国は復興する。しかし、もし大胆な連中がそうするなら、僭主の別種である党派が生じる。それはさらにあの貴族の優れた政体から生じることも多い。ただし、ある不正が指導者たち自身を道から踏み外させたときであるが。このように国家の政体をあたかも毬《まり》のように、王から僭主が、また僭主から指導者たちが、あるいは国民が、これらの者から党派が、あるいは僭主が互いに奪い合い、国家の様式が比較的長いあいだ同一のまま保たれることはけっしてない。

四五

［69］以上のごとくであるから、最初の三つの種類〈の中で〉王政がわたしの考えでははるかに優れているが、他方、最初の三つの国家の様式から均等に混ぜ合わされたものは、王政そのものにまさるだろう。なぜなら、国家には若干の卓越した、王者に似たものがあり、若干のものが指導者たちの権威に分け与えられ、若干の事柄が民衆の判断と意志に委ねられるのがよいと思われるからである。この体制は、まず、自由人があまり長く欠くことのできない一種の［大きな］公平と、さらに、安定をそなえている。なぜなら、あの最初の種類は容易に反対の、欠陥のあるものに変わるため、王から専制支配者が、貴族から党派が、国民から群衆と混乱が生じ、また種類そのものがしばしば新しい種類に変わるからである。だが、このことは結び合わされ適当に混ぜ合わされた国家の体制においては、指導者たちに大きな欠陥のないかぎり、ほとんど起こらない。各人がその地位に確固として配置され、真っ逆さまに落ち込む陥穽がないところでは、変革の原因があるわけはないからである。

四六

［70］しかし、ラエリウスよ、そして親愛な、誰にもまして賢明な諸君よ、この種の問題をこれ以上論じるなら、わたしの話はいわば指導し教える者のそれに似て、あなたがたと一緒に考察している者にふさわしくないと思われはしないか心配だ。だからわたしは、皆が知っており、さらにわたしたちがすでに以前から探究してきた問題に進もう。じじつ、すべての国家の中で、体制において、構成において、陶冶において、わたしたちの父親がかつて祖先から引き継ぎ、わたしたちに伝えた国家に比肩できるものはまったくないことをわたしは確認し、信じ、断言する。もし異存なければ、その国家が――あなたがた自身理解していたことをさらにわたしから聞くことを望んだのであるから――どのような性質であるかを、同時にそれが最善であることをわたしは示そう。そして、わたしたちの国家を実例として用い、国の最善の政体についてわたしが述べなければならない話のすべてを、できるならばそれに合わせることにしよう。そしてもしそのことを続けやり通すことができたなら、わたしはラエリウスによって課されたこの任務を、わたしの考えでは十分に果たしたことになろう。」

四七

［71］ラエリウスは言った。「スキーピオーよ、その任務はあなたのものだ。たしかにあなた一人のものだ。じじつ、あなたをおいて、祖先の制度、あるいは国の最善の政体について

誰が述べることができようか。あなた自身もっとも名高い祖先をもつのであるから。また、もしわたしたちが――たとえ現在でなくとも、いつか――その政体をもつなら、あなたをおいて誰がより大きな名声を得ることができようか。あるいは、あなたをおいて、将来のために備える計画について誰が語ることができようか。あなたは二度にわたるこの都の脅威*[133]を払いのけて、限りない未来のために備えたのであるから。」

第一巻の断片

一 したがって、祖国は生みの親よりも多くの恩恵を包含し、より年老いているゆえに、たしかに父親よりも祖国にいっそう大きな感謝を捧げるべきである。*[134]

二 ……もっとも学識のある者たちに。わたしはマーニウス・ペルシウスがこのことを読むのを望まないが、ユーニウス・コングスがそうするのを望む。*[135]

三 ……そこから彼らが呼んで去らせた*[136]……

四 「神にかけて、あなたはその習慣と熱意と討論を理解するように」と彼は言った。*[137]

五　たしかに彼らのすべての議論は、徳や知識のきわめて豊かな泉を含んでいるとはいえ、彼らによって行われなし遂げられたことと比較するとき、彼らが閑暇に楽しみをもたらしたほどには、多くの有益なことを人々の活動に与えなかったと思われはしないかとわたしは恐れる。*138

六　また、カルターゴーは思慮や陶冶がなければ、およそ六百年のあいだかくも大きな勢力をもつことはできなかっただろう。*139

訳注

*1　前二六〇年の執政官として、シキリアのミューラエ沖でカルターゴーの艦隊を破った（第一次ポエニー戦争）。

*2　前二五八年の執政官。シキリアにおいてカルターゴー軍と戦い、二度目の執政官（前二五四年）のときパノルムス（パレルモ）を占拠した。

*3　前二五一、二四七年の執政官。パノルムスにたいするカルターゴー軍の攻撃を撃退した（前二五〇年）。

*4　グナエウス・コルネーリウス・スキーピオー・カルウスとその弟プブリウス・コルネーリウス・スキーピオー。前者は前二二二年の執政官。前二一八年カルターゴーの援軍がスペインからイタリアのハンニバルのもとへ向かうのを妨げるためスペインへ派遣され、前二一七年ヒベールス河口の海戦で敵を破った。後者はアーフリカーヌス・マイヨル（大アーフリカーヌス）の父。前二一八年の執政官。兄とともに

前二一二年にスペインのサグントゥムを占拠したが、前二一一年カルターゴー軍と戦ってグナエウスとともに戦死した。

＊5　クイントゥス・ファビウス・マクシムス・クンクタートルのこと。執政官（前二三三、二二八、二一五、二一四、二〇九年）として、また独裁官（おそらく前二二一年。独裁官については、後注＊126参照）として、主にイタリアに侵入したハンニバルと戦った。彼は前任者の失敗に懲りて、ハンニバルと決戦を行うのを避け、消極的な消耗戦術をとったので、クンクタートル（ためらう人）と言われたが、カンナエの敗戦（前二一六年）ののち、彼の戦術が正しかったことが証明された。

＊6　マルクス・クラウディウス・マルケッルス。前二一五年および前二一四年（三回目の執政官職）、ファビウスの戦法に従ってハンニバルと戦い、前二一四年の秋からシキリアに出征し、前二一一年にシュラークーサイを陥落させた。前二〇八年に戦死。一・二一参照。

＊7　プブリウス・コルネーリウス・スキーピオー・アーフリカーヌス・マイヨル（大アーフリカーヌス）（前二三六―前一八四年）。第二次ポエニー戦争の英雄。はじめスペインで戦い、ノウァ・カルターゴーを陥落させた（前二〇九年）。さらに前二〇五年の執政官としてカルターゴー遠征を決定、翌年北アフリカに上陸し、前二〇二年ザマの戦いにおいてカルターゴー軍を率いたハンニバルを破った。この勝利によって彼はアーフリカーヌスと呼ばれる。前一九四年ふたたび執政官、前一九〇年には彼の兄弟で執政官ルーキウスとともにシリアのアンティオコス三世（前二四二頃―前一八七年）と戦った。

＊8　homo ignotus et novus の訳。執政官職など高位職は貴族によってほとんど独占されていたが、新興の騎士階級からカトーやキケローのように実力で高位職につく者が現れた。彼らはふつう homo novus（新人）と呼ばれた。

＊9　マルクス・ポルキウス・カトー・ケンソーリウス（前二三四―前一四九年）。第二次ポエニー戦争に従軍、前一九五年執政官としてスペインにおける混乱を収めた。前一八四年監察官として奢侈をきびしく

取り締まり、収税吏を監督した。前一六九年のウォコーニウス法（第三巻訳注＊23参照）を支持し、またカルターゴーにたいする徹底的な破壊を主張した。さらに多くの著作を著すかたわら、つねにローマ固有の制度の保守的信奉者として、ギリシアの思想、文学を排斥した。彼の思想の片鱗は、二・一以下においてスキーピオーの口を通じてうかがうことができる。

＊10　ローマ南東の都市。すでに前三八一年にローマ市民権を得た。カトーの生地。

＊11　キケローはここで、政治に携わることを諌止する人々にたいして反論を試みている。彼らはエピクーロス派とは限らない。

＊12　前注参照。

＊13　ius gentium の訳。

＊14　ius civile の訳。

＊15　プラトーンの弟子。前三三九年から前三一四年までアカデーメイアの学頭。

＊16　Büchner などの読みに従う。

＊17　前二三九—前一六九年。カラブリア（南イタリア）地方のルディアエの出身。サルディニアに出征、カトーによってローマに連れて来られ、その文才によって大アーフリカーヌスなどの知遇を得た。多くの叙事詩、悲劇、喜劇などを書いた。引用の句は、叙事詩『年代記』（若干の断片を除き散逸）からと推定される。

＊18　stimulus の訳。輓獣を駆るため、また奴隷を罰するとき用いた。

＊19　勇気のある人々。

＊20　前四九〇年アテーナイ軍の指揮官としてマラトーンにおいてペルシア軍を破ったが、のちにパロスに出征したとき、これを落とすことができずに引き返したためアテーナイにおいて裁判にかけられ罰金刑を宣告されたが、パロスで受けた傷の悪化のため死んだ（前四八九年）。

＊21　ミルティアデースの死後アテーナイにおいて大きな勢力を得、ペルシア軍にたいする彼の戦術がサラミースの海戦（前四八〇年）における大勝利へ導いた。その後彼はアテーナイとペイライエウスの城壁を築き、スパルタと対抗したが、アテーナイの親スパルタ派によって追放され（前四七一年頃）、欠席裁判において死刑判決を受けた。各地に滞在したあとペルシア王アルタクセルクセースに迎えられ厚遇を受けた。

＊22　マルクス・フーリウス・カミッルス。前三九六年頃エトルーリアのウェーイイーを攻め落としたが、そのさい戦利品の一部を自分のものとなしたとの非難のため、みずから亡命した。その後呼び戻され、ガッリア人の侵入を撃退した（前三八七／三八六年）。五回独裁官となり、ローマの軍事組織の改革を行ったと伝えられる。

＊23　ガーイウス・セルウィーリウス・アハーラ。前四三九年スプリウス・マエリウス（第二巻訳注＊93参照）を暗殺して共和政を救った。その後亡恩の国民によって追放されたと伝えられるが、これは後代の粉飾と見られる。

＊24　プブリウス・コルネーリウス・スキーピオー・ナーシーカ・セラーピオー。前一三八年の執政官。ティベリウス・グラックス（後注＊85参照）の改革に反対し、後者が二度目の護民官職（後注＊86参照）に立候補したとき選挙当日の混乱のさいこれを殺した。そのため小アジアに使節として派遣され、まもなくペルガモンで客死した。

＊25　プブリウス・ポピッリウス・ラエナス。前一三二年の執政官。グラックスの党派の者をきびしく罰したため、前一二三年ガーイウス・グラックス（ティベリウスの弟）によって追放された。のちローマに戻る。

＊26　ルーキウス・オピーミウス。前一二一年の執政官。ガーイウス・グラックスに反対して戦い、彼を倒した。その後グラックス派の査問（quaestio）を行い、三千人以上を処刑した。そのため前一二〇年市民

の命によらずにローマ市民を処刑したかど（第二巻訳注＊133参照）により裁判にかけられたが、無罪となった。

＊27　クイントゥス・カエキリウス・メテッルス・ヌミディクス。前一〇九年の執政官としてユグルタと戦い、勝利を収めたにもかかわらず、マリウス（次注参照）に代えられた。前一〇〇年護民官サートゥルニーヌスの民主的な法案に反対してみずから亡命したが、翌年後者の死後ローマに戻った。

＊28　前一五七頃—前八六年。アルピーヌム（キケローの生地）の出身。ヌマンティア（第三巻訳注＊33参照）において戦い、のちにメテッルスの副官（legatus）としてユグルタ戦争に従軍、前一〇七年民主派と組んで執政官となる。前一〇五年ユグルタを破ってからは名声が高まり、前一〇四—前一〇一年の執政官としてテウトニー人およびキンブリー人（いずれもゲルマン民族でガッリアから北イタリアへ侵入した）を破った。その後手を結んでいたサートゥルニーヌス（前注参照）を見殺しにしたため国民の不人気をかい、一時小アジアへ去ったが、ふたたび戻って同盟国戦争（前九一—前八七年）で活躍した。前八八年ミトリダーテース（小アジア北部ポントスの王）にたいする戦争の命令権をめぐってスッラと争い、政治的画策によってそれを後者から奪ったが、突然スッラがローマを占領したためアフリカへ逃れた。前八七年キンナと手を結んでローマを占領し、七度目の執政官（前八六年）となったが数日後に死んだ。スッラについては、『法律について』第二巻訳注＊83参照。

＊29　マリウス（前注参照）とスッラの確執とそれに続く内乱（前八三—前八一年）、ついでスッラの政権（前八一—前七八年）のもとで両派によって多くの人々が殺されたこと。

＊30　前五八年護民官クローディウスの策謀のゆえにみずから亡命したこと。

＊31　キケローは、前六三年の執政官。ここではカティリーナの陰謀を挫いたことを指す。

＊32　ギリシアの七賢人、ソローン、タレース、ピッタコス、ビアース、ペリアンドロス、クレオブーロス、キーローン。ただし、はじめの四人を除き、伝承は異なる。

＊33　この著作がキケローによって献呈された者。キケローの弟クイントゥスと推定される。

＊34　小アジア西海岸の都市。

＊35　小アーフリカーヌスの友人。彼の指揮下でヌマンティアの戦いに従軍、前一〇九年メテッルス（前注＊27参照）の副官としてアフリカで戦う。前一〇五年の執政官、前九二年小アジアにおける不当徴収のかど（de repetundis）によって有罪判決を受け、小アジアへ隠退、前七八年スミュルナでキケローと会った。

＊36　プブリウス・コルネーリウス・スキーピオー・アエミリアーヌス・アーフリカーヌス・ミノル（小アーフリカーヌス）。前一八五年、ルーキウス・アエミリウス・パウルス・マケドニクスの子として生まれ、プブリウス・スキーピオー（大アーフリカーヌスの長子）の養子となる。前一六八年父パウルスに従ってギリシアで戦い、前一五一年スペインへ出征、ついで前一四九年軍団副官（第六巻「スキーピオーの夢」訳注＊2参照）としてカルターゴーへ向かう（第三次ポエニー戦争）。前一四七年、まだその年齢に達していなかったにもかかわらず、特例として執政官に任命され、前一四六年ついにカルターゴーを滅ぼした。前一四二年監察官となり（第二巻訳注＊79参照）、前一四〇―前一三九年使節としてエジプト、シリア、ペルガモン、ギリシアへ派遣された。前一三四年ふたたび執政官に任命され、スペインへ出征して翌年ヌマンティア（第三巻訳注＊33参照）を落とした。彼は優れた軍人、政治家であったのみならず自由な教養人の集まりである、いわゆるスキーピオー・サークル（本篇に登場する人物も属した）の中心人物であった。彼の国家一般にかんする考え、彼の時代の政治についての見解などは本篇の対話においてかなり忠実に伝えられていると推定される。六・九―二九（「スキーピオーの夢」）参照。

＊37　前一二九年。小アーフリカーヌスの死の年。

＊38　アルバーヌス山頂で行われた、ラティーニー族の古い祭式。古くからローマがその祭を司った。その日は毎年かならずしも一定でなく、執政官の就任後その布告によって定められ（feriae conceptivae）、

ふつう三、四日続いた。

＊39　前一三〇年（？）の護民官。哲学者パナイティオス（後注＊42参照）の弟子。

＊40　ティベリウス・グラックス（後注＊85参照）の一派による混乱のこと。

＊41　幻日。光線の作用による現象。前兆（prodigium）とみなされる自然現象は正式に元老院に報告され、災難を防ぐための処置がとられた。

＊42　前一八五頃―前一〇九年。ロドス島出身のストア派の哲学者で、スキーピオー・サークル（前注＊36参照）の一人。

＊43　クセノポーン『ソークラテースの思い出』一・一・一一―一二、一・一・一六参照。

＊44　小アジア西岸サモス島出身の哲学者。前五三一年頃南イタリアのギリシア都市クロトーンに移住。彼の学説は一部プラトーン、アリストテレースなどによって伝えられる。

＊45　前四世紀前半のピュータゴラース派哲学者。

＊46　同じくピュータゴラース派哲学者。プラトーンの対話篇『ティーマイオス』の登場人物。

＊47　ソークラテースと同年代のピュータゴラース派哲学者。

＊48　ルーキウス・フーリウス・ピルス。前一三六年の執政官としてヌマンティアとの条約の締結に携わった。第三巻訳注＊33参照。

＊49　ガーイウス・ラエリウス。第三次ポエニー戦争に従軍し、北アフリカ、スペインで戦った。前一四〇年の執政官。

＊50　cubiculum の訳。または長椅子のある居間を意味する。

＊51　ストア派哲学者。前一四六年コリントスを破壊したルーキウス・ムンミウス・アカーイクスの兄弟で、副官として従軍した。

＊52　ふつう二十七～三十歳で財務官となった。名家の青年にとって出世コース（cursus honorum）の第

一段階。財務官（quaestor）はタキトゥス『年代記』一一・二二によればすでに王政時代からあったというが、これは疑わしい。はじめは執政官によって任命され、前四四七年からトリブス民会（comitia tributa）によって選ばれたと推定される。定員は二名であったが、前四二一年に平民にも資格が与えられたとき四名となった（リーウィウス『ローマ建国以来の歴史』四・五四）。さらにスッラはそれを二十名に増やした。はじめは執政官に代わって重大な殺人事件などを審理した（quaestores parricidii）が、のちには主として国庫の収支や会計事務に従事した。とくに重要なのは二名の都財務官（quaestores urbani）で国庫（aerarium）を管理した。また国庫には法律、元老院決議、政務官宣誓の記録、審判人名簿などの公の記録が保存されていたのでこれらの管理を行った。ほかの財務官は出征中の執政官または属州総督のもとで財政を司り、さらに執政官または総督の代理として軍隊を指揮し、裁判などを行うことがあった。さらに船隊、穀物の供給を管理する財務官（quaestores classici, quaestor ostiensis）がいた。二・六〇および第二巻訳注＊126参照。

＊53　パナイティオスの弟子。第三次ポエニー戦争に従軍、前一二二年の執政官。

＊54　クイントゥス・ムーキウス・スカエウォラ・アウグル。前一一七年の執政官。法律家。法律学においてキケローの教師となった人。

＊55　前一四九年の執政官として第三次ポエニー戦争に出征。法律の大家として有名であった。

＊56　前一三三年の執政官。有名な法律家・大神祇官。後注＊73参照。

＊57　最近の説によればガッルスではなくガルス。天文学者。前一六六年の執政官。一・二三参照。

＊58　前一六九―前一六八年スペインに出征。前一六六、一五五、一五二年の執政官。

＊59　マルクス・クラウディウス・マルケッルス。前注＊6参照。

＊60　前二八七頃―前二一二年。有名な数学者。シュラークーサイを包囲したローマ軍を種々の新発明の武器によって悩ませたが、落城のさい殺された。

＊61　Virtus. 徳、勇気の神格化されたもの。マルクス・クラウディウス・マルケッルスはそのために神殿を建立した。
＊62　七賢人の一人。前五八五年五月二十八日の日蝕を予言した。また測定法をギリシアに導入し、水成論を唱えた。政治家としては、ペルシアの侵略にたいして同盟を結んで対抗するようイオーニア人に説いたと伝えられる。
＊63　前三九〇頃―前三四〇年頃。数学者・天文学者。
＊64　前三一五頃―前二四〇／二三九年。キリキア（小アジア南岸の一地方）のソロイ出身の詩人。ここで言及されているのは、エウドクソスの天文学的論文を詩に移したと言われる『パイノメナ（星辰譜）』のこと。青年時代キケローはこれをラテン語に訳した。
＊65　アルキメーデースの発明した天球儀。
＊66　ここで述べられている月蝕は、前一六八年六月二十一日から二十二日の夜にかけて起こった。
＊67　legatus の訳。共和政時代、元老院議員や経験豊かな軍人の中から選ばれて属州総督や出征する執政官に随行したが、はっきり決まった任務はなかった。カエサル以降は軍団長という意味で使われる。
＊68　ペロポンネーソス戦争（前四三一―前四〇四年）のこと。
＊69　前四九五頃―前四二九年。アテーナイの将軍・政治家。
＊70　前四三一年八月三日の日蝕。トゥーキューディデース『歴史』二・二八参照。
＊71　前五〇〇頃―前四二八年頃。イオーニアのクラゾメナイ出身の哲学者。
＊72　『年代記』からの引用。言及されている日蝕は前四〇〇年六月二十一日のそれか。
＊73　Annales maximi の訳。前一三〇年から前一一五年頃までのあいだに、大神祇官（pontifex maximus. 神祇官については、第二巻訳注＊51参照）を務めたプブリウス・ムーキウス・スカエウォラ（前注＊56参照）によって編集されたと推測される八十巻の年代記。彼はローマの起源から彼の時代までの、年ごとの

公の出来事を、古い伝承、記録などに基づいて整理して著した。

*74　前一世紀の学者・文人ウァッローによれば前七一七年。リーウィウス（『ローマ建国以来の歴史』一・一六）によればロームルスは日蝕ではなく嵐のときにこの世を去ったという。二・一七参照。

*75　ius Quiritium の訳。ローマ市民の公民権（外国人と奴隷との対照において）。完全な公民権をもつローマ市民は Quirites と呼ばれたが、その正確な語源は不明である。

*76　nexum の訳。証人の立合いのもとで契約され、それを果たすことができないときは債務者が隷属状態となる。拘束行為。

*77　大アーフリカーヌス。前注*7参照。

*78　前四三〇頃—前三六七年。シュラークーサイの僭主。三・四三参照。

*79　humanitas の訳。本来の意味はもっと広く、教養、学問の知識、節度、親切、思いやり、礼儀正しさなどの概念を含む。

*80　セクストゥス・アエリウス・パエトゥス・カトゥス。前一九八年の執政官。法律家。十二表法の正文とこれの解釈と法律訴訟手続き（legis actio）の三部からなる三部書（Tripertita）を著した。引用はエンニウス『年代記』から。

*81　エンニウスの悲劇。イーピゲニーア（イーピゲネイア）は、ミュケーナイ王アガメムノーンの娘。

*82　マルクス・パークウィウス（前二二〇—前一三〇年頃）。エンニウスの甥で悲劇作家・画家。ゼートゥス（ゼートス）は、彼の悲劇『アンティオパー』に登場する神話上の人物。ゼウスとアンティオペー（アンティオパー）の子で、兄弟のアンピーオーンとともにテーバイの支配者となった。

*83　エンニウスの悲劇の題名。ネオプトレムス（ネオプトレモス）は、トロイア戦争の英雄アキレース（アキレウス）の子。

*84　スキーピオーの甥トゥベロのこと。ルーキウス・パウルスは、スキーピオーの実父。

＊85　ティベリウス・センプローニウス・グラックス。前一三三年の護民官。彼は富裕階級が実質上所有していた公有地（ager publicus）を一定の面積を除いて取り上げ、貧民や小農に再分配する農地法（lex agraria）を提案し、これを実行するため三人委員（triumviri）が任命された。しかし、それによって影響を受けた大地主、土地所有者、またラティーニー人や同盟国はこの改革にはげしく反対し、彼が翌年の護民官職にふたたび立候補したとき、選挙当日の混乱において従兄弟のスキーピオー・ナーシーカ（前注＊24参照）によって殺された。同時に彼の党派の多くの者が処刑されたが、三人委員による改革は続行された。前一二三年彼の弟ガーイウスが護民官となり、一連の法律によってさらに改革を進めた。彼の意図は主として平民と騎士階級の勢力を結合し、元老院の勢力を弱めることにあった。彼の二度目の護民官職のとき（前一二二年）反対派の抵抗は高まり、とくに彼がラティーニー人にローマ市民権を、他の同盟国にはローマでの投票権を与えることを提案するにあたり、抵抗は頂点に達した。翌前一二一年の護民官がガーイウスの法律の廃止を提案したときついに暴動が起こり、元老院最終決議（第二巻訳注＊35参照）によって彼の党派の者はほとんど殺され、彼自身捕われるよりも死を選んだ。

本篇の対話は前一二九年に行われたという前提となっているので、ティベリウスの死と、ガーイウスの改革との中間の不穏な時期である。

＊86　護民官（tribunus plebis）の制度は、前五〇〇―前四五〇年頃起こったと推定される。はじめ区（二・一四参照）の長であったのが平民を守る役職となったのか、あるいは、軍団副官（tribunus militum. 第六巻「スキーピオーの夢」訳注＊2参照）に基づいて設けられたのかは不明である。元の数についても、二名、四名などの説があるが、少なくとも前四四九年以前に十名となった。護民官の任務は、平民の身分と財産を守ることにあったが、彼らの権限は法律によるものではなく、平民が彼らの不可侵性を守ることを誓ったことに基づく。また貴族は実際にこの誓約を無視したことはなかった。さらに彼は、政務官の職権行為、選挙、法律、元老院決議にたいして拒否権（intercessio）をもった。護民官

らは平民会（concilium plebis または comitia plebis tributa）を召集し、平民会決議（plebiscita）を求め、これを施行する権利および懲戒権（coercitio）を主張した。彼らは平民会によって選ばれ、同僚の職権行為にたいし拒否権をもった。一方、命令権（後注＊125参照）や権力の標章（後注＊122参照）はもたなかったが、権限においてほかの政務官と変わらなくなり、前二八七年頃には平民会決議が法律と同じ効力をもつに至った。前三世紀には、彼らは元老院の開催を要求する権利を得、前二世紀には護民官職は元老院議員に選ばれる資格の一つとみなされた。彼らの任期は一年で、慣例では再選は認められなかったが、この慣例はグラックス兄弟によって破られた。彼らの死後一時その権限は制限されたが、ふたたび元の権利が与えられた。

＊87　前一三一年の執務官。グラックスの農地法の支持者で、彼の死後三人委員となった。

＊88　前一四三年の執政官。ティベリウス・グラックスの義父。第一回農地三人委員の一人。

＊89　クイントゥス・カエキリウス・メテッルス・マケドニクス。前一四三年の執政官。グラックス兄弟の改革に反対したが、同時に小アーフリカーヌスに敵対した。

＊90　前注＊56、＊73参照。

＊91　socii の訳。同盟国は、ローマと盟約（foedus）によって結ばれ、ローマの主権を尊重し、戦争において援助および軍隊の提供の義務を負った。

＊92　nomen Latinum（ラテン（ラティウム）種族）の訳。ラテン（ラティウム）権（ius Latinum）をもつ諸共同体を指す言葉。ラティーニー人は元来いくつかの独立都市に分かれていたが、ローマと制度、言語において共通であるため、ローマが覇権を取ったあともふつう互いの通商、婚姻などの特権が認められた。前三三八年（ラティーニー人との戦争の終結）以後、ローマはラティーニー人と同じ法的地位をもつ多くの植民市を建設したが、これらは外交においてのみローマに従属する自治市であった。

＊93　前注＊85参照。

＊94　貴族のこと。

＊95　小アーフリカーヌスのこと。

＊96　ディオメーデース『文法』(H. Keil 編『ラテン文法家集』一・三六五・二〇)。

＊97　前二〇〇頃―前一一八年頃。ギリシア出身のローマ史家。四十巻から成る『歴史』(一部を除いて散逸)を著した。

＊98　togati の訳。本来「トガ」を着用した者のこと。トガはローマ市民が着けた、白い毛織の衣服。

＊99　ノーニウス『学識要覧』三二一・六一。

＊100　元来町 (oppidum) はその法的地位とは関係なしに共同体の中心部を指したが、都市 (urbs) はとくに都市国家(またはこれに相当する共同体)を指した。のちにローマに併合された地方や植民地の諸都市はふつう町と呼ばれた。

＊101　ペルシア王(前五五九―前五二九年)。ペルシア帝国の建設者。ギリシア人は彼を公正な王の模範とみなした。

＊102　現在のマルセイユ。前六〇〇年頃ポーカイア人(小アジアに住んでいたギリシア人の一部)によって建設された。なおマッシリア人はスキーピオー家の被保護者 (cliens) であった。cliens については、第二巻訳注＊38参照。

＊103　アテーナイのアクロポリスの北西部にある丘の名。アテーナイの最高審議会がここで開かれたので、その名で呼ばれるようになった(正式にはアレイオス・パゴス審議会)。その委員は前に執政官 (archon) に任じられた者すべてから成り、また執政官は貴族または富裕階級から選ばれたのでローマの元老院のような性格をもった。またその委員は終身制であったので年ごとに変わる執政官より大きな権力をもち、古くから所有していた刑事裁判権のみならず、国政のほとんどすべてを支配した。しかし前四六二年民主派による改革の結果、その権力の多くを失ったという。

＊104　アクラガース（アグリゲントゥム）の僭主（前五七〇頃―前五五四年）。残酷な支配のゆえに有名であった。第三巻訳注＊57参照。

＊105　ペロポンネーソス戦争の終わりに（前四〇四年）アテーナイにおいて恐怖政治を行った三十人委員会。翌年くつがえされ、ふたたび民主政が行われた。

＊106　ロドスの民主政については、三・四八参照。

＊107　おそらくエンニウスの劇からの引用。

＊108　ローマの主神。のちにゼウスと同一視される。カピトーリウムの丘にその神殿があった。第二巻訳注＊75参照。

＊109　貴族（optimates）は、本来最善の人々という意味であるから、ここでなぜ「最善の人」なのか尋ねる。

＊110　前注＊64参照。

＊111　テクストは不確か。

＊112　『イーリアス』一・五二七―五三〇参照。

＊113　ノーニウス『学識要覧』八五・一八、二八九・八。

＊114　barbari の訳。本来ギリシア語で「ギリシア語以外の言葉を話す者」を意味した。

＊115　タルクイニウス・スペルブスのこと。一・六二、二・四四以下参照。

＊116　セルウィウス・トゥッリウスのこと。二・三七以下参照。

＊117　iudex の訳。最初元老院議員から、のちにはさらに騎士階級から選ばれ裁判において決定を下した。なお、第五巻訳注＊5参照。

＊118　ラティウムの町。

＊119　ローマにある家。本邸。

＊120　二・四四以下参照。

＊121　共和政のローマにおける民政、軍政上の最高官。任期は一年間で二人制。ケントゥリア民会（第二巻訳注＊78参照）において選出された。

＊122　fascesの訳。楡《にれ》、あるいは白樺の木の棒を束ねて、その中から鉞《まさかり》を突出させたもの。王、のちには上級政務官の権威を象徴した。これはふつう先導吏（lictores）によってかつがれ、政務官が国民の集会で演説するとき法にたいする服従の印として降ろされた。またローマ市内では鉞が取り除かれた。二・五三参照。

＊123　二・五三参照。

＊124　二・五八参照。

＊125　命令権（imperium）とは最高公職者の特別な職務権限のこと。共和政時代においてこれは執政官、執政官権限をもつ軍団副官（前四四五―前三六七年）、法務官、騎兵長官、独裁官に与えられた。また共和政末期には、若干の委員会、特別の任務を課せられた前執政官や前法務官に与えられた。しかしそれは特別の場合を除き、同僚制、または上訴の制度によって種々の制限を受けていた。またそれは命令権にかんするクーリア民会（comitia curiata）によって承認される必要があった（lex curiata de imperio）。クーリア民会については、第二巻訳注＊49参照。

＊126　ほかのラティウム諸国ではふつうの政務官に与えられた名称であったが、ローマでは軍事的、のちには内政的危機のさいに一時的に任命され、半年間（もっとも長い場合）最高の権限をもってその任務に携わった。彼は国民の選挙によってではなく、元老院の提議により執政官、法務官または中間王によって任命され、クーリア民会によって承認された（中間王については、第二巻訳注＊46参照）。しかしのちにその権限は狭められ、前二〇二年以降は本来の姿を失った。のちの独裁官はまったく異なった性格のものである。

＊127　鳥卜官団の記録（libri augurales）のこと。鳥卜官については、二・一六および第二巻訳注＊36、＊37参照。

＊128　magister populi の訳。歩兵長官の意味。独裁官は歩兵長官として騎兵長官（magister equitum）を任命した。後者は元来騎兵を指揮したが、のちには前者の代理の役を果たした。

＊129　エンニウス『年代記』からの引用。

＊130　『国家』八・五六二C—五六三E。以下、キケローはプラトーンの個所を自分の文章で言い直している。

＊131　アテーナイの僭主（前五六〇—前五二八年）。

＊132　factio. 党派政治、寡頭政のこと。

＊133　ローマの強敵であったカルターゴー（前一四六年）およびヌマンティア（前一三三年）を落としたこと。前注＊36参照。

＊134　ノーニウス『学識要覧』四二六・九。

＊135　プリーニウス『博物誌』序、七。人名については詳細不明。コングスは、法律家・ローマ史家か。

＊136　アルシアーヌス・メッシウス『用語実例集』（V. Marmoral 編）一・七四。

＊137　ノーニウス『学識要覧』二七六・六。

＊138　ラクタンティウス『神的教理』三・一六・五。

＊139　ノーニウス『学識要覧』五二六・八。

第二巻

一

［1］〈皆が熱心に〉[*1]聞くことを欲したとき、スキーピオーは次のように語り始めた。「これからわたしが述べるのは老カトー[*2]が話したことである。あなたがたも知っているとおり、わたしは彼をひとえに敬愛し、この上なく崇拝していた。両方の父親[*3]の勧めもあったが、とくにわたし自身の熱意により、青年時代からわたしのすべてを彼に捧げていたのだ。彼の話はけっしてわたしを飽きさせることはなかった。彼には、平時と戦時において非の打ちどころなくきわめて長いあいだ司った国政の深い経験と、話の正しい格調と、荘重を混ぜた優雅と、教え学ぶことの最大の熱意と、言行一致の生活があった。

［2］彼がつねに語っていたところによると、わが国の政体がほかの国のそれより優れているのは次の理由による。他の諸国において、国家をその法律と制度で確立したのはふつうそれぞれ一人の者である。たとえばクレータ人の国家はミーノース[*4]が、ラケダイモーン人の国家はリュクールゴス[*5]が、また、きわめて頻繁に変転したアテーナイ人の国家はあるときは

テーセウス*6が、あるときはドラコーン*7が、あるときはソローン*8が、あるときはクレイステネース*9が、またあるときには大勢のほかの人々が確立し、最後に、パレーロンの学識者、デーメートリオス*10がすでに力なく横たわっているその国を支えて立ち上がらせた。他方、わたしたちの国家は、一人の者の才能ではなく多くの人々の才能により、また人間の一生涯のあいだではなく、数世紀、数世代にわたって確立された。彼の説明によれば、いかなる才能も、すべての事柄に気づくことができる者がかつて存在したと言えるほど偉大であったためしはなく、また万人の才能を一人の者に集めても、物事の熟練や時の経過なしにすべてのものを把握して将来に備えることは、一つの時期においてはできないのである。

［3］それゆえ、彼のつねであったように、わたしの話はいまローマの国民の『起源』*11にさかのぼる。わたしは彼の言葉そのものも好んで使うのであるから。他方、わたしは、もしわたしたちの国家が生まれ、育ち、成人し、すでに力強く固められているのをあなたがたに示すなら、プラトーンの著作*12においてソークラテースが行っているようにみずから架空の国家を考え出すよりも、いっそう容易に課されたことをなし遂げることができよう。」

二

［4］皆がこれに賛同してから、彼は言った。「設立された国家について、ロームルスから始まったこの都の建設の起こりほど名高く、あまねく知られている起源をわたしたちはどこ

に見出すだろうか。彼はマルスを父として生まれ[*13]――わたしたちは、公の事業に功績のあった者が才能においてのみでなく、さらに出生においても神的であるとみなされるという、一般の言い伝えに従うことにしよう。それはとくに古くからあるのみでなく、祖先から思慮深く伝えられているのだから――、要するに彼が生まれたとき、アルバの王アムーリウス[*14]は、その王国が揺り動かされることを恐れて、彼を兄弟のレムスとともにティベリス河のほとりに捨てるよう命じたと言われる。言い伝えによれば、その場所で彼は森の獣の乳房に養われ、羊飼いたちが彼を拾い上げてひなびた生活と労働のうちに育てた。彼は青年になったとき肉体の力と精神の大胆さにおいてほかの者よりはるかにまさっていたので、いまこの都が立っている土地に当時住んでいた人々は、皆当然のこととしてすすんで彼に従った。さて、言い伝えから事実へ移るなら、彼はこれらの人々の軍勢の指揮者になったのち、当時堅固で強力な都市であったアルバ・ロンガを屈服させ、アムーリウス王を殺したと言われる。

三

［5］彼はこの栄光を獲得したのち、まず鳥占いによって[*15]都市を建設し国家を固めることを考えたと言われる。他方、彼は都市の位置を――それは永続的な国の種を蒔こうと試みる者にとってもっとも注意深く配慮すべきことであるが――信じられぬほどの適切さで選んだ。じじつ、彼は都市を海のそばに置かなかったが、そのことは彼にとってその軍勢の力を

借りるならいとも容易であったろう。したがって、彼はルトゥリー人[*16]やアボリーギネース人[*17]の土地へ進出することができたかもしれない。あるいは多くの年月ののちにアンクス王[*18]が植民地を設けたティベリス河口にみずから都市を建設することができたかもしれない。しかしこの人は、海に面した位置が永続と支配の望みを託して建設される都にとってもっとも適切でないことを、優れた洞見によって見て取った。[*19]

［6］その理由は、まず海に面した都市は多くの危険のみならず、予見し難い危険に曝されているからである。すなわち大陸は予期される敵の来襲のみならず、さらに不意の敵の来襲も、多くの徴候と、いわば一種のどよめきと音そのものによってあらかじめ示す。しかもいかなる敵も、そこにいることのみならず、さらに誰であり、どこから来たか、分かりえないほどすみやかに大地を進んでくることはできない。しかし、海から船で来る敵は、誰もその来襲に気づかないうちに現れることが可能であり、しかも彼は来たとき、誰であるか、どこから来たか、さらに何を欲するか明らかにせず、要するに、友好国の者であるか敵であるか、いかなる印を見きわめることも、判断することもできないのである。

四

［7］海に面した都市には、さらに慣習のいわゆる退廃と変化が起こる。というのは、これらの都市は新しい言葉や生き方と混じり合い、外国の商品のみならず慣習が輸入されるの

で、祖先の制度は何一つ元のまま留まることができないからである。その上、これらの都市に住んでいる者は彼らの住居に留まらず、つねに翼の生えた希望や想像によって家からいっそう遠くへ駆り立てられ、たとえ身体は留まっていても、心は国の外へ逃れて放浪する。しかも、市民のこの放浪と離散ほど、長いあいだ揺り動かされたカルターゴーやコリントス[*20]をついに倒壊させる大きな原因となったものはない。なぜなら、彼らは通商と航海を熱望したために土地や武器の手入れをすることをやめたからである。

［8］さらに、略奪されるものであれ輸入されるものであれ、放逸に導く多くの、国にとって有害な刺激が海によって供給される。その上になお風光の美しさそのものが、欲望へと誘う魅惑、金のかかる、あるいは無為に導く多くの魅惑をもっている。そしてコリントスについてわたしの言ったことは、おそらく全ギリシアについてもまったくまちがいなく言うことが許されるだろう。じじつ、ペロポンネーソスすらほとんど全体が海に面しており、プリーアーシオイ人[*21]を除くならその土地が海に接していない国民はまったくない。またペロポンネーソスの外ではアイニアーネス人とドーリス人とドロペス人[*22]だけが海から離れている。なぜギリシアの島嶼をあげる必要があろうか。それらは潮流によって取り巻かれ、それ自身国の制度と慣習とともにほとんど漂っているのだ。

［9］これは上に述べたように古いギリシアについてである。しかしギリシア人によって小アジア、トラーキア、イタリア、シキリア、アフリカに建設された植民地の中で、マグネーシア[*23]だけを除いて、波で洗われないものがどれかあるだろうか。だから異国人の地域にあ

たかもギリシアの縁《ふち》どりが織り込まれたかのように見える。というのは、異国人自身のうち、エトルーリア人[*24]とポエニー人[*25]を除いて、以前に海に進出していた国民はまったくなかったからで、後者は商業のため、前者は略奪のため海に出たのであった。以上のことはギリシアの不幸と変化の明白な原因であって、わたしが少し前にごく手短かに述べた沿海都市の欠陥によるものである。しかし、なおこの欠陥の中にはあの大きな便宜が存在するのであり、世界中至るところに生じたものは、あなたが住んでいる都市に海路でもたらされ、また逆に、自分の土地が生産するものをどこであれ望みどおりの地方へ運び、または送ることができるのである。

五

［10］それゆえロームルスは、年中一定の流量を保ち、海の中へ広い帯となって注いでいる河の岸に都を定めることよりも、いっそう神意に沿って沿海の利益を取り入れ、その欠陥を避けることができただろうか。こうすることによって、都市は必要とするものを海から受け取り、余ったものを送り出し、またその河によって生活と文明に必須のものを、海から吸収するのみならず、陸地から運ばれてきたときも受け取ることができる。したがって、彼はこの都市がやがて最高の権力の座と居所を提供するだろうことを当時すでに予知していたようにわたしには思われる。じじつ、イタリアのいかなる地方に置かれた都市も、このように

大きな支配権をより容易に維持することはほとんどできなかっただろう。

六

［11］さらに、都市自体の自然の護りを心の中で十分に判断し認識しないほどなおざりな者が誰かいるだろうか。この都市の城壁の延長と輪郭はロームルスやさらにのちの王たちの洞見によって決められたのであって、あらゆる側に山がけわしく聳えている中で、エスクイリアエ[*26]とクイリーナーリス[*27]の丘のあいだにあるただ一つの入口はきわめて強力な防護壁で固められ、巨大な濠によって取り巻かれた。また城塞はけわしい周囲と、いわば四面の切り立った岩によって守られ支えられていたので、ガッリア人来襲[*28]のあの恐るべき嵐においてさえ安全で無傷のまま残った。また彼は泉の多い場所を、不健康な地域の中で健康な土地を選んだ。いくつかの丘があって、それら自体風通しがよく、また谷間に陰を与えるからである。

七

［12］彼はこれらのことをきわめてすみやかに行った。彼は都市を建設し自分の名にちなんでローマと呼ぶよう命じると、新しい国を固めるために、いわば新奇でいくぶん粗野であるが、しかし彼の王国と国民の勢力を確保することにおいては当時すでに長い先を見通す偉

大な者にふさわしい計画を実行した。すなわち、コンスアーリア祭[*29]においてそのときはじめて毎年円形競技場で開くことを定めた競技を見るためローマにやって来た、素性の正しいサビーニー人[*30]の乙女たちを奪うよう命じ、彼女たちをもっとも有力な家に嫁がせた。

［13］それが原因でサビーニー人がローマ人に戦争を仕掛け、戦いの勝敗が転々として容易に決まらなかったとき、奪われた女たちがみずから嘆願したので、彼はサビーニー人の王ティトゥス・タティウスと盟約を結んだ。彼はこの盟約により宗教儀式を合併して[*31]サビーニー人を国の中に受け入れ、自分の王国を彼らの王と共同で統治した。

八

［14］しかし、タティウスの死後すべての支配権が彼に戻ったとき、彼はすでにタティウスと共同で王の審議会に卓越した人々を選んで入れ──彼らは敬愛されたゆえに『長老[*32]』と呼ばれた──、また国民を、彼自身とタティウスの名および彼の同盟者としてサビーニー人と戦って倒れたルクモーの名にちなんで命名した三つの区[*33]と、三十のクーリア[*34]に区分していたのであるが──クーリアを彼は、奪われて、のちに平和と盟約を願った乙女たちの名にちなんで呼んだ──、要するに、これらのことはティトゥスが生きているときに決められていたのであるが、彼の死後ロームルスはさらにいっそう長老たちの権威と審議を重んじて治めた。

九

〔15〕これを定めたときはじめて彼は、少し前にスパルタでリュクールゴスが発見したのと同じこと、すなわち国は、卓越した各人の権威が王の絶対的権力に加味されるなら、一人の支配、つまり王権によっていっそう正しく導かれ治められることを発見し、これがよいと判断した。したがって、彼はこの審議会、いわゆる元老院[*35]によって支持され守られて、近隣の国にたいし多くの戦争をきわめて有利に行った。そして、彼自身戦利品を何一つ家にもち帰らなかったけれども、市民たちを富ますことはやめなかった。

〔16〕当時ロームルスは何にもまして鳥占い[*36]に従ったが、それは今日なおわたしたちが維持していて国家の安全に大いに役立っている。すなわち彼自身国家の始まりである都市の建設を鳥占いによって行い、またあらゆる公務に取りかかるさいに、鳥占いにおいて自分の補佐をさせるため各々の区から一人ずつ鳥卜官[*37]を選んだ。そして彼は平民を有力な市民たちの保護[*38]下に区分し——そのことがいかに大きな利益となったか、わたしはのちに見ることにしよう——、また彼らを、暴力や体刑によらずに、羊や牛から成る罰金の宣告によって抑制した。なぜなら、当時財産とは家畜〔pecus〕と土地〔loci〕を所有することであったからで、そこから『富裕な〔pecuniosus〕』また『富める〔locuples〕』と呼ばれたのである。

一〇

［17］そしてロームルスが三十七年間治め、国家の二つの卓越した基礎、すなわち鳥占いと元老院を創設したあと、彼のなし遂げたことはかくも偉大であったので、突然太陽が暗くなって彼がふたたび姿を現さなかったとき、神々の数に加えられたとみなされた。いかなる死すべき人間も徳ゆえの絶大な栄光なしにはこのような評判を得ることはできなかっただろう。

［18］さらにこれはロームルスの場合、次の理由からいっそう驚嘆に値する。人間から神になったと言われるほかの人々は、それほど開けていなかった世に生きたのであるから、無知な者は容易に誘われて信じたので、作り話の可能性は多分にあった。しかし、いまから六百年に満たぬ前の、ロームルスの時代は、すでに久しく文字が使用され学問が行われていて、未開の人間の生活から生じるあの昔の誤りはすべて取り除かれていたことをわたしたちは認める。なぜなら、ギリシア人の年代記が調べているように、ローマが第七オリュンピア紀の第二年目に建設されたのであれば、ロームルスの時代は、すでにギリシアに大勢の詩人や文芸人がいて、昔のことでなければ言い伝えにそれほど信が置かれなかった世紀にあたるからである。[*39] すなわち、リュクールゴスが法律を書くことを始めてから百八年後に第一オリュンピア紀が置かれたのだが、若干の人々は名前に欺かれてその同じリュクールゴスがオリ

ュンピア紀を定めたとみなしている。他方、最少に見つもる人でもホメーロスをリュクールゴスの時代よりおよそ三十年前に置いている。

［19］このことから、ホメーロスはロームルスよりもはるか前の世に生きたのであり、だから人々がすでに教化され、時代そのものが博識となっていたときに作り話を考え出す機会はほとんどなかったことが理解できる。じじつ、昔の時代は作り話を、ときには〈拙劣であっても受け入れたが、しかしすでに洗練されたこの時代は、中でも不可能なことはすべて嘲笑し、排斥した〉。

［20］……ある人々によれば、娘に生まれた彼の孫が……。実際に彼が死んだ同じ年に、すなわち第五十六オリュンピア紀[40]にシモーニデース[41]が生まれた。だから、すでに人間の生活が経験を積み重ねたものとなり、それが考察され知り尽くされた頃に、ロームルスの不死についてなお信じられたことがいっそう容易に理解できる。しかし、たしかにこの人にはきわめて大きな才能と徳があったので、彼について、すでに数世紀前にほかのいかなる死すべき人間についても人々が信じなかったことを田舎者のプロクルス・ユーリウス[42]が語ったとき、その話が信じられたのであった。伝えられるところによれば、プロクルスは、ロームルスの死の嫌疑をわが身から払おうとした長老たちに唆《そそのか》されて、いまクイリーナーリスと呼ばれている丘で自分がロームルスを見たこと、その丘に彼の神殿の建立を国民に要求するよう彼が自分に命じたこと、彼が神であり、クイリーヌス[43]と呼ばれることを集会において述べた。

一一

〔21〕それであなたがたは、新しい国民がただ一人の者の思慮によって生まれたのみならず、また揺り籠の中で泣いているままではなく、すでに大きくなりほとんど成年となって残されたのが分かりますか。」

ラエリウス「わたしたちにはよく分かる、また、あなたはあなたで、ギリシア人の著作にはけっして見当たらない新しい方法で議論を始めたこともだ。じじつ、著作において誰も凌駕することのなかったあの卓越した人*44は、彼の判断に基づいて国家を作り上げる場所をみずから決めたのだが、その国家はおそらくみごとなものであるにせよ、しかし人間の生活と慣習からかけ離れたものであった。

〔22〕また、ほかの人々*45は国家の明確な実例や形態をまったくもたずに国の種類や原理について論じた。だが、あなたは両方のことを行おうとしているようにわたしには思われる。あなたの問題の取り上げ方を見ると、あなたは自分が発見することを、プラトーンの著作におけるソークラテースの例にならって自分で作り出すというより、むしろほかの人々に帰せようとしている。またあなたは、あの都の位置について、ロームルスが偶然または必然によって行ったことをある原理に帰するのであり、さらにあれやこれやを話すのではなく、ただ一つの国にしぼって議論している。だから、あなたが始めたように続けて下さい。じじつ、

あなたが残りの王たちをすべて考察するとき、わたしはほとんど完成された国家をすでに予見できるような気がする。」

一二

〔23〕スキーピオーは言った。「さて、貴族から成るロームルスのあの元老院が――王みずから彼らに大きな権力を与え、こうして彼らが長老〔patres〕と呼ばれ、彼らの子供が貴族〔patricii〕と呼ばれるのを望んだのであるが――ロームルスの死後王をもたずにみずから国家を支配しようと試みたとき、国民はそれに耐えられず、ロームルスを慕ってその後も王を望むことをやめなかった。そのとき賢明にもこれらの指導者たちは新しい、他国では未聞である中間王政[*46]を始める方法を考え出した。それは、決められた王の公示まで国が王を欠くことも、一人の永続的な王に従うこともなく、また権力が固定して誰かが命令権を譲るのをためらったり、あるいはそれを保持しようとしてより強力になったりすることが起こらないようにするためであった。

〔24〕少なくともその時期において、その新しい国民はラケダイモーン人のリュクールゴスが気づかなかったことを知っていた。リュクールゴスの考えによると、王は選ぶべきではなく――王を選ぶことがリュクールゴスの権限でできたという仮定の話であるが――、どのような者でも、ヘーラクレース[*47]の家系の出身でありさえすれば王として仰がなければならな

かった。しかし、わたしたちの祖先はなお粗野であった当時でさえ、王者にふさわしい徳と英知を求めるべきであって、血統を求めるべきではないことを知っていた。

一三

［25］ヌマ・ポンピリウスがこれらの徳において卓越しているとの評判であったので、長老たちの提案により、国民は自国の市民を差しおいてみずから他国生まれの者を自分たちの王に選び、国を統治してもらうためサビーニー人である彼をクレース*[48]からローマへと招いた。彼はここへ来たとき、国民が彼をクーリア民会*[49]において王に任命していたにもかかわらず、みずから自己の命令権についてクーリア民会で承認されるべき法律を提出した*[50]。また、彼はローマ人がロームルスの例にならって好戦的な熱望に燃えているのを見たとき、彼らを少しばかりその習慣から引き戻すべきだと考えた。

一四

［26］そこではじめに彼は、ロームルスが戦争によって得た土地を市民の一人一人に分配し、略奪や戦利品によらずとも、土地の耕作によってあらゆる便宜を満喫できることを彼らに教え、平穏と平和にたいする愛を起こさせた。すなわち、平穏と平和によって正義と信頼

はもっとも容易に強大になるのであり、これらの保護のもとに土地の耕作と穀物の収獲はもっとも安全に守られるのである。またポンピリウスは、いっそう大きな鳥占いを創始して、元の数に二人の鳥卜官を加え、宗教儀式の監督には有力な市民の中から選んだ五人の神祇官[*51]を当たらせた。また彼はわたしたちの記録に残る法律を公布して、戦争の習慣と欲求に燃えている心を宗教の儀式によって和らげ、さらに祭官[*52]とサリイー[*53]と呼ばれる神官とウェスタの巫女[*54]を加え、また宗教のすべての細目をきわめて敬虔な心づかいで定めた。

［27］他方、彼は儀式を守ること自体は難しく、その道具はまったく簡素であることを望んだ。すなわち、彼は徹底して学び遵守すべきことは多く定めたが、それに金をかけなかった。彼はこのように宗教の儀式をきびしく守らせ、費用を省いた。彼はまた市場や競技や、人が大勢集まるあらゆる機会と盛大な催し物を創始した。そして彼はこれらのものを設けることによって、戦争の熱望のためすでに野獣のように狂暴であった人々の心を人情と従順へ引き戻した。このように彼は三十九年間[*55]まったく平和と一致のうちに統治したあと――じっさい、わたしたちは、時代の詳細な調査にかけては誰一人かなわぬ友人ポリュビオス[*56]に従うのが最善だろう――、国家の永続のためにもっとも著しく寄与する二つの事柄、宗教と寛容を確立してこの世を去った。」

一五

［28］スキーピオーがこのように言い終えたとき、マーニーリウスが言った。「アーフリカーヌスよ、そのヌマ王がピューータゴラース自身の弟子であった、あるいは少なくともピューータゴラース学徒であったと伝えられているのはほんとうですか。わたしたちは年長の者からこのことをしばしば聞いたことがあり、また一般にそのようにみなされていると思うからです。しかし、それはわたしたちの見るところ、公式の信用すべき年代記によってはっきりと言われていません。」

スキーピオーは言った。「マーニーリウスよ、それはすべて偽りであり、たんに捏造されたばかりか、無知で馬鹿げた話だ。じじつ、どう見ても作られたのみならず、けっして起こりえなかった偽りほど腹の立つものはない。そのわけは、ルーキウス・タルクイニウス・スペルブス*57の治下ちょうど四年目にピューータゴラースがシュバリス*58やクロトーン*59やイタリアの地方に来たことが確かめられるからだ。言い換えれば、第六十二オリュンピア紀*60はスペルブスの王政の始まりとピューータゴラースの来訪をはっきりと記録している。

［29］このことから、王政の年数を通算すると、ヌマの死後およそ百四十年後にはじめてピューータゴラースがイタリアに来たことが理解できる。またこのことは、年代記を通してきわめて克明に調べた人々のあいだにおいてけっして疑われたことはなかった。」

マーニーリウスは言った。「おお不死なる神々よ、なんと大きな誤りが、なんと古くから人々のあいだに伝えられていることか。しかし、わたしたちが海の向こうから輸入された学術ではなく、わたしたち自身の固有の能力によって知識を得たのは結構なことと思います。」

一六

［30］アーフリカーヌスは言った。「しかしあなたは、わが国が進展し、いわば自然の経過と行程によって最善の政体に達するのを見るなら、そのことをよりいっそう容易に理解するだろう。そればかりか、まさに次のことにおいてあなたは祖先の英知を称賛すべきだと主張するだろう。すなわち多くの、さらによそから受け入れられたものが、こちらへ移される元のところ、またはじめて現れたところにおいてよりも、わが国においてははるかに優れたものになっているのをあなたは認めるだろう。またローマ国民は偶然によってではなく、思慮と陶冶によって確立されたのであり、しかも運に恵まれていたことを認めるだろう。

一七

［31］ポンピリウス王の死後、国民は中間王の提案に基づきクーリア民会においてトゥッルス・ホスティーリウスを王に任命した。彼はポンピリウスの例にならい、自己の命令権に

ついてクーリアごとに国民の意見を問うた。彼の武功の誉れは高く、軍事上の業績は偉大であった。彼は戦利品を売って得た金で集会所と元老院を建て、周囲を壁で囲んだ。また、彼は戦争を布告するための法を定めた。彼はそれ自体きわめて合法的に創始されたこの法を軍事祭官の儀式*61によって神聖なものとなしたので、告示され通告されない戦争はすべて不正であり不敬であるとみなされた。そして、すでにわが国の王たちが若干の権利を国民に与えなければならないことをいかに聡く気づいたか、あなたがたの注意を促すならば――この種の問題については、わたしたちはなお多くを述べる必要があるので――、トゥッルスは国民の命令なしには王の標章すら用いようとしなかった。というのは、儀鉞《ぎえつ》をもった十二人の先導吏*62が彼の前を進むことが許可されるために………

［32］〔欠〕

一八

［33］……ラエリウス（?）「……じじつ、あなたの始めた討論において、国家は最善の政体へ這っていくのではなく飛翔するのであるから。」

スキーピオー「彼のあと、ヌマ・ポンピリウスの外孫であるアンクス・マルキウスが国民によって王に任命され、同様に自己の命令権についてクーリア民会で承認されるべき法律を提出した。彼はラティーニー人を戦争によって征服したあと、彼らを国の中へ受け入れた。

彼はまたアウェンティーヌスとカエリウスの丘[*63]を都に合併し、その征服した土地を分配した。また彼が獲得した、海岸に沿った森をすべて公の財産となし、ティベリス河の河口に都市[*64]を建設して植民によって固めた。そして彼はこのように二十三年間統治したあと世を去った。」

ラエリウス「たしかにその王は称賛に値する。だが、もしわたしたちがその王の母親を知っているが父親を知らないなら、ローマの歴史は漠然としたものだ。」

「そのとおりです」とスキーピオーは言った。「だが、その時代については、およそ王の名前しか明らかではありません。

一九

〔34〕しかし、この頃はじめてわが国はいわゆる接ぎ木された学問によってさらに知識を深めたと思われる。それはギリシアからあの学問や学術がいわば細い小川ではなくきわめて水量豊かな大河となってこの都の中へ流入したからである。じじつ、伝えられるところによるとコリントスにデーマラートスという人がいて、名誉においても声望においても富においても優に彼の国の第一人者であった。しかし、彼はコリントスの僭主キュプセロス[*65]に我慢できなかったので、多くの財産を携えて亡命し、エトルーリアでもっとも栄えた都市タルクイニイー[*66]へ行ったと言われる。そしてキュプセロスの専制が確立したことを耳にしたとき、こ

の勇敢な自由人は祖国を捨て、タルクイニイー人によって市民として受け入れられて、その国に住所と住居を置いた。そこで彼はタルクイニイー人の妻から二人の息子をもうけたとき、彼らをあらゆる学術について、ギリシア人の陶冶に従って教え……」

二〇

[35] スキーピオー「……容易に市民の中に受け入れられたとき、彼〔ルーキウス・タルクイニウス〕*67は温和な人柄と学識のゆえにアンクス王の友人となり、やがてすべての審議に参加し、ほとんど王国の共同支配者とみなされるまでになった。その上、彼はきわめて親切な人であり、すべての市民にたいする支持、援助、弁護、さらに贈与において物惜しみすることはまったくなかった。したがってマルキウスの死後、国民の全員一致の投票によってルーキウス・タルクイニウスは――つまり彼はあらゆる点でこの国民の習慣を見ならっていると人に思わせるため彼のギリシア名をこのように変えていたのである――王に任命された。彼は自己の命令権について法律を提出してから、まずはじめに元老院議員を元の数の二倍に増やし、古くからの長老たちを『大貴族元老院議員』*68と呼び――彼は最初に彼らから意見を尋ねた――、そして彼自身が選んだ者を『小貴族元老院議員』*69と呼んだ。

[36] 次に彼は騎士隊*70を、現在まで維持されているあの仕方で定めた。また彼は、ティティエース、ラムネース、ルケレースという名称*71を変えようとしたとき、最大の声望のあった

鳥卜官アットゥス・ナウィウス[*72]が彼に同意しなかったため実行できなかった。またコリントス人もかつて公の財産である馬を割り当て、孤児や寡婦からの税金で養うこと[*73]に熱心であったことをわたしは知っている。ともあれ彼は第一の騎士の組織に第二のそれを加えて計千八百騎となし、その数を二倍にした。その後、彼は強大で狂暴な、ローマ国民の勢力を脅かすアエクイー人[*74]を戦争によって屈服させ、またサビーニー人を都の城壁から撃退したとき騎兵を用いて敗走させ、彼らを戦争によって征服した。また、わたしたちに伝えられているところによれば、彼は最初にローマーニー[*75]と呼ばれるきわめて盛大な競技を催し、またサビーニー人との戦争において戦闘の最中にカピトーリウムの丘[*76]に神殿を建てることを至善至高のユッピテル神に誓約した。そして三十八年統治したあと、彼は世を去った。」

二一

［37］ラエリウス「いま、わが国の体制は一時代に限られるものでもなく、一人の者の手になるものでもない、というあのカトーの言葉がいっそう確実となる。じじつ、いかに多くの優れた有益な制度が一人一人の王によって加えられたか明らかである。しかしこの次に来る者は、国家についてほかの誰よりも多くを理解したようにわたしには思われる。」

「そのとおりです」とスキーピオーは言った。「さて、彼のあとセルウィウス・トゥッリウスがはじめて国民の命令によらずに統治したと伝えられる。噂によれば、彼は王の被保護者[*77]

であった者の種を宿したタルクイニイー出身の奴隷を母親として生まれたということである。彼は奴僕の一人として育てられ、王の食卓に仕えたとき、当時すでに少年から輝き出た才能のひらめきは気づかれずには済まなかった。そのように彼はすべての仕事や話において巧みであった。それゆえ当時ごく幼少の子供しかなかったタルクイニウスは、人々に彼の息子と思われたほどセルウィウスを愛し、さらに彼自身が学んだすべての学術について、ギリシア人のきわめて入念な流儀に従い、この上ない熱心さで彼を教育した。

［38］しかし、タルクイニウスがアンクスの息子たちの奸計によって殺され、セルウィウスが上に述べたように市民の命令によってではなく、彼らの好意と同意によって支配を始めたのち——そのわけは、タルクイニウスは傷のために病気であってなお生きていると誤って伝えられたので、セルウィウスは王の飾りをつけて判決を下し、債務者を自分の負担において解放し、多くの親切を行うことにより、彼がタルクイニウスの命令によって判決を行っているのだと人々に思い込ませたからである——、彼は自分について、元老院議員に一任する代わりに、タルクイニウスの埋葬後みずから国民の意見を問うた。そこで支配せよ、との命令を得てから、自己の命令権についてクーリア民会で承認されるべき法律を提出した。そして、彼はまずエトルーリア人の不正行為にたいし戦争によって復讐し、この戦いから

………」

一二

［39］スキーピオー「………最大の財産評価をもつ十八………。ついで彼は全国民の総計から大勢の騎士を切り離し、残りの国民を五つの階級に分けて老年と青年に区分した。彼は投票が民衆ではなく富裕な者の支配下に置かれるようにこれらの階級を区別し、また国家においてつねに守るべきことであるが、最大多数の者が最大の勢力をもたないよう配慮した。もしあなたがたにとってこの区分が未知であるなら、わたしは説明しよう。さて、あなたがたが見るとおり、その方式は次のようなもの*78である。六つの投票団をもつ騎士の百人隊と第一階級とが、都にとってきわめて有用となるため大工に与えられた百人隊を加えて、計八十九の百人隊をもつ。もし百四の百人隊から――それだけの数が残っているので――ただ八つの百人隊が前者に加わったなら、国民の総力が実現することになる。そして九十六の百人隊から成る、数の上ではるかに多い残りの民衆は、過激にならないよう、投票権から除外されることはないが、一方、脅威とならないよう、彼ら自身あまりに大きな勢力をもつこともない、ということになろう。

［40］そのさいセルウィウスは、さらに言葉や名称そのものにまで細心の注意を払った。すなわち、彼は富裕な者を、金を与えることから『金を与える人〔assidui〕』と呼ぶ*79一方、千五百アス以下あるいは市民であること以外に何一つ戸口調査で届け出なかった者を、彼ら

からいわば子供、すなわちいわゆる国の子孫が期待されるかのように思わせるため『子供を与える人〔proletarii〕』と名づけた。さらに当時これら九十六の百人隊のどの一つにも、第一階級のほとんど全体より大勢の者が名簿に記入されていた。であるから、誰も投票の権利を妨げられることはなかったが、国が最上の状態にあることを最大事とみなす者が投票においても最大の力をもったのである。それればかりか、予備兵や角笛吹きや下級市民や……」

二三

〔41〕……あの三つの種類、王政、貴族政および民主政から適当に混ぜられ、刑罰によって粗暴で残酷な心を……刺激しない国家が最善の状態で構成されているとわたしはみなす。*80

〔42〕スキーピオー「……六十〈五〉*81年前のことであった。なぜなら、それは第一オリュンピア紀の三十九年前*82に建設されたからである。そして大昔の人であるリュクールゴスもほとんど同じことに気づいた。だから、その均衡と、この種の、三つの政体を合わせたものは、わが国とこれらの国民に共通であったとわたしには思われる。しかしわたしは、より優れたものはほかにありえないわが国の特色について、できればいっそう正確に追求することにしよう。なぜなら、それは、それに似たものはほかのいかなる国家においても見出されないような種類のものだろうから。じっさい、わたしがいままで説明したこれらのことは、こ

の国においてもラケダイモーン人やカルターゴー人の国においてもまったく混和しないまま混ぜられていたのである。

［43］じじつ、誰か一人の者が永続的な支配権、とくに王権をもつ国家においては、王がいたときのローマで存在したように、またリュクールゴスの法律によりスパルタで存在したように、なるほど元老院があるかもしれない。さらにわが国の王政下で存在したように、国民にも若干の権利があるかもしれない。しかしその王の名は特出しており、またこの種の国家は王国以外の何ものでもありえず、王国と呼ばざるをえない。そしてこの国の形態は、一人の者の悪徳によって突き倒され、きわめて容易に完全な破滅に陥るという理由から、もっとも変わりやすい。じじつ、わたしがいずれか単一の種類を是認するなら、王政そのものは非難に値しないのみか、おそらくほかの単一の種類よりはるかに優れているとみなすべきだが、ただしそれが本来の状態を保つかぎりにおいてである。それは、一人の永続的な支配権と正義と一人の英知によって市民の安全と公平と平和が守られるという状態のことである。たしかに王の支配下にある国民は多くのものを、とくに自由を欠いている。それは公正な支配者をもつということにあるのではなく、いかなる支配者をも……」

二四

［44］スキーピオー「………彼らは………に耐えた。あの不正で苛酷な支配者〔タルクイ

ニウス・スペルブス」[*83]にしばらくのあいだその事業において幸運が伴ったからである。すなわち、彼はラティウム全体を戦争によって征服し、富に満ちた有力な都市スエッサ・ポーメーティア[*84]を落とした。そして、莫大な金銀の戦利品によって裕福となったので、カピトーリウムの構築によって父親[*85]の誓約を果たした。また彼は植民地を建設し、彼の先祖の人々[*86]の慣例にならって、戦利品から成る、初穂とも言うべき豪華な供物をデルポイ[*87]のアポローンの神殿へ送った。

二五

［45］ここであの環がすでに回り出すのであるが、あなたがたはその自然の運行と周回を最初から見分けることを学ばなければならない。わたしの話のすべてが取り組んでいる政治的洞察の根本は、各々の国家の傾く方向を認めてそれを引きとめ、あるいは前もってそれに対抗することができるように、国家の曲折した行程を理解することにあるからである。さて、わたしが話している王はこの上なく正しい王[*88]の殺害によって手を汚したため、もともと潔白な心をもっていなかった。そして彼自身、自分の罪にたいする最大の刑罰を恐れたため、自分が人々に恐れられることを望んだ。さらに勝利や富に力を得て傲慢に振舞い、自分の行状や一族の者の欲望を抑えることができなかった。

［46］したがって、彼の長男がトリキピティーヌスの娘で、コンラーティーヌス[*89]の妻ルク

レーティアを凌辱し、その慎み深い高貴な婦人がこの恥辱のためみずから生命を絶ったとき、才能と勇気において卓越した人ルーキウス・ブルートゥス*90は、その苛酷な隷属の不正な軛《くびき》を彼の市民から払いのけた。彼は私人であったにもかかわらず国家全体を支え、また市民の自由を守るにあたっては誰一人私人でないことをこの国においてはじめて教えた。また彼の提案と率先のもとに市民は、ルクレーティアの父親や縁者による最近の非難によってのみならず、タルクイニウスの傲慢と彼および彼の息子たちによる多くの不正の記憶によって駆り立てられ、王自身と彼の息子とタルクイニイー人の一族に国外退去を命じた。

二六

〔47〕それであなたがたは、王から専制支配者が生じ、一人の者の悪徳によって国家の種類が善いものから最悪のものに変えられたことを見るのではないか。これがすなわち国民の専制支配者で、ギリシア人が僭主と名づけるものである。なぜなら、彼らが王と呼ぶことを望む者は、父親のように国民に助言し、支配下にある人々をできるかぎり最上の生活条件のもとに保つ者であり、それは、わたしが先に述べたように、たしかに優れた国家の種類であるが、しかしもっとも有害な状態のほうに傾き、いわば転落寸前にあるからだ。

〔48〕すなわち、この王がわずかでも不公正な支配へ転じるやいなや、彼はただちに僭主となるが、彼よりも忌まわしく醜悪な、神々にも人間にも厭わしいいかなる動物も考えるこ

とができない。彼は姿は人間であるにせよ、性格の残忍さにおいてはもっとも恐ろしい野獣をしのぐのである。じじつ、自己と自己の市民とのあいだに、いや、すべての人類とのあいだに、いかなる法の共有も、いかなる人間的な結合も欲しない者を、誰が正当に人間と呼ぶことができようか。しかし、この種の問題について述べるには、そのうちさらに適当な機会があろう。国がすでに自由となったあとも専制支配を求めた者を糾弾するよう事柄自体がわたしたちを促すだろうから。

二七

[49] こうしてあなたがたは僭主の最初の起こりをもつことになる。じじつ、ギリシア人はこの名を不正な王に与えることを欲したが、わたしたちローマ人は、国民にたいしてただ一人で永続的な支配権をもつ者をつねに王と呼んだ。であるから、スプリウス・カッシウス*91やマルクス・マンリウス*92やスプリウス・マエリウス*93は、王権を獲得することを望んだと言われた。また、最近………」

二八

[50] スキーピオー「………彼はラケダイモーンにおいて名づけた。しかし、彼が最高の

審議を委ねることを望んだごくわずかの者である二十八人をそう名づけた一方、王は最高の権力を保持した。ここからわたしたちの祖先はまたそれを見ならい、意味を翻訳して、彼が『老人《ゲロンテス》』と名づけた者を『元老院』と呼んだ。それはわたしたちが述べたように、すでにロームルスが長老を選んで行ったのである。しかし王の権力と権限と称号は卓越し、抜きん出ている。リュクールゴスやロームルスのように、さらに国民に若干の権限を与えてみよ。あなたは国民を自由に飽かせることができるどころか、わずかでもその味を覚える機会を与えるなら、自由の欲求によって燃え立たせることになろう。しかし、不公正な王が現れるのではないかというあの恐れは——実際にそれはたいてい起こることであるから——たえず頭上にあって離れないだろう。だから、上に述べたように、一人の者の意志あるいは性格にかかっている国民の運命は脆いのである。

二九

〔51〕それゆえ僭主のこの形と外観と起こりをはじめてわたしたちが見出したのは、ロームルスが鳥占いによって建設したこの国家においてであって、プラトーン*94の記しているところによればソークラテースが例のきわめて洗練された討論でみずから自分に描いてみせた、あの国家においてではないとしよう。ちょうどタルクイニウスが、新しい権力を獲得することによるのではなく、すでに所有する権力を不正に行使することにより、この王政国の種類

全体をくつがえしたように。この者にたいして、別の正しい、賢明な、市民の利益と品位を守ることを心得ている者、国家のいわば守り人、保護者を対抗させるとしよう。じじつ、誰でも国の指揮者であり舵手である者はこのような名で呼ばれるだろう。あなたがたはこの者を見分けることができるよう心がけていただきたい。彼こそ思慮と努力によって国を守ることができる者であるから。この名称〔で呼ばれる者〕について、わたしたちのこれまでの討論では十分に論じられなかったが、そのような種類の人についてわたしたちは話の続きでもっと頻繁に取り上げることになろうから……」

三〇

〔52〕スキーピオー「……彼は[*95]……〈もろもろの原因〉を求め、望まれるというよりもむしろ願わしい、できるだけ小さな国、存在しうるものでないが、そこで国政の原理を洞察できる国を作り出した。他方、わたしは、もしやり通すことができるなら、彼が理解したのと同じ理論によって、しかし影の国や想像の国ではなく、もっとも壮大な国家において、あらゆる公の善と悪の原因をいわば占い杖[*96]で言い当てるとあなたがたに思われるよう努力しよう。さて二百四十年、中間王政を加えるならそれより少し多い王政の期間[*97]が過ぎてタルクイニウスが追放されたとき、かつてロームルスの死後、正確に言うなら彼の去ったあと、人々をとらえた慕情に劣らぬほど大きな、王の名称にたいする憎悪がローマ国民をとらえ

た。したがって国民はかつて王がなくてはおられなかったように、タルクイニウスを追放したいま、王の名称を耳にすることにさえ耐えられなかった。この者が可能性を……とき………」

三一

［53］………こうしてロームルスのあの優れた体制は、およそ二百四十年間確固として存続したあと[98]………

スキーピオー「………その法律は全面的に廃止[99]された。そのときこのような考えのもとに、わたしたちの祖先は潔白なコンラーティーヌスを血縁による疑いのゆえに、タルクイニイー人の一族の残り[100]を憎むべき名前のゆえに追放した。また、同じ考えによってプブリウス・ウァレリウスは、集会で語り始めたとき儀鉞《ぎえつ》を下に降ろす[101]ようはじめて命じた。そして、以前トゥッルス王が住んでいたウェリアの高み[102]のちょうど同じ場所に家を建て始めたため国民の疑惑が生じたのを見たとき、家を丘の麓へ移した。彼はまたこの点もっとも『国民の友人《プーブリコラ》〔Publicola〕』であったのだが、ケントゥリア民会[103]にはじめて提出されたあの法律[104]を国民に提案し、いかなる政務官も上訴を無視してローマ市民を死刑や笞刑《ちけい》に処することを禁じた。

［54］しかし、神祇官[105]の記録は王にたいしてさえ上訴が認められたことを明示しており、

さらにわたしたちの鳥卜官[*106]の記録もそのことを示している。同様に十二表法[*107]は、多くの法律において、あらゆる判決や刑罰について上訴が許されることを明らかにしている。また、その法律を作った十人委員[*108]が上訴を認めないものとして任命されたと伝えられていることは、ほかの政務官が上訴を認めるものであったことを十分に示している。また、融和のため賢明にも民主的であった執政官ルーキウス・ウァレリウス・ポティートゥスとマルクス・ホラーティウス・バルバートゥス[*109]によって提案された法律は、上訴を認めない政務官は任命されないことを定めた。しかし、あなたがたが知っているように、三人のポルキウス家の者によって提出された三つのポルキウス法[*110]は、刑罰規定を除いて何も新しいことは加えなかった。

［55］こうしてプーブリコラは、上訴にかんするその法律が通過するとただちに儀鉞[*111]から斧を取り除くよう命じた。そして翌日、自分の同僚としてスプリウス・ルクレーティウス[*112]を選ばせ、その人が年長者であったゆえに、自分の先導吏に彼のもとへ移るよう命じた。またプーブリコラは、王政下よりも多くの権力の標章が自由な国民に存在しないように、先導吏が毎月交替で執政官の一人だけに先導を務めることをはじめて定めた。少なくともわたしの理解するところでは、適度の自由を国民に与えていっそう容易に指導者たちの権威を保持したこの人は並々ならぬ者であった。わたしはいまこれらの、そのように古くさい昔のことをあなたがたに理由なしに述べているのではなく、有名な人物や時代を取り上げて、このあとのわたしの話が目安とする人物や事柄の実例を明示しているのである。

三二

［56］こうして元老院は、その時代において国家を次の状態に保った。すなわち、自由な国民のもとにおいてわずかの事柄が国民によって、ほとんどが元老院の権威と制度と慣習によって実行された。また執政官は、期間では一年間限りの、しかしその性格および権利自体において王のごとき権限をもった。また高貴な者の権能を維持するためにまさにもっとも大切なこと、つまり、貴族元老院議員の権威[*113]がそれを是認しないかぎり民会[*114]は法的に認められないという方針が厳守された。また同じ頃、最初の執政官からおよそ十年後に、さらに独裁官[*115]の制度が定められ、ティトゥス・ラルキウス[*116]がそれに任命された。それは新しい種類の命令権とされ、王政にもっとも似るとみなされた。しかしすべては、国民の同意により、指導者たちの最高の権威のもとに置かれた。また、その時代に独裁官または執政官として最高の命令権をそなえた、きわめて勇敢な人々は赫々たる武功をあげた。

三三

［57］だが、事物の自然本性そのものから必然的に起こることであったが、王から解放された国民は当然前よりやや多くの権利を要求した。彼らはこれをあまり間を置かずに、すな

わち〔最初の執政官から〕およそ十六年後の、ポストゥムス・コミニウスとスプリウス・カッシウスが執政官のときに獲得した。その要求はおそらく理性に欠けていたかもしれないが、しかし国家の自然本性そのものはしばしば理性に打ち勝つのである。あなたがたは、わたしがはじめに述べたことを心に留めていただきたい。すなわち、権利と義務と任務の等しい釣合いが国に存在し、こうして十分な権限が政務官たちに、十分な権威が指導者たちの審議に、十分な自由が国民にあるのでなければ、国家のこの政体は不変に保つことができないのである。

〔58〕じじつ、国が負債で揺り動かされたときに、平民は最初に聖山*117を、次にアウェンティーヌスの丘を占拠した。しかし、リュクールゴスの陶冶といえどもギリシア人にたいしてあの手綱を保持することができなかった。じっさい、スパルタにおいても同様にテオポンポス*118の統治下にエポロイ*119と呼ばれる五人が、またクレータにおいてはコスモイ*120と呼ばれる十人がいた。彼らは、ちょうど執政官の命令権に対抗して護民官*121が置かれたように、王の権力に対抗して設けられたのである。

三四

〔59〕わたしたちの祖先にとってその負債を解消するなんらかの手段がなかったわけではあるまい。それはあまり古くない時代にアテーナイのソローン*122が、また少しあとになってわ

が国の元老院が気づいたことである。そのときには一人の者[*123]の欲望のため市民のいっさいの貸付契約[*124]が帳消しとされ、その後契約で身柄を拘束することが中止された。また平民が公の損害に伴う出費によって疲弊して力を失ったとき、このような種類の負担にたいしてつねに、すべての人の安全のために若干の軽減と救済措置が求められた。しかし、その事件のさいにはこのような配慮が見過ごされたため、国民はそれを理由に、反乱を起こして二人の護民官を任命し元老院の権能と権威を揺るがした。しかし、元老院の勢力は、きわめて賢明でもっとも勇敢な人々が武力と思慮によって国を守ったため、相変わらず大きく重きをなしていた。これらの人々の権威はすこぶる盛んであったが、それは彼らがほかの人々より名誉においてははるかに抜きん出る一方、享楽においてはより控え目であり、富においてもほとんどまさっていなかったからである。また国家における彼ら各々の徳性は、彼らが私的な事柄において市民一人一人を行為や助言や金銭上の援助によってきわめて注意深く守ったため、いっそう感謝に値した。

三五

［60］国家がこのような状態のときに、国民のもとで絶大な人気を博していたスプリウス・カッシウス[*125]が王権を手に入れようと企てた。財務官[*126]は彼を告発し、そしてあなたがたも聞いているように、彼の父親が彼にその罪があることを探り出したと証言したあと、国民の

容認のもとに[*127]彼を死刑に処した。さらに最初の執政官からおよそ五十四年目に執政官スプリウス・タルペイウスとアウルス・アーテルニウスは、罰金および誓約供託金にかんしてあの人気のあった法律をケントゥリア民会に提出した[*128]。二十年後に、監察官ルーキウス・パピーリウスとプブリウス・ピーナーリウスが罰金を宣告することによって多くの牛馬を私人から公の所有に移したため、執政官ガーイウス・ユーリウスおよびプブリウス・パピーリウスの法律により、罰金を軽減する家畜の査定が定められた[*129]。

三六

［61］しかし、それより数年前、国民の容認と同意により最高の権威が元老院にあったとき、執政官と護民官をその官職から辞任させ、最大の権限をそなえた、上訴を認めない十人委員[*130]を選出するための方策が講じられた。十人委員の任務は、最高の命令権を行使して法律を作成することにあった。彼らは十表から成る法典[*131]を最大の公正と思慮をもって作成したあと、翌年度の後任として別の十人委員を選出させた。後者の誠実と公正は、それほど称賛されなかった。しかし、この委員会の一員であったガーイウス・ユーリウスは大いに称賛に値する。彼の立ち会いのもとに身分の高いルーキウス・セスティウスの寝室において死体が発掘されたことを報告したとき、彼自身、上訴を認めない十人委員の一人であったゆえに最高の権限を所有していたにもかかわらず、セスティウスにたいして保証人[*132]を要求した。すなわ

ち彼は、ローマ市民の死刑についてケントゥリア民会以外において決定することを禁じたあの優れた法律*133を無視するつもりはないと言った。

三七

［62］十人委員の三年目となったとき、彼らはそのまま職に留まり、後任としてほかの者を選出させようとはしなかった。国家がこの状態にあったとき――それはすでにしばしば述べたように、市民のすべての階級にたいして公平でないゆえに永続的ではありえないのであるが――、国家全体は指導者たちの意のままであって、もっとも身分の高い十人委員が上に置かれ、彼らに対抗する護民官もなく、ほかのいかなる政務官も加えられず、死刑や笞刑にたいして国民に上訴することも許されなかった。

［63］こうして、彼らの不正から突然最大の混乱と国家全体の変化が生じた。彼らは不公正な二表の法典*134を加えたが、その中には、異なった国民のあいだにおいてさえつねに認められている結婚が平民と貴族のあいだではとり行われることを禁じたきわめて残酷な法律があった。これは、のちにカヌレイウスが提案した平民会決議*135によって廃止されたものである。また彼らはあらゆる命令権の行使においてほしいままに振舞い、国民にたいしては苛酷で貪欲なやり方で支配したのである。次の事件はもちろん有名であり、きわめて多くの文献に記録されている。デキムス・ウェルギーニウスという人が、十人委員の一人の乱行のゆえに未

婚の娘を中央広場《フォルム》においてわが手で殺し、悲嘆に暮れながら当時アルギドゥス*136にいた軍隊のもとへ逃げ去ったとき、兵士たちは遂行中の戦争を放棄し、手はじめに、以前に同じような理由からなしたように、聖山を、ついでアウェンティーヌスの丘*137を……

ルーキウス・クインクティウスが独裁官に任命され*138……」

スキーピオー「……わたしたちの祖先がもっとも是認し、もっとも賢明に維持したとわたしは考える。」

三八

［64］スキーピオーがこのように言い終えてから、彼の話の続きがすべての人々の沈黙のうちに期待されていたとき、トゥベロが言った。「アーフリカーヌスよ、ここにいる年長の人たちがあなたから何も要求しないので、あなたの話についてわたしが物足りなく思う点を聞いて下さい。」

スキーピオーは「たしかに、よろこんで」と言った。

トゥベロ「ラエリウスはわが国ではなく、すべての国家についてあなたに尋ねたのに、あなたはわたしたちの国家を称賛したようにわたしには思われます。だが、あなたの話から、あなたの称賛するその国家自体を、どのような教育、慣習、あるいは法律で確立し、または維持することがわたしたちにできるのか、わたしはまだ学んでいません。」

三九

［65］アーフリカーヌス「トゥベロよ、わたしの考えでは、国の建設および維持について論じるためにもっとよい機会がまもなくわたしたちに来るだろう。しかし最善の政体については、わたしはラエリウスの問いにたしか十分に答えたことと思った。すなわち、わたしはまずはじめに数の上では三つの是認に値する国の種類、さらにその三つに正反対の、有害な同じ数の種類を定義した。そしてわたしは、その中のいかなるものも単独では最善でなく、最初の三つから適当に混和されたものが一つ一つよりも優れていることを示した。

［66］わたしがわが国を実例として用いたことは、最善の政体を定義するためではなく——というのは、それは実例なしに可能であるから——、理論と言葉が表現しようとするものがどのような性質であるかを、最大の国において具体的に示すために役立ったのだ。しかし、もしきみがいかなる国民の実例もなしに最善の政体の種類そのものを尋ねるなら、わたしたちは自然の形象を用いなければならない。なぜなら、きみは都市と国民のこの形象を

………」

四〇

［67］スキーピオー「……その人をわたしはすでに長いあいだ探していて、その人に行き当たることを望んでいる……」

ラエリウス「たぶんあなたは思慮のある人を探していますね。」

スキーピオー「まさにその人をです。」

ラエリウス「いまここにいる人たちのうちにあなたの探している人が大勢いる。たとえば、あなたは自分自身から始めることもできよう。」

スキーピオー「そして願わくは元老院全体において同じ割合でわたしの探している人がいますように。しかし、アフリカでわたしたちがよく見かけるように、巨大な、恐るべき獣に乗ってそれを御し、望みの方向へ導き、軽い注意や接触でその獣を動かす者は思慮のある人です。」

ラエリウス「わたしは知っている。わたしがあなたの副官であったときよく見かけたものだ。」

スキーピオー「それで、あのインド人あるいはカルターゴー人は一匹の獣を、しかも従順な、人間の慣習に慣れたものを制御します。しかし人間の心の中に潜み、その心の部分が知性と呼ばれるものは——もしきわめてまれにしかできないそのことを行うとき——ただ一匹の、あるいは容易に仕込める〈獣を〉制御し、馴らすのではありません。なぜなら、あの狂暴な〔獣〕を抑えなければならないから………」

四一

〔68〕………血によって養われ、恐るべき残忍さでそのようにいきり立つので、人間の痛ましい死にほとんど飽くことがない………〔獣〕[*139]………

また欲深い、はげしく求める、放逸な、快楽の中に転がり回る者にとって[*140]………

第四に悲しみに陥りがちな、悲嘆に暮れてつねにみずから自己を苛む不安が[*141]………

また、もし不幸によって苦しめられ、あるいは恐怖や臆病心によって拉《ひし》がれるなら、苦悩がある[*142]………

不馴れな御者が車によって引きずられ、押しつぶされ、引き裂かれ、打ち砕かれるように[*143]

………

四二

〔69〕「………と言うことができよう。」

ラエリウス「わたしの期待していたその者にあなたがどのような義務と任務を負わせよう

とするのか、いまわたしには分かった。」

アーフリカーヌス「もちろん、このほとんどただ一つの義務と任務をである――というのは、この一つにほかのほとんどすべてが含まれるのだから――。それはみずから自己を陶冶し考察することをけっしてやめず、自己を見ならうようほかの人々に呼びかけ、自己の精神と生活の輝きによって自己をいわば市民の鑑として示すことである。じじつ、琴あるいは笛、さらに歌そのものや音声においてさまざまな音から成るある調和を保つことが必要であり、それが変えられ、あるいは外れるなら、訓練を受けた耳は耐えることができないように、またその調和がきわめて多様な声の統御によって一致融合したものとなるように、そのように、音に比すべき上中下の階級から成る国は統御された理性のゆえに〈きわめて多様な要素の一致において調和する。そして、歌において音楽家によって調和と呼ばれるものは、国においては一致、すなわち、すべての国家において安寧のための最強最善の絆であり、一致は正義なくしてはけっして存在しえないのである。〉」*[144]

〔欠〕

四三

琴は激しい力ではなく、優しく静かに奏でなければならない。*[145]

四四

［70］ピルス「……正義に満ちています……」

スキーピオー「わたしはそれに同意し、あなたがたに請け合う。もし不正なしには国家が運営できないということが偽りであるのみならず、最高の正義なしにはそれはけっして運営できないことがまさに真実であると確認されないなら、わたしたちがこれまで国家について述べたと考えていることはまったく無意味であり、またわたしたちが先に進むことのできる目標はけっしてないのだ、と。だが、異存がなければ今日はこれまでにしておこう。残りは——まだかなり残っているので——明日に延ばすことにしよう。」

これに皆が同意したので、その日の議論は終わった。

訳注

＊1　Heinrich の復元による。

＊2　第一巻訳注＊9参照。なお「老カトー」というのはキケローの同年輩のカトー・ウティケンシス（老カトーの曽孫）と区別するためか。

＊3　実父と養父のこと。第一巻訳注＊36参照。

＊4　クレータの伝説的な王。公正な王として、死後も冥府で死者を裁いたと伝えられる。

＊5　スパルタの伝説的な立法家。

＊6　アテーナイの伝説的な王。

＊7　前六二一年に訴訟手続きおよび刑罰を定めたアテーナイの立法家。その法の厳しさで有名。

＊8　前五九四年のアテーナイの執政官。国制の大幅な改革を行った。また詩人としても著名。

＊9　アテーナイの政治家。僭主ヒッピアースの失墜（前五一〇年）後、貴族派を倒して民主的な改革を行った。

＊10　アテーナイのパレーロンの出身。哲学者・弁論家・文人。アレクサンドロス大王の死後、マケドニアの支配者カッサンドロスの名代として前三一七年から前三〇七年までアテーナイを統治した。のちに追われてアレクサンドレイアに渡り、ムーセイオン（Museion）の設立に尽力したと言われる。

＊11　カトーの著作『起源（*Origines*）』（散逸）についての言及。カトーの著作は七巻にわたり、ローマの建設から彼の時代までの歴史を伝えた。

＊12　『国家』のこと。

＊13　ローマにおいて、ユッピテルについで重要な神。戦闘と関係の深い神（したがってギリシアのアレースと同一視された）として崇拝されたが、同時に大地神・農業神的な性格をもっていた。本来の性格については詳細不明。

＊14　彼はアルバ・ロンガの王で兄弟であったヌミトルを追放して王位につき、前王の娘レーア・シルウィアをウェスタ神の巫女（後注＊54参照）となした。しかし彼女はマルスによって身ごもり、双子の兄弟ロームルスとレムスを生んだ。彼らははじめ雌狼に育てられたと伝えられる。

＊15　auspicato の訳。ローマにおいては、国家の重要な決定については鳥占い（後注＊36参照）によって神意を尋ねることが定められていた。

＊16　ラティウムの古い民族。アルデアを都とした。

＊17　（ラティウムの）原住民の意味。

＊18　伝承によればローマ四代目の王。二・三三参照。
＊19　オスティアのこと。
＊20　ギリシア諸都市によるアカイア同盟の本拠であったコリントスは、前一四六年ルーキウス・ムンミウス・アカーイクスによって完全に破壊された。
＊21　コリントスの南西プリーウースの住民。
＊22　いずれもギリシアのテッサリアの民族。
＊23　おそらく小アジア西部のマイアンドロス河岸の都市。
＊24　イタリア半島の住民（言語は印欧語系でない）。ローマに軍事、経済、生活様式などにわたり多くの影響を与えた。
＊25　フェニキア人のこと。
＊26　ローマ北東部の丘。
＊27　ローマ北部の丘。
＊28　前三九〇年、あるいはポリュビオスによれば前三八七年に、ガッリアの王ブレンヌスがローマを占領したと伝えられる。
＊29　農耕神コンススのための祭。八月二十一日と十二月十五日に行われ、おそらく収穫と秋の種蒔きと関係があった。
＊30　ローマの北東に住んでいた民族。
＊31　ローマが他の国民を受け入れる場合、その宗教儀式を合併するのがふつうであった。
＊32　patres. 本来、父親という意味。
＊33　Ramnes (Ramnenses), Tities (Titienses), Luceres (Lucereses) の三つの区（トリブス（tribus））。この区分は元来地域的なものではなく部族的なものであったと推定される。これはのちに新しい地域的な区

が設けられることによって失われた。

＊34　元来近隣の家から成っていたと推定される。おそらくはじめから貴族と同様平民も含められていた。

＊35　senatus. 王政から共和政に引き継がれた制度。おそらく最初から三百人（三つの区と三十のクーリアとの関連から）の定員だったと推定される。前五世紀後半には、貴族出身と平民出身の議員が区別されていたと考えられる（前者は長老（patres）、後者は新登録者（conscripti）と呼ばれた）。議員は最初王によって選ばれたが、のちに執政官、さらにオウィーニウス法（前三一八年から前三一二年のあいだ）により、監察官によって選ばれた。前三世紀末には上級政務官を務めた者、グラックス兄弟の時代には平民造営官（aediles plebis）、護民官がこの特権を得た。元老院は命令権を有する政務官、のちには護民官の主宰によって、ローマ市内またはローマから一マイル以内において開かれた。その本来の任務は政務官に助言を与えることにある。貴族の元老院議員は民会の決議を批准し（貴族元老院議員の権限（patrum auctoritas））、中間王（後注＊46参照）を選んで任命した。また元老院は法律に欠陥があるときこれを無効となし、独裁官の任命を提案し、政務官の任務を割り当て、戦時においては戦争の遂行を監督、批判した。また貢税の額を定め、国庫の収支を管理し、さらに宣戦、講和など外交の実際上の決定を行った。また前一二一年以後、元老院最終決議（senatus consultum ultimum）によって執政官に絶対的権限を与え、国家の難局に当たらせた。議員は国家の事業の契約および船の所有を禁止され、主として大地主であり、任期は通例終身で事実上世襲となった。

＊36　auspicium の訳。とくに鳥の叫び声、飛翔、位置、数、餌の食べ方などによって神意を尋ねること。また、かならずしも鳥だけに限られず、他の動物、あるいは自然現象によることもあった。これを私的に行うことは、結婚式を除いて、早くから廃れたが、公の鳥占いは、鳥占い権（ius auspiciorum）を所有する政務官によって行われ、官職の就任、属州への入国、選挙、さらに戦争の遂行などにおいて重要な役割を果たした。

＊37　前注の鳥占いを司った。のちに十七の区（tribus）において選出され、終身官であった。
＊38　clientela. 保護者（patronus）と被保護者（cliens）の関係を表す語。古代ローマにおいては自由な平民が貴族に奉仕し、その代わりに保護を受けた。この私的関係は父祖から子孫に伝えられ、共和政末期頃には慣習および法によって世襲的な社会的身分を表すものとみなされた。
＊39　前七五一／七五〇年。オリュンピア紀（Olympias）は、第一回のオリュンピア競技が開かれた前七七六年から四年ごとに数える。第一オリュンピア紀は前七七六―前七七三年。
＊40　前五五六―前五五三年。
＊41　ギリシアのケオース島出身の抒情詩人（前五五六頃―前四六八年）。
＊42　伝説的な人物。
＊43　元来クイリーナーリスの丘に住んでいたサビーニー人の崇拝した戦争の神。マルスと若干の共通点がある以外はよく知られていない。
＊44　プラトーン『国家』についての言及。
＊45　アリストテレース、テオプラストスなど。
＊46　interregnum の訳。この期間中は中間王（interrex）が政務をとった。共和政となってからは二人の執政官がともに死亡、病気、辞任したとき、中間王が貴族の元老院議員から次々に選ばれて執政官選挙の準備を行い、それが決まるまで五日ごとに交替して政務をとった。
＊47　ギリシアの伝説的な英雄。ドーリア人の祖とみなされた。
＊48　サビーニー人の都市。ローマの北東にあった。
＊49　comitia curiata の訳。王政時代には王がクーリアを単位として集会を開いたと推定される。共和政となってからは主に命令権限にかんするクーリア民会決議（次注参照）によって政務官の任命を承認し、また大神祇官が主宰して行う養子縁組、遺言状作成などに立ち合った。しかし、ケントゥリア民会

(comitia centuriata. 後注＊78参照）の発展により、政治的重要性は失われ、キケローの時代には三十人の先導吏が三十のクーリアを代表するという形式のみが残っていた。

＊50　lex curiata de imperio のこと。第一巻訳注＊125参照。

＊51　pontifices の訳。元来、王を祭式において補助したが、のちに公の祭式を司った。彼らは神官団（collegium pontificum）を成し、彼らの長は大神祇官（pontifex maximus）と呼ばれた。はじめは貴族からのみ選ばれたが、前三〇〇年のオグルニウス法によって半数は平民から選ばれるようになった。数はのちに六、九、十五、十六（カエサルのとき）に増加した。

＊52　flamines の訳。各々が一つの神に仕え（十五名いたと言われる）、前注の神官団に属した。

＊53　マルス（およびクイリーヌス）に仕えた神官。貴族の出身であることが条件であった。

＊54　ウェスタは竈《かまど》の女神であるが、国家の神として崇拝された。それは石造の丸い建物（神殿ではなく、おそらく古代の家を模したもの）の中に祀られたが、そこには神像はなく、消えることのない火が燃やされた。この火を守るのがウェスタの巫女で、はじめは二名、のちに四名、六名となった。彼女たちは元来五年、のちに三十年勤め、そのあいだ処女のままでいることが要求された。祭官と同様、神官団に属し、大神祇官の監督のもとに置かれた。

＊55　リーウィウス（『ローマ建国以来の歴史』一・二一）によれば四十三年間。

＊56　第一巻訳注＊97参照。

＊57　二・四四以下参照。

＊58　イタリア半島南端のギリシア植民地（前七二〇年頃建設）。

＊59　前注に同じ。シュバリスを前五一〇年に滅ぼした。

＊60　前五三二―前五二九年。

＊61　fetialis religio の訳。軍事祭官（fetiales）の行う儀式。軍事祭官は戦争の開始、平和の回復、条約の

締結にあたって神に供物を捧げる儀式を司った。彼らの数は二十名で軍事祭官団（collegium）を成した。

＊62　第一巻訳注＊122参照。
＊63　ローマの南西部および南東部にある丘。
＊64　オスティアのこと。
＊65　前六五五頃—前六二五年。
＊66　ローマの北西にあった都市。
＊67　ルーキウス・タルクイニウス・プリスクス。デーマラートスの子。ローマ第五代の王。
＊68　patres maiorum gentium の訳。
＊69　patres minorum gentium の訳。
＊70　equitatus の訳。彼らの馬は国家によって提供されたが、それでは不十分であったので自己で馬を負担した騎士が加えられた（実際は前三〇〇年頃か）。のちにローマ軍の騎兵隊はほとんど同盟国軍から編成されたため、騎士は軍務の種類ではなく、身分（騎士身分、騎士階級）を表す名称となった。戦時にはローマ人の騎士は将校として務め、兵卒とは区別された。二・三九参照。
＊71　区の名。二・一四参照。
＊72　タルクイニウス・プリスクスの時代の伝説的な予言者。
＊73　リーウィウス（『ローマ建国以来の歴史』一・四三）によれば、ローマにおいて寡婦は公の馬を養うため二千アスの税金を払った。
＊74　ローマ東方の山地に住んでいた好戦的な民族。
＊75　毎年九月十三、十四の両日に（のちには四日から十九日まで）催された、ユッピテルを祀る祭礼。カピトーリウムの丘からの行列、戦車競技などが行われた。

＊76　中央広場の西側にある丘。その一つの頂きにユッピテル、ユーノー、ミネルウァに捧げられた神殿があり、もう一つの頂きには城塞があった。

＊77　前注＊38参照。

＊78　以下のテクストは若干不確かな点があるので、この制度の古典期の形態について略述する。これは元来新しい区の制定と関連して、貴族と平民の区別によらずに財産に応じて区分された。全体は十八の騎士百人隊と、百七十の歩兵百人隊から成り、これに非戦闘員の五つの百人隊が加わった。騎士は二つのグループに分かれ、その一つはさらに六つの投票団に分かれた。この投票団は、ティティエース、ラムネース、ルケレース（古い区の名）にそれぞれ前（priores）と後（posteriores）を付した名前で呼ばれた（一説によればこの六つの投票団をもつ騎士百人隊は貴族から成る）。他方、もう一つのグループはとくに騎士百人隊（centuriae equitum）と呼ばれる十二の百人隊から成る。さらに、歩兵は戸口調査（次注参照）によって五つの階級に区分され、第一階級は青年（iuniores. 十七〜四十五歳までで現役兵となる）の四十の百人隊および老年（seniores. 四十六〜六十歳、補充兵）の四十の百人隊から構成された。第二から第四階級まではそれぞれ十の青年百人隊と十の老年百人隊から成る。第五階級は十五ずつの青年および老年の百人隊から成る。そのほかに非戦闘員から成る五つの百人隊があり、そのうち二つは大工の百人隊で第一階級と同列に置かれた。また、そのうち二つは喇叭手や角笛吹きから成り、第五階級に置かれた。また残りの一つの百人隊は、その財産が第五階級のうち二つは喇叭手や角笛吹きから成り、第五階級に置かれた。また、残りの一つの百人隊は、その財産が第五階級以下、または市民の資格のみ有する者（capite censi）から成る。これら五つの百人隊は予備兵（accensi velati）と呼ばれた。

これらの階級は、のちにケントゥリア民会（comitia centuriata）と呼ばれた集会を開き、共和政時代には執政官の選挙などの重要な国政を行った。そのさい各百人隊は一票を所有したが、すでに騎士と第一階級で九十八票となり（キケローの計算によれば、騎士隊十八票、第一階級七十票、工兵百人隊一票計八十九票か）、全体の百九十三票の過半数を占めることになる。また投票は騎士、第一、第二、第三、第四、第五の階級の順に行い、賛否のいずれかが過半数になると投票が打ち切られるので、下の方の階級は事実上投票することはできなかった。また、老年者は青年と同じ投票数をもつことから、数の上では当然少ない四十六歳以上の者が有利であった。

以上のセルウィウスに帰せられる改革は、実際には前五世紀の中頃または末期に属したと推定される。

＊79　capite censi のこと。前注参照。なお、戸口調査（census）は徴兵および課税のため、ふつう五年間に一回行われた。市民は区ごとに名前と財産を届け出、財産の額によって五つの階級に分けられた。財産のない者はローマ市民であること（caput）、すなわち名のみが記入されたので capite censi と呼ばれる。なお、この調査は王、のちには執政官、前四四三年以後にはおそらくこのために任命された監察官（censor）が司った。監察官は命令権こそもたなかったが、戸口調査のほかに公共地や建物などの貸与を監督し、さらに騎士、のちには（前三一二年頃）、元老院議員の名簿を管理し、法を侵した者、身分にふさわしくない行状の者の名を名簿から抹殺する権限をもった。任期は戸口調査の行われる年の春から十八ヵ月で、貴族から、のちには平民から一名（前三五一年頃から）、計二名が選ばれた。また、前一三一年以後には、二名とも平民から選ばれることがあった。

＊80　ノーニウス『学識要覧』三四二・二九。

＊81　Mai に従う。

＊82　前八一六／八一五年。カルターゴーは、およそローマのそれ（前七五一／七五〇年）より六十五年前に建設された。

＊83　七代目の王。前五三四—前五一〇年のあいだローマを治めたと伝えられる。

＊84　ラティウムのウォルスキー人の都市。

＊85　五代目の王ルーキウス・タルクイニウス・プリスクス。二・三五参照。

＊86　ギリシア人。
＊87　そこには古代ギリシアのもっとも有名な神託所であるアポローンの神殿があった。
＊88　六代目の王セルウィウス・トゥッリウス。
＊89　ローマ最初の執政官（前五〇九年）の一人と伝えられる。
＊90　ローマ最初の執政官（前五〇九年）の一人と伝えられる。
＊91　前五〇二、四九三、四八六年の執政官。二・六〇参照。
＊92　前三九二年の執政官。ガッリア人をローマから撃退したと伝えられる。前注＊28参照。
＊93　富裕な平民で穀物を配給して食糧難を救い、人気を求めたと伝えられる。前四三九年アハーラ（第一巻訳注＊23参照）によって殺された。
＊94　プラトーン『国家』。僭主については、八・五六五D―九・五八〇C参照。
＊95　プラトーンのこと。
＊96　水脈や鉱脈を占った木の杖。
＊97　前七五一―前五〇九年。
＊98　ノーニウス『学識要覧』五二六・一〇。
＊99　前注＊89参照。彼はタルクイニウス王の血縁であったと思われる。
＊100　プブリウス・ウァレリウス・ポプリコラ（プーブリコラ）。最初の執政官（前五〇九年）の一人（コンラーティーヌスの後任）と伝えられる。さらに前五〇八、五〇七、五〇四年に執政官を務めたと言われる。
＊101　第一巻訳注＊122参照。
＊102　ローマのパラーティウムの丘の北東に接する高み。ここから聖道（sacra via）によって中央広場へ通じた。

＊103　前注＊78参照。

＊104　政務官の決定にたいする上訴権（provocatio）を認めた法律のこと（ただし現在ではこの法律は伝説にすぎないとみなされている）。さらに前三〇〇年に上訴にかんするヴァレリウス法（執政官マルクス・ヴァレリウス・コルウスによる）が提出された。

＊105　前注＊51参照。

＊106　第一巻訳注＊127、前注＊36、＊37参照。

＊107　前四五一年に任命された十人委員（次注参照）によって十表の法が作成され、翌年の十人委員によって二表が追加された。前四四九年執政官によって施行された。ローマ人のあいだにおけるその評価については、リーウィウス『ローマ建国以来の歴史』三・三四、タキトゥス『年代記』三・二七などを参照。

＊108　decemviri legibus scribundis のこと。執政官権限が与えられ、その決定には上訴が認められなかった。なお二・六一以下参照。

＊109　ともに前四四九年の執政官。

＊110　上訴権にかんする三つの法律。第一は、おそらく前一九九年の護民官で前一九五年の法務官であったプブリウス・ポルキウス・ラエカが提出し、死刑判決にたいする上訴権をイタリアおよび属州のローマ市民に認めた法律。第二は、おそらく前一九八年の法務官または前一九五年の執政官としてマルクス・ポルキウス・カトーが上訴を認めずに市民を笞刑に処すことを禁じた法律。第三については、それが前二世紀に属するということを除き、詳細は不明である。

＊111　第一巻訳注＊122参照。

＊112　スプリウス・ルクレーティウス・トリキピティーヌス。コンラーティーヌスの妻ルクレーティア（二・四六参照）の父親。しかし、リーウィウス（『ローマ建国以来の歴史』二・五）は、彼が前五〇九年の執政官であったという伝承を否定している。

＊113　前注＊35参照。
＊114　ケントゥリア民会、クーリア民会、そしておそらくトリブス民会。
＊115　第一巻訳注＊126参照。
＊116　ラティーニー人の不穏な動きに対抗するため、前五〇一年独裁官に任命されたと伝えられる。
＊117　ローマの北東にある山。前四九四年、さらに前四四九年の平民の離反のさい占拠されたと伝えられる。
＊118　スパルタ王。第一次メッセーニア戦争（前八世紀）の指揮をしたと伝えられる。
＊119　スパルタ（および他のドーリス人の国）の政務官。毎年市民によって選挙され、行政、司法における大きな権限をもち、外国の使節と交渉し、戦時には王に従って出征した。
＊120　クレータの諸都市の政務官。大体においてスパルタの制度に似ていたと推定される。
＊121　第一巻訳注＊86参照。
＊122　前注＊8参照。
＊123　ルーキウス・パピーリウス・クルソルのこと。前三二六、三二〇、三一九、三一五、三一三年の執政官（サムニーテース戦争の指揮官）。彼の貪欲の結果として負債による隷属から解放する法律の必要が生じたという。
＊124　nexum. 拘束行為。第一巻訳注＊76参照。
＊125　前注＊91参照。前四八五年頃のことか。
＊126　財務官は本来殺人などの裁判を審理したと推定される。財務官（quaestor）とは「探求する者、調査する者」を意味する。第一巻訳注＊52参照。
＊127　後注＊133参照。なお、これは十二表法制定以前であるが、十二表法にはこのような慣行が反映されたのか。

＊128　伝承によれば前四五四年。

＊129　伝承によれば前四三〇年。リーウィウス『ローマ建国以来の歴史』四・三〇参照。

＊130　前注＊107参照。

＊131　十二表法の一部。前注＊107参照。

＊132　裁判に出頭することを保証する者。

＊133　十二表法のこと。十二表法は死刑判決が下される刑事裁判がケントゥリア民会において審理されることを定めた。

＊134　十二表法の一部。第二次十人委員によって加えられた。

＊135　前四四五年の護民官ガーイウス・カヌレイウスによって提案された決議（いわゆるカヌレイウス法）。

＊136　ラティウム地方の山。ローマの南東に当たる。

＊137　前四四九年、平民はふたたび二つの丘を占拠した。

＊138　セルウィウス『ウェルギリウス『ゲオールギカ』注解』三・一二五への注。ルーキウス・クインクティウス・キンキンナートゥスは前四五八年の独裁官。アエクイー人を破り、任命されてから十六日目に辞任して自分の農場へ戻ったと伝えられる。

＊139　ノーニウス『学識要覧』三〇〇・二九。

＊140　ノーニウス『学識要覧』四九一・一六。

＊141　ノーニウス『学識要覧』七二・三四。

＊142　ノーニウス『学識要覧』二二八・一八。

＊143　ノーニウス『学識要覧』二九二・三八。

＊144　アウグスティーヌス『神の国』二・二一から補われた個所。

＊145　オッソリンスキ文庫所蔵写本四五八、八二頁＝『ポンペイウス・トログス『歴史』断片集』（A.

Bielowski 編）XVI 頁。なお、この引用をキケローに帰することを疑問視する研究者もいる。

第三巻

〔要　旨〕[*1]

その問題の解明が翌日に延期されたあと、第三巻においては議論が激しいやりとりのもとに行われた。すなわちピルスは、彼自身同意見と思われないようとくに断った上で、不正なしには国家は運営できないと考える人々の議論をみずから取り上げ、正義に反対して不正の弁護を熱心に行い、不正は国家にとって有用であるが正義は無用であることを、もっともらしい理由や実例によっていわば示そうと試みた。そのとき皆の要請によってラエリウスは正義の弁護を始め、国にとって不正ほど有害なものは何もなく、またおよそ大きな正義なしには国家は運営されることも存在することもけっしてできないことを、できうるかぎり主張した。その問題が十分と思われるまで議論されたとき、スキーピオーは中断された話に戻り、彼が前に述べた「国家は国民の物である」という彼自身の簡潔な定義をもう一度取り上げて推奨する。だが彼は、国民とは民衆のあらゆる集合ではなく、法についての合意と利益の共有によって結合された集合であると定める。次に彼は議論において定義の有用性がいかに大であるかを教え、そして彼によるこれらの定義に従って、一人の王、あるいはわずかの貴族、あるいは国民全体によって正しく公平に運営されるとき、それが国家、すなわち国民の「物」であると結論する。しかし王が不正であるとき——彼はこれをギリシア流に僭主と名づけた——、あるいは貴族が不正であるとき——彼らの協定を彼は党派と呼んだ——、あるいは国民自体が不正であるとき——さらにそれ自体も僭主と名づけるのでなければ、一般的な名称を彼は見つけることができなかった——、それは前日議論されたような欠陥のある国家ではもはやなくて、これらの定義から導かれる結論が示したように、およそいかなる国家でもない。なぜなら、僭主あるいは党派がそれをわが物とするなら、それは国民の「物」ではなく、また国民が不正であるなら、それ自体すでに国民ではないからである。すなわち、それは、国民の定義としてあげられた、法の合意と利益の共有によって結合された民衆ではなくなるからである。

一

［1〜2］〔欠〕

二

［3］………緩慢さには車によって………、また知性は、人間がまだ発達していない音声で何か不完全な、混乱した音を発しているのを見出したとき、これらの音を区切り、部分に仕分け、いわば目印のように言葉を物に刻印して、以前は離れ離れであった人間を会話というきわめて楽しい絆で互いに結び付けた。さらに同じ知性によって、無限にあるように見えた音声の音は、発明されたわずかの記号によって、すべて印され表された。その記号によって遠くにいる人との会話と意思の表示と過去の事物の記録が書き留められたのである。これに生活に必要な、とくにこれのみ永久不変である数が加えられた。これはまずわたしたちを促して天界を見上げさせ、星の運行の観察をたんなる暇つぶしに終わらせることなく、昼と夜の計算によって………

三

［4］………これらの人々の心はさらに高く昇り、前にわたしが述べたように神々の贈物にふさわしいことを実行し、または考え出すことができた。それゆえわたしたちは実生活の方法について論じた者が、事実のとおり、偉大な人間であることを認めよう。また彼らは博識で、真実と徳の教師であると認めよう。ただし、この種の事柄は、多様な国政に携わった者により発見されたにせよ、またはその人たちの閑暇と書物の中で考え出されたにせよ、けっして軽視すべきものではない――じじつ、そのとおりであるが――と認めた上でのことで

ある。それは政治学と国民の陶冶であり、過去におけるきわめて多くの実例が示すように、恵まれた才能をもつ人々にある種の信じ難い神的な徳を生ぜしめるのである。

［5］しかし、もしある人が自然本性および国の諸制度から得た手段のほかに、さらに学問といっそう豊かな事物の知識を自己に加えるべきだと考えるなら――ちょうどこの著作において議論をしている人々自身のように――、すべての人は彼をほかの誰よりも優れているとみなさざるをえない。じじつ、重要な国政の運営と経験があの学術の研究と知識に結び付けられることよりもいっそう素晴らしいことが何かありえようか。あるいはプブリウス・スキーピオーよりも、ガーイウス・ラエリウスよりも、ルーキウス・ピルスよりもいっそう完全な人物が誰か考えられようか。彼らは、卓越した人々の最高の誉れに必要なものは見落としてはならないとの考えから、自国と祖先の慣習に加えて、さらにソークラテースの創始になる外来の学問を身につけたのである。

［6］であるから、そのいずれをも望み、またなしえた者、つまり祖先の制度のみならず学問をも修めた者は称賛に値するすべてのものを獲得したとわたしは考える。しかし、もし思慮に至るいずれかの道を選ぶべきであれば、たとえ最高の学術研究に明け暮れるあの平穏な生活が人にはいっそう幸福に恵まれているように見えるかもしれないとしても、この政治生活はたしかにより大きな称賛とより輝かしい名誉に値するのである。このような生活からもっとも偉大な人は誉れを得るのであり、たとえば、マーニウス・クリウス[*2]は、

誰も剣または黄金で打ち勝つことのできなかった人[*3]

あるいは………

彼にたいして市民も敵も誰一人
功績にふさわしい報いをすることができないだろう。[*4]

四

［7］………英知があった………しかし両種類の方法には、前者が自然の要素を言葉と学術によって育成し、後者が制度と法律によってそれを育成したという相違があった。実際にわが国だけでも多くの人材を生み出したが、彼らは、その名称をきわめて限られたものとして用いるため、賢者とはあまり呼ばれないにせよ、賢者の教訓と発見を尊重したゆえに、たしかに最高の称賛に値したのである。さらに、いま存在し、またかつて存在したかぎりの称賛すべき国のすべてについて、――永続できる国家を建設することは事物の本性上はるかに最大の思慮を必要とするのであるから――もしわたしたちが一つの国について一人の名をあげるなら、いかに多くの卓越した人々がいま見出されることか。[*5] しかし、もしイタリアのラティウム、同じイタリアのサビーニー人、ウォルスキー人の民族を、サムニウム[*6]やエトルー

リアや大ギリシアをわたしたちが注意深く考察しようと望むなら、さらにもしアッシリア人、ペルシア人、ポエニー人やこれらの[*7]………

五

［8］………ピルス「じっさい、あなたがたは、わたしに不正の弁護を引き受けるよう望むなら、わたしに素晴らしい裁判を委ねることになります。」

ラエリウスは言った。「たしかにあなたは、もし正義に反対してつねに言われるようなことを言うなら、実際にそのように考えていると思われる恐れがある。だがあなた自身、昔風の正義と誠実のいわば唯一の見本であり、反対側に立って議論するあなたの習慣は——あなたはそれが真実を発見するのにもっとも近道だと考えているのだから——よく知られている。」

ピルスは言った。「いざ、あなたがたの望みに従うことにしましょう。そしてよく自覚して泥をかぶりましょう。なぜなら、黄金を探す人もそれを拒むべきだと考えないのに、正義を、すべての黄金よりはるかに貴重なものを探し求めるわたしたちは、たしかにいかなる困難をも避けるべきではないからです。そして願わくはわたしが他人の話をこれから用いるように、他人の口を借りることが許されますように。さてルーキウス・フーリウス・ピルスは、ギリシア人カルネアデース[*8]、すなわち、適切であることを言葉によって………つねとしていた者が〔語った〕事柄を述べなければならない………」

［9］あなたがたはカルネアデースに返答するように。彼はしばしばきわめて正しい主張を詭弁の才によって嘲弄するのをつねとする。*9

六

［10］〔欠〕

七

［11］正義は戸外を眺め、そのすべてが顕著で卓越する。*10他のものにまして、自己のすべてを他人の利益のために捧げ、広げるその徳は*11………

八

［12］ピルス「………発見し守るために*12………、しかしもう一人は正義そのものについてじつに四巻の大きな書物を満たしました。なぜならわたしは、いわば彼独特の仕方で論じ、すべてを事物の重さではなく言葉の微妙な意味によって測るクリューシッポス*13からは、何一

つ重要な、高尚なことを望まなかったからです。もしそれが存在するなら、それだけがもっとも寛大で気前がよく、自己よりもほかのすべての者を愛し、自己のためより他人のために生まれたその徳[*14]が倒れているのを起こし、『英知』からさほど遠くないあの神聖な玉座に据えたのは、これらの英雄の仕事だったのです。

［13］だが彼らには意欲が欠けていたわけではなく――というのは、彼らにはそのほかにどのような書くべき理由があったのか、いったいどのような意図があったのか――、また彼らを万人にまさる者にする才能が欠けていたのでもありません。しかし、事柄が彼らの意欲と能力を挫いたのです。わたしたちが考察している法とは市民のなんらかの法であって、自然の法ではないからです。じじつ、もしそれが自然のものであれば、暑さと寒さ、苦さと甘さのように、正義も不正もすべての人にとって同じとなるでしょう。

九

［14］しかし、いま誰かがパークウィウス[*15]の言う、あの『翼のある蛇が曳く車に乗って』多くのさまざまな民族や都市を見下ろし目で見ることができるなら、彼はまず、無数の世紀と事件の記憶を文字に保存しているあのまったく純粋なエジプト民族において、エジプト人がアーピスと名づけている雄牛が神とみなされ、また彼らのもとで、多くのほかの怪異やあらゆる種類の獣が神々の数の中に入れられ神聖視されているのを見るでしょう。次にギリシ

アにおいて、わが国と同様に壮大な神殿が人間に似せた像に捧げられているのを見るでしょう。しかし、ペルシア人はその神殿を不敬とみなしました。またクセルクセース[16]がアテーナイ人の神殿に火を放つことを命じた唯一の理由は、この全宇宙を住居とする神々を壁の中に閉じ込めておくのは不敬であると彼が考えたためと言われます。

［15］しかし、のちに計画を練ったピリッポス[17]と、それを実行したアレクサンドロス[18]は、ペルシア人にたいして、ギリシアの神殿の仇を討たねばならないという戦争の理由を掲げました。ギリシア人は、ペルシア人の瀆神の記録が子孫たちの目の前に永久に残るように、神殿をけっして再建してはならないと考えたのです。なんと多くの人々が、人間を生贄《いけにえ》にすることが敬虔であり、不死なる神々にもっとも喜ばれると考えたことでしょう。アクセノス海[19]のタウロイ人、エジプト王ブーシーリス[20]、ガッリア人、ポエニー人がその例です。しかし生活の風習はまったく異なっているので、クレータ人やアイトーリア人[21]は強盗を働くことを名誉とみなし、ラケダイモーン人は槍を投げて届くところまでがすべて自分の領地であるといつも主張していました。さらにアテーナイ人はオリーブまたは穀物を生み出す土地はすべて自分のものであると公に誓うのがつねでした。ガッリア人は手の労働によって穀物を得るのは不名誉であると考え、だから武装して他人の耕地を刈り取ります。

［16］しかし、もっとも正しい人間であるわたしたちでさえ、わが国のオリーブ園と葡萄畑がより多くの価値をもつように、アルプスの向こう側の民族にオリーブと葡萄の樹を植えることを許さないのです。わたしたちはそうするとき、賢明に行うと言われますが、正しく

行うとは言われません。したがって、あなたがたは知恵が公正と一致しないことを理解するでしょう。さらに、あの、最善の法律ときわめて公正な法の創始者であるリュクールゴスは、平民を奴隷のように使って富裕な者の土地を耕させせました。

一〇

[17] しかしわたしは、法、制度、慣習、風習の種類を述べようとすれば、それが諸民族においてその数だけ異なっているのみならず、一つの、とくにこの都市自体においても、数え切れぬほど変えられたことを示すでしょう。すなわち、このわたしたちの法律解説者マーニーリウス*22は、婦人の遺贈および相続財産についてこれこれの権利があるといま言っていますが、まだウォコーニウス*23法が成立する前の青年時代には別のことをいつも言っていました。しかし、男の利益のために提案されたその法律自体、婦人にたいする不正で満ちています。じじつ、なぜ婦人は財産をもつべきでないのか。なぜウェスタの巫女*24は相続人をもつことが許され、彼女の母親は許されないのか。しかし、もし女にたいして財産の限度を設ける必要があったなら、なぜプブリウス・クラッスス*25の娘は、父親のただ一人の子であれば、一億セステルティウス*26を法によって所有することができ、わたしの娘は三百万セステルティウスをもつことすらできないのか……」

一一

［18］ピルス「〈もし自然が〉わたしたちに法を定めたなら、すべての人はその同じ法を用い、同じ者が別のときに別の法を用いることはないでしょう。しかしお尋ねしますが、法律に従うことが正しい人間と立派な人のなすことであれば、どの法律に従うのですか。どれでもそこにある法律にですか。しかし、徳は無定見を受け入れず、自然は変動を容認しません。法律はわたしたちの正義によってではなく、刑罰によって是認されるのです。だから法は自然のものを何ももたないのです。そこから、自然本性において正しい者はけっしていないということになります。それとも彼らは、たしかに法律には変動があるが、しかし正しい人は、正義と思われるものではなく、真の正義に、本性から従うのだと言うのですか。じっさい彼らは、各人に当然受けるべきものを与えることが立派な正しい人のなすことだと言うからです。

［19］それではまず、わたしたちはものを言わぬ動物に何かを与えるでしょうか。じじつ、凡庸な者であるどころか、最大の学者であったピュータゴラース[*27]とエンペドクレース[*28]は、すべての生き物が一つの法の条件のもとにあると明言し、動物を虐待する者には償うことのできない刑罰が迫っていると宣言しています。それゆえ獣を害することは犯罪であり、この犯罪を……欲する者は……」

一二

［20〜22］〔欠〕

一三

［23］ピルス「………じじつ、国民にたいして生殺与奪の権限をもつすべての者は僭主ですが、自分たちが至善のユッピテルの名称によって、すなわち王と呼ばれることを望んでいます。他方、特定の者が富、血筋あるいはなんらかの勢力によって国家を支配するとき、それは党派ですが、彼らは貴族と呼ばれます。しかし、国民が最大の権力をもち、すべてがその裁量によってなされるとき、それは自由と呼ばれますが、じつは放埒です。しかし互いに相手を恐れ、人間が人間を、階級が階級を恐れるとき、誰も自己を頼ることができないので、一種の協定が国民と権力者のあいだに結ばれます。そこからスキーピオーが称賛した、国の混合体というものが生じるのです。すなわち、正義の母親は自然でも意志でもなく、無力なのです。じじつ、不正を加えるがそれを受けない、あるいは不正を加えそれを受ける、あるいはどちらもしないことの三つのうち、どれか一つを選ぶべきであれば、いちばんよいのは、できれば罰せられずに不正を加えることであり、第二に不正を加えもせず受けもしな

いことであり、もっともみじめなのは不正を加えたり受けたりしてはげしく争うことです。だから、それをはじめて得ることを……者は……」

一四

［24］……なぜなら彼は、いかなる邪悪さに駆られて一隻の海賊船で海を脅かしているのか、と尋ねられたとき、「あなたが全世界を脅かしているのと同じ邪悪さによって」と答えたからである。*29

一五

ピルス「……すべてに……あなたがたは覚えておくように。知恵はあなたに勢力を増やし、富を積み重ね、境界を広げるよう命じます。じじつ、もし何か他人のものが加えられなかったなら、偉大な指揮官たちの記念碑に刻まれた『彼は領土の境界を拡大した』という称賛は何に基づくのですか。さらに知恵は、できるだけ多数の者に命令し、快楽を味わい、力に溢れ、統治し、支配するよう命じます。他方、正義はすべての者をいたわり、人類のためをはかり、各人に当然受けるべきものを与え、神聖なもの、公共のもの、他人のものに手を触れないよう教えます。それであなたが知恵に従うなら、何が結果しますか。富、権限、勢力、名誉、命令権、王権が私人に、あるいは国民に生じます。しかし、わたしたちは国家について話しているのであり、公に行われることのほうがより明白ですから、また法の原理は公私とも同一ですから、わたしは国民の知恵について述べる必要があると思います。他国民のことはさておくとして、昨日の討論においてアーフリカーヌスがその根源までさかのぼり、その支配によっていま全世界を包括するこのわが国民は、正義によって、それとも知恵によって、諸国の中で最小から〈最大の国民となったのですか〉……」

［25］ピルス「……わたしの考えでは、たぶん正義によるこの禁止令がいつか成立しないかと恐れて、畑からこれらの野ねずみが現れるように、自分たちは大地から生まれた者だと嘘をついたアルカディア人とアテーナイ人[*30]を除いて……

一六

［26］これにたいしてまず第一に、議論においてまったく悪意のない人々——わたしたちが公明正大で率直であることを望む、正しい人の探究のさいに、議論において悪賢く老練で不誠実ではないゆえにいっそうその主張において権威をもつ人々[*31]は、次のように反論するのがつねです。賢者が正しい人であるのは、善意と正義がそれ自体おのずから彼を喜ばせるからではなく、正しい人の生活が恐怖や心配や不安や危険から免れており、その反対に悪人の心にはなんらかの懸念がつねにつきまとい、彼らの目の前にはたえず裁判と拷問がちらつく

からである。また不正によって得たいかなる利益も、いかなる報酬も、たえず恐れ、たえず何かある刑罰が近づき、差し迫っていると思い、損害を……するほど、大きくはない……

一七

［27］お尋ねしますが、いまここに二人の者がいて、その一人はこの上なく正しく公平で、最高の正義と卓越した誠実をそなえ、もう一人は著しい邪悪さと大胆さをそなえているとします。そして国が誤ってその正しい者を邪悪で放逸で非道とみなし、反対にもっとも不正な者を最高の正直と誠実をそなえていると考え、全市民のこの意見に応じてその正しい者が迫害され、引きずり回され、それから両手を切り落とされ、目をえぐり出され、有罪とされ、獄につながれ、烙印を押され、追放され、貧困に陥り、ついに至極当然のこととしてもっともみじめな者とすべての人に思われるとします。反対にその不正な者は称賛され、尊敬され、あらゆる人に愛され、すべての名誉、すべての権力、すべての資力、いたる所からすべての富が与えられ、ついにすべての人の見解において最善であり、あるかぎりの最大の幸運にもっとも値する者と判断されるとします。そこでお尋ねしますが、そのどちらであるのを選ぶべきか迷うほど愚かな者が誰かいるでしょうか。

一八

［28］個人について言えることは、また国民についても言えます。いかなる国も、正しい奴隷であるよりも不正な支配者であることを望まないほど愚かでありません。しかし、わたしは遠くに例を求めるまでもないのです。執政官であったわたしは、あなたがたがわたしに助言して、ヌマンティアとの条約について審理しました。[*33] クイントゥス・ポンペイウスがその条約を結んだこと、またマンキーヌスも同じ立場であったことに誰が気づかなかったでしょうか。この上なく正しい人であったマンキーヌスは、わたしが元老院の決議によって提出した法案を推薦すらしたのですが、ポンペイウスはきわめて精力的に自己弁護を行いました。もし名誉心、正直、誠実が求められるなら、マンキーヌスがこれらをそなえていました。もし理性、思慮、分別が求められるなら、ポンペイウスがまさっています。二人のどちらを……」

一九〜二〇

［29〜31］〔欠〕

二一

〔32〕ピルス「………ラエリウスよ、この人々が、あなたもまたこのわたしたちの討論になんらかの形で加わることを——とくにあなた自身、昨日わたしたちに大いに力を貸そうとさえ言われたのであるから——望んでいるとわたしに思われないなら、またわたし自身それを願っていないなら、わたしは反対しないでしょう。しかし、それは実際に不可能です。あなたが力を貸して下さるようわたしたちは皆願っています。[*34]」

しかし、われわれの青年たちは彼に耳を傾けるべきでない。実際に彼は、もし彼が話すとおりに考えているなら卑劣な男であるから。たとえそうでないにしても——わたしはそれを望むが——、彼の話はやはり恐ろしい。[*35]

二二

〔33〕ラエリウス「じつに、真の法律とは正しい理性であり、自然と一致し、すべての人にあまねく及び、永久不変である。それは命じることにより義務へ招喚し、禁じることにより罪から遠ざける。しかし、それは正しい者に命じ、あるいは禁じるとき無駄に終わることはないが、不正な者を、命じることまたは禁じることによって動かせない。この法律を廃止

することは正当ではなく、その一部を撤廃することは許されず、またそのすべてを撤回することはできない。わたしたちは元老院によって、あるいは国民によってこの法律から解放されることはできず、また説明者あるいは解説者としてセクストゥス・アエリウス[*36]を探し求める必要はない。また、法律はローマとアテーナイにおいて互いに異なることも、現在と未来において互いに異なることもなく、唯一の永久不変の法律がすべての民族をすべての時代において拘束するだろう。そして万人がともに戴くただ一人の、いわば支配者であり指揮官である神が存在するであろう。すなわち彼が、この法の創始者、審理者、提案者である。この神に従わない者はみずから自己から逃れ、人間の本性を拒否することにより、まさにそれゆえに、たとえ一般に刑罰とみなされているほかのものから逃れたとしても、最大の罰を受けることになろう[*37]。」

二三

[34] いかなる戦争も、信義または安全を守るため以外には最善の国によって企てられない[*38]。

しかし私人は、もっとも愚かな者でさえ感じるこれらの刑罰、すなわち貧窮、追放、牢獄、笞刑から、すみやかに死を招くことによってしばしば逃れるが、国にとっては、個人を刑罰から解放すると思われる死そのものが刑罰である。なぜなら、国は永遠に存在するべく設立されていなければならないからである。それゆえ国家にとっては、死が必然であるのみか、しばしばそれを望ましく思う人間のような自然死はない。しかし、国が破壊され抹殺され絶滅されるとき、小なるものを大なるものに比べるなら、それはあたかもこの全宇宙が滅亡し崩壊するのに似る。*39

〔35〕理由なしに企てられたあの戦争は不正である。なぜなら、復讐あるいは敵の撃退という理由以外に、いかなる正しい戦争も行うことはできないからである。*40

いかなる戦争も、もし宣言と通告が行われず、賠償請求のためでないなら、正しいとはみなされない。*41

しかし、わが国民は同盟国を守ることにより、いま全世界の支配を獲得した。*42

二四

〔36〕〈支配が自然本性そのものにより各々もっとも優れた者に委ねられ、弱い者の最大の利益となっていることをわたしたちは認めるのではないか。〉それでは、なぜ神は人間に、心は身体に、理性は欲望、〈怒り、〉そのほか〈同じ〉心の欠陥のある部分に命令するのか。*43

二五

〔37〕だが、支配および隷属のそれぞれ異なった形を見分ける必要がある。じじつ、心は身体を支配し欲望をも支配すると言われ、しかしまたそれは王が市民を、あるいは親が子供を支配するごとく身体を支配し、他方主人が奴隷を支配するごとく欲望を支配する——なぜなら、それが欲望を懲戒し挫くから——と言われるように、そのように、王の、指揮官の、政務官の、元老院議員の、国民の権力は市民や同盟者を指揮する——ちょうど心が身体を指揮するように。また主人は奴隷を懲らしめる——ちょうど心のもっとも優れた部分、つまり英知がその同じ心の欠陥のある虚弱な部分、欲望、怒り、そのほかの不安を起こす感情を懲らしめるように。[*44]

なぜなら、自分自身を支配できる者がほかの者に支配されるとき、それは不正な隷属の一種であるから。他方、彼らが隷属するとき[*45]……

二六

〔38〕〔欠〕

二七

［39］その点についてわたしは、不安に苛まれ危険に脅かされる正義が賢者にふさわしくないことに同意する。*46

二八

［40］徳は名誉を欲すると言えよう。また徳にたいする報酬はほかに何もない。……だが、それは報酬をこころよく受け取るが、強く要求はしない。*47

このような人にあなたはいかなる富を、いかなる権力を、いかなる王国を差し出すのだろうか。彼はそれらを人間のものとみなし、自己の財産を神のものと考える。……しかし、もし恩を忘れたすべての者、あるいは嫉視する多くの者、あるいは敵意をもつ権力者が徳からその報酬を奪うことがあっても、……たしかに徳は多くの慰めによって自己を楽しませ、とりわけ自己の誉れによってみずから自己を支えるのである。*48

彼らの身体は天界へ運ばれたのではない。じじつ、自然は大地から生まれたものが大地ではないところに留まることを許さないだろう。*49

もっとも勇敢な人々はけっして勇気と勤勉と忍耐について*50……

たしかにピュッロスの寛大さはファブリキウスにはなく、サムニーテース人の富はクリウスにはなかった。*51

わたしたちのあのカトーは、彼自身からわたしたちが聞いたところによれば、サビーニー人のもとにある彼の地所へ行ったとき、その男の炉辺を訪れるのがつねであった。そこに座ったとき、彼は、かつて敵であったがいまは彼の被保護人であるサムニーテース人からの贈物を断った。*52

二九

［41］ラエリウス「……小アジアにおいて……ティベリウス・グラックスは……市民のあいだで続行したが、同盟国やラティーニー人の権利と盟約をなおざりにした。*53 もしその習慣と放逸がさらに広がり始め、わたしたちの支配を法から暴力へと導いて、これまですすんでわたしたちに従っている者が恐怖によって引きとめられるなら、この時代の者であるわたしたちが十分に注意深く見張ったとはいえ、わたしたちの子孫や国家の永続についてわたしはやはり不安に思うのである。国家は、もし人々が父祖の制度と慣習によって生活するなら、永続することができるだろう。」

三〇

［42］ラエリウスがこのように言い終えたとき、居合わせた人はすべて彼の言葉に大きな喜びをもったことを示したが、誰よりもスキーピオーはあたかも歓喜に圧倒されたかのように言った。「ラエリウスよ、あなたはたしかに多くの事件をしばしばみごとに弁護したので、わたしはわたしたちの同僚であり、彼の存命中には並ぶ者がないとあなたがみなしていたセルウィウス・ガルバ*54のみならず、アッティカの弁論家*55の誰も優美さにおいてけっしてあなたと〔並び立つ〕………」

民衆にたいして、また中央広場《フォルム》で演説するには、二つのもの、自信と声が自分に欠けていた*56………

雄牛は閉じ込められた人々の呻き声で吼えた*57。

三一

［43］スキーピオー「………戻す………。では、一人の者の残忍な行為によってすべての者が抑圧され、国民を作り上げる一本の法の絆、集合体の合意と結合が失われたとき、そのとき誰がそれを国民の物、すなわち国家と呼ぶことができようか。また同じことはシュラー

クーサイについても言える。ティーマイオス*58がギリシア諸都市の中で最大、世界の都市の中でもっとも美しいと言うあの有名な都、一見に値する城塞、町の中へ奥深くまで達しその護岸堤防を洗う港、広い大通り、柱廊、神殿、城壁は、ディオニューシオスの支配下ではそれが国家として成り立つことを可能にすることができなかった。なぜなら、何一つ国民の物ではなく、国民自体が一人の者に属していたからである。だから、僭主が存在するところには、わたしが昨日述べたような欠陥のある国家ではなく、いま理論上の必然的帰結として、およそいかなる国家も存在しないと言うべきである。」

三二

[44]ラエリウス「あなたはみごとに言い表した。じじつ、いまあなたの話がどこへ向かって進むのかわたしには分かる。」

スキーピオー「それでは全体が党派の支配下にあるあの国も、ほんとうに国家と呼ぶことはできないことがあなたには分かるでしょう。」

ラエリウス「たしかにそのとおりだと思う。」

スキーピオー「そしてあなたの考えはまったく正しい。じじつ、ペロポンネーソス大戦争のあと、あの三十人*59が都をきわめて不正に支配したとき、アテーナイ人にいかなる『物』が存在したか。国の昔日の栄光、町の壮観、劇場、体操場、柱廊、有名な門*60、城塞、ペイディアースの驚嘆すべき作品、あるいはあの壮大なペイライエウス*62は、果たして国家を作り出しただろうか。」

ラエリウス「いや、けっして。それはたしかに国民の物ではなかったから。」

スキーピオー「ではどうですか、ローマにおいて上訴を認めない十人委員があの三年目を迎え、自由そのものが請求権を失ったときは。」

ラエリウス「それはけっして国民の物ではなかった。それどころか、国民は自己の物を取り返そうと努めた。」

三三

［45］スキーピオー「さて、わたしはあの第三の種類に進むが、そこにはたぶん困難な点があると思われるかもしれない。すべてが国民によって行われ、すべてが国民の支配下にあると言われるとき、民衆が誰でもその望む者を死刑にするとき、彼らが望むものを追い立て強奪し保持し浪費するとき、ラエリウスよ、あなたはそれが国家であることを否定できますか。なぜなら、すべては国民の物だからです。実際にわたしたちは国家が国民の『物』であることを望むのですから。」

ラエリウス「じつに、いかなる国家といえども、その全体がまったく民衆の支配下にあるものほどすみやかに国家であることを否定したいものはない。じじつ、シュラークーサイにおいても、アクラガース*63においても、アテーナイにおいても、僭主がいたとき、またわが国においても十人委員がいたとき、国家は存在しなかったことをわたしたちが決めたのであれば、民衆の専制支配についてなぜ国家の名称がいっそう当てはまるのか、わたしには理解できない。なぜなら、第一に、スキーピオーよ、あなたのきわめて優れた定義のとおり、法の合意によって結ばれたもの以外はわたしにとって国民ではないから。しかし、その集合体は、一人の者が僭主となったときと同様に僭主である。しかも、国民の姿と名を借りるその獣ほど恐ろしいものはないゆえに、いっそう忌むべき僭主である。しかし、乱心者の財産が法律によって父親側の血縁者の管理下に置かれるとき、いま彼らの……のは適当でない……」

三四

［46］スキーピオー「……なぜそれが国家であり、国民の物であるか、王国について言われたことは、……言われることができよう……」

ムンミウスは言った。「しかも、いっそう当たっています。なぜなら、一人である点、王はむしろ専制支配者に似ているからです。だが、数人の正しい者が権力を得る国家よりも幸福なものはありえないでしょう。しかし、なおわたしは自由な国民よりもむしろ王国を望みます。これはあなたにとって最大の欠陥をもつ第三の種類の国家ですから。」

三五

［47］スキーピオーは彼に言った。「スプリウスよ、わたしは民衆的な制度に反対であるあなたのふだんの考えを知っている。また、それはあなたがいつも腹を立てているほどのことではないが、この三つの種類の中でそれよりも是認できないものは何もないという点にわたしは同意する。だが、貴族が正しい王にまさるという点はあなたに同意できない。じじつ、国家を支配するものが英知であるなら、それが一人の者にあるのと、二人以上の者にあるのと、どのような相違があるのか。しかし、わたしたちはこのように議論するとき一種の誤りに陥っている。なぜなら、彼らが『最善の者〔貴族〕』と呼ばれるとき、それより優れているると思われるものはありえないからである。じじつ、最善より優れたものは何が考えられるか。他方、王という名に言及されると、やはり不正な王がすぐ思い出される。しかしわたしたちは、王政国そのものについて探究しているいま、不正な王については何も論じていないのだ。だからロームルス、あるいはポンピリウス、あるいはトゥッルスを王と考えなさい。そうすれば、あなたはおそらくその国家にたいしてさほど不満をもたなくなるだろう。」

［48］ムンミウス「それでは、あなたは民主国にたいしてどのような称賛をとっておくのですか。」

スキーピオー「ではどうかね、スプリウスよ、わたしたちが最近一緒に訪れたロドス人の国は、あなたにはいかなる国家でもないと思われるか。」

ムンミウス「たしかにそれは国家であり、しかもけっして非難すべきものではないと思います。」

スキーピオー「あなたの言うとおりだ。しかし、あなたが覚えているなら、彼らは皆あるときは平民、あるときは元老院議員であり、交替を決めて数ヵ月のあいだ国民の義務を果たし、ほかの数ヵ月のあいだ元老院議員の義務を果たしていた。さらに彼らは両方の資格で会議出席の手当を受け取り、また劇場においても元老院においても同じ人々が死刑あるいは市民権剝奪にかんする裁判において、またそのほかあらゆる事柄について決定を下した。〈元老院〉は民衆と同じ権限をもっていた……」

第三巻の断片

一　したがって、人間の一人一人には一種の不安を引き起こすものが存在し、それは快楽によって躍り上がり、煩労によって挫かれる。[*64]

二　しかし彼らは、みずから［または］心を吟味するため、自己が何を行おうと考えるかを知る。[*65]

三　ポエニー人は彼らの交易と商品によって貪欲と華美と、あらゆるものにたいする飽くことのない欲望をはじめてギリシアに導き入れた。[*66]

四　サルダナパッルスは、名前そのものよりも悪徳によってはるかに醜い。[*67]

五　もし誰かがアトースを根底から記念碑として作り上げることを望むのでなければ。じじつ、どのアトース、またはどのオリュンポスがそのように大きいか。[*68]

訳注

＊1　アウグスティーヌス『神の国』二・二一に伝えられている第三巻の要旨の訳をここにあげる。
＊2　後注＊51参照。
＊3　エンニウス『年代記』からの引用。
＊4　セネカ『倫理書簡集』一〇八・三三。引用はエンニウスの詩句。
＊5　リーリス河の両岸に住んでいた民族。
＊6　カンパーニアの北、ラティウムとアープーリアのあいだにある地域。
＊7　ふつうイタリア半島南部のギリシア人諸都市を指す。
＊8　前二一四／二一三—前一二九／一二八年。哲学者。新アカデーメイアの創始者。
＊9　ノーニウス『学識要覧』二六三・八。
＊10　ノーニウス『学識要覧』三七三・三〇。

＊11　ノーニウス『学識要覧』二九九・三〇。
＊12　アリストテレースの、四巻から成る『正義について』（散逸）のことか。
＊13　有名なストア派哲学者（前二八〇頃―前二〇七年）。キリキアのソロイ出身。
＊14　正義のこと。
＊15　第一巻訳注＊82参照。引用の個所の出典は不明。
＊16　ペルシア王（前四八六―前四六五年）。ペルシア戦争においてサラミスの海戦で敗北した。
＊17　ピリッポス二世。前三五九―前三三六年のマケドニア王。
＊18　アレクサンドロス大王（前三五六―前三二三年）。ピリッポス二世の子。マケドニア王。
＊19　黒海のこと。アクセノスとは「異国人を斥ける」という意味。エウクセイノス（異国人を歓迎する）とも呼ばれた。タウロイ人の生贄の習慣については、エウリーピデース『タウリケーのイーピゲネイア』参照。
＊20　海神ポセイドーンの子。ヘーラクレースによって退治された。
＊21　ギリシア本土中西部の地方。
＊22　第一巻訳注＊55参照。
＊23　クイントゥス・ウォコーニウス・サクサによって前一六九年に提出された法律。婦女の相続権をきびしく制限した。
＊24　第二巻訳注＊54参照。
＊25　第一巻訳注＊87参照。
＊26　一セステルティウスは、元来二アス半（一アスは元来銅一ローマ・ポンド）、前三世紀末以降は四アスに相当したという。
＊27　第一巻訳注＊44参照。

＊28　シキリアのアクラガース（アグリゲントゥム）の哲学者・詩人・政治家（前四九三頃―前四三三年頃）。

＊29　ノーニウス『学識要覧』一二五・一二、三一八・一八、五三四・一五。これはアレクサンドロス大王にかんする挿話である。アウグスティーヌスは、おそらくキケローに基づいてこの大王と海賊の話を伝えている（『神の国』四・四・二五参照）。

＊30　彼らは自分たちが国の土地の生え抜き（autochthones）であることを誇りとした。これは彼らのみがドーリス人の侵入（前一一世紀頃から）に侵されなかったことを示す。

＊31　エピクーロス派の人々を言う。

＊32　元老院議員として。

＊33　ピルスは前一三六年執政官としてヌマンティアとの条約の締結に携わった。ローマ軍はヌマンティアの征服に手こずり、しばしば敗北を喫したが、前一四一年の執政官ポンペイウスはその攻囲に失敗したとき、買収されて講和を結んだ。しかし、翌年次の執政官が来たとき、彼はみずからその条約を否認した。他方、マンキーヌスは前一三七年の執政官としてヌマンティアを攻撃したが、逆に包囲されてやむなく講和を結んだ。しかし、元老院はこれを認めようとせず、さらに彼を敵に引き渡すことを決議した。翌年の執政官ピルスはマンキーヌスを引き渡すべく交渉したが、ヌマンティアは彼を受け取ろうとしなかった。のちにマンキーヌスは許された。ヌマンティアは前一三三年スキーピオーの攻撃によってついに陥落した。第一巻訳注＊36参照。

＊34　ゲッリウス『アッティカの夜』一・二二・八。

＊35　ノーニウス『学識要覧』三二三・一八。この個所はカルネアデースについての言及と思われる。

＊36　この個所は eius alius という読みもあるが、Ziegler は Brandt に従って Sextus Aelius と読む。アエリウスについては、第一巻訳注＊80参照。

＊37　ラクタンティウス『神的教理』六・八・六―九。

＊38　アウグスティーヌス『神の国』二三・六。

＊39　アウグスティーヌス『神の国』二三・六。

＊40　イシドールス『語源集』一八・二三以下。

＊41　イシドールス『語源集』一八・二二以下。

＊42　ノーニウス『学識要覧』四九八・一六。

＊43　アウグスティーヌス『神の国』一九・二一。

＊44　アウグスティーヌス『ユーリアーヌス論駁』四・一二・六一。

＊45　ノーニウス『学識要覧』一〇九・二。

＊46　プリスキアーヌス『文法教程』八・六・三二（M. Hertz 編『ラテン文法家集』「プリスキアーヌス」二・三九九・一三）。

＊47　ラクタンティウス『神的教理』五・一八・四―八。

＊48　ラクタンティウス『神的教理』五・一八・四―八。

＊49　アウグスティーヌス『神の国』二二・四。ヘーラクレースとロームルスについての言及。

＊50　ノーニウス『学識要覧』一二五・一八。

＊51　ノーニウス『学識要覧』一三二・一七。ピュッロスは、ギリシア本土エーペイロスの王（前三〇〇年頃）。ガーイウス・ファブリキウス・ルスキヌスは、ピュッロスの軍勢と戦ったローマの執政官（前二八二、二七八年）で、敵にたいする公正さと清廉な人格で著名であった。マーニウス・クリウス・デンタートゥスは、前二九〇、（二八四、）二七五、二七四年の執政官で、サムニーテース人やサビーニー人と戦って破った。同様に清廉な人物として知られる。

＊52　ノーニウス『学識要覧』五二二・二六。

＊53　グラックスについては、第一巻訳注＊85参照。同盟国やラティーニー人は農地改革によって影響を受けた。
＊54　前一四四年の執政官。感情に訴える雄弁で有名であった。
＊55　アテーナイのこと。
＊56　ノーニウス『学識要覧』二六二・二四。
＊57　ユウェナーリス『諷刺詩』六・四六八への古注。アクラガースの僭主パラリス（第一巻訳注＊104参照）への言及。彼は空洞の青銅製雄牛の中に人間を入れて焙り殺したと伝えられる。
＊58　シキリアのタウロメニオン出身の歴史家（前三五六頃―前二六〇年）。
＊59　第一巻訳注＊105参照。
＊60　アテーナイのアクロポリスに通じる壮大な門（プロピュライア）。
＊61　前五世紀のアテーナイの彫刻家。
＊62　アテーナイの港。テミストクレース（第一巻訳注＊21参照）によって構築された。
＊63　第一巻訳注＊104、前注＊57参照。
＊64　ノーニウス『学識要覧』三〇一・五。
＊65　ノーニウス『学識要覧』三六四・七。なお、テクストは不確かである。Philippson は seu の前に 〈se〉 を入れ、sum を su〈u〉m と読む。そうすれば「……みずから自己を、あるいは自己の心を吟味する……」と読める。
＊66　ノーニウス『学識要覧』四三一・一一。
＊67　ユウェナーリス『諷刺詩』一〇・三六二への古注。サルダナパッルスは、伝説的なアッシリア王（前九世紀頃）。華美と放蕩に耽り、焼身自殺をしたと言われる。
＊68　プリスキアーヌス『文法教程』六・一三・七〇（M. Hertz 編『ラテン文法家集』「プリスキアーヌ

ス」二・二五五・九）。アトースは、カルキディケーのアクテー半島にある山（二〇三三メートル）。ペルシア戦争のさい、クセルクセースはペルシアの艦隊を通すためその麓に運河を掘る大工事を行った（前四八三―前四八一年）。

第四巻

一

［1］また未来のことを見る精神自体、過去のことを記憶している。*1

じじつ、人間の精神をもつことがたとえできても、ある獣の姿に変えられるよりもむしろ死ぬことを願わない者は誰もいないなら、人間の姿をもちながら心が獣のようになることは、なんといっそうみじめなことか。少なくともわたしには、心が身体にまさるだけにいっそうそのように思われる。*2

自分は雄羊の善とプブリウス・アーフリカーヌスの善が同一であるとは思わない*3……最後にそれは交互の対置によって日数の計算およびとくに労働からの休息に適した影と夜を同様に作る*4……

また、秋に大地が作物を受け入れるために広がり、冬には［それを受け入れるために］休息し、夏の成熟期にはあるものを柔らかくし、またあるものを乾かしたとき*5……

彼らが家畜の群のため牧人を使うとき*6……

二

［2］スキーピオー「……人気を……、いかに便利に序列、すなわち、世代、階級、騎士隊が区分されたことか。騎士隊の中にはさらに元老院の投票団が含まれる。*7 しかし、馬の返却を取り決めるなんらかの平民会決議*8によって新しい贈与を求めるきわめて多くの人々はいま愚かにもこの有益な制度の廃止を望んでいる。

三

［3］いまほかの点について、幸福な正しい生活におけるあの市民の結合のために、いかに賢明にあらかじめ配慮されたかをあなたがたは考えてみなさい。じじつ、それは集合の本来の目的*9であり、またそれは国家的見地から人々のために一部は制度によって、他は法律によって実現する必要がある。第一に、彼らは自由な市民にたいし少年の教育――これについてギリシア人は多くの空しい努力を払ったのであり、またこの点についてのみわたしたちの友人であるポリュビオスはわが国の制度の怠慢を非難している――を明確にし、あるいは法律によって定め、あるいは公開し、あるいはすべての者に等しくすることを欲しなかった。なぜなら……」

軍隊に入る者には、第一年目に彼らを指導する監督官を付けるのがつねであった。*[10]
少年が奪い盗むことを学ぶスパルタにおけるごとくであるのみならず*[11]……
もし愛人をもたなければ、青年たちにとって不名誉であった。*[12]

四

［4］スキーピオー「……青年が裸になる……。このように昔にさかのぼって羞恥心のいわゆる一種の礎石が発見されたのである*[13]。だが、体操場における青年たちの訓練のなんと馬鹿げたことよ。成年になった者のあの軍務はなんと軽いことよ。触れ合いと恋愛のなんと自由で気ままなことよ。そこでは自由人同士の恋愛において欲望が自由放逸に委ねられることさえ許されるエーリス人*[14]やテーバイ人*[15]［のところ］はさておくとして、ラケダイモーン人自身、青年の恋愛において肉体関係を除きすべてを大目に見る一方、その例外をじつに薄い壁で囲う。すなわち、彼らは互いのあいだに外衣を置けば抱擁と同衾を許すのだ。」

ラエリウス「スキーピオーよ、あなたは、いま非難しているそのギリシアの教育について、あなたのプラトーンと格闘するよりも、もっとも名高い国民と格闘することを望んでいることがわたしにはよく分かる。あなたはプラトーンに言及すらしない、とくに……」

五

［5］そしてわたしたちのプラトーンはリュクールゴスよりもさらに……彼はまったくすべての物の共有を命じ、市民がいかなる物も自分に属するものあるいは自分自身のものと言えないようにする。*[16]

しかしわたしは、彼がみずから自己のために作ったその国家から、花冠をかぶせられ香油を塗られたホメーロスを追放する先と同じ所へ*[17]……

六

［6］監察官の判決は、宣告を受けた者に赤面以外ほとんど何一つ不利益をもたらさない。それでその判決がたんに名前に〔in nomine〕関わるだけであるから、その処罰は不名誉〔ignominia〕と呼ばれた。*[18]

国は最初彼らの苛酷さに［たいして］恐れおののいたと言われる。*[19]

しかし女たちにたいしては、ギリシア人のもとで任命されるのがつねである監督者が置かれるべきではなく、男たちに妻の指導を教える監察官が必要である。*[20]

このように羞恥心を教えることは大きな効力をもつ。すべての女は人を酔わせる飲料を控える。[*21]
　またある女に悪評がある場合も、血縁者は彼女に接吻しようとしなかった。[*22]
　このように求める〔peto〕ことから厚顔〔petulantia〕、請い求める〔proco〕こと、つまり要求する〔posco〕ことから無恥〔procacitas〕と名づけられた。[*23]

七

［7］なぜなら、わたしは同じ国民が世界の支配者であり収税吏であることを望まないからだ。[*24]他方、私人の家においても国家においても倹約が最善の収入であると考える。
信頼〔fides〕は、言われたことが行われる〔fio〕ことよりまさにその名称を得るとわたしに思われるからである。[*25]
卓越した市民および高貴な者において、［わたしの］追従、自慢、人気取りは浅薄の印である。[*26]
　宴会や会食や豪奢な振舞いによって人々の評判を自分のために得る者は誰でも、徳と威厳から生じる真の名誉が自分には欠けていることを公然と示す。[*27]
　正しい人々が祖国のためをはかるのに限度と制限はない。[*28]

八

［8］事柄の優雅さのみでなく、さらに言葉のそれにわたしは驚嘆する。「もし彼らは言い合うならば」と彼は言う。敵同士の争いではなく、好意をもつ者同士の口論が言い合いと言われる。[*29]

それゆえ法律は、隣人同士は争うのではなく、言い合いをするとみなす。[*30]人間の労苦と生命は同じ終末をもつ。神祇官法による埋葬の神聖はこのようなものである。[*31]

嵐の激しさのために海から救い上げることができなかった者たちを埋葬せずに放置したかどにより、彼らは無実の者たちを死刑に処した。[*32]またこの論争において、わたしは国民の主張にくみしたのではなく、正しい人々の主張にくみした。[*33]

なぜなら、もしあなたがいかなる権利も、あるいはわずかの権利しか与えないなら、勢力のある国民に抵抗することは容易でないからである。[*34]しかしその人に、願わくはわたしが忠実に［十分に］真実を予言できることを。[*35]

九

［9］国民の喚声と喝采があたかもある偉大な、賢明な教師のそれのように彼らに与えられるとき、いかなる暗闇を彼らは広げることか。いかなる恐怖をもたらすことか。いかなる欲望を燃え上がらせることか。*36

一〇

［10］スキーピオー「彼ら〔ローマ人〕は、演劇や舞台のすべてを恥ずべきものとみなしたので、その種類の人間がそのほかの市民の名誉を欠くのみでなく、さらに監察官の付記*37によって区からよそへ移されることを欲した。*38」

［11］………スキーピオー「喜劇は、もし生活の習慣が許さなかったなら、その恥ずべき行為を劇場において是認させることはできなかっただろう………

それ〔喜劇〕は誰を攻撃しなかったか。いや、むしろ誰を迫害しなかったか。誰を容赦したか。ともあれ、それは不正な民衆扇動家、国家において反逆的な人物、クレオーン*39やクレオポーン*40やヒュペルボロス*41を傷つけた。そのような市民は詩人よりも監察官によって譴責されるほうが望ましいが、それは大目に見るとしよう。しかし、ペリクレース*42が戦時と平時において、きわめて長いあいだ最大の権威をもって彼の国を支配したとき、彼を詩行で辱しめ、その詩行を舞台で口にすることは、わたしたちのプラウトゥス[*43]またはナエウィウス[*44]がプブリウスとグナエウス・スキーピオー[*45]を、あるいはカエキリウス[*46]がマルクス・カトー[*47]を誹謗しようと欲した場合と同様に、ふさわしいことではなかった[*48]……

［12］……これに反しわたしたちの十二表法は、ごくわずかの事柄について死刑を科したさいに、誰かが他人に汚名または恥辱を与える歌を歌ったり、または諷刺詩を作ったりしたなら、その場合もこれらの事柄の中に入るものとして同じ刑を科すべきだとみなした。それは立派なことである。じじつ、わたしたちは詩人の才能ではなく、政務官の判決や法律に基づく決定のもとに置かれた生活をもつべきであり、また返答し法廷で弁護することが許されるという条件のもとでなければ非難に耳を貸すべきではない……

……昔のローマ人は存命中の誰かが舞台で称賛され、あるいは非難されることを好まなかった[*49]。」

一一

［13］……きわめて雄弁な人であったアテーナイのアイスキネースは、青年時代に悲劇の俳優として活躍したにもかかわらず国政に携わり、またアテーナイ人は同様に悲劇俳優であったアリストデーモスを、平和と戦争にかんするもっとも重要な事柄について、しばしば

ピリッポスのもとへ使節として派遣した。[*50]

一二

[14] 腕輪[*51]……

訳注

*1 ノーニウス『学識要覧』五〇〇・九。
*2 ラクタンティウス『神的教理』五・一一・二。
*3 アウグスティーヌス『ユーリアーヌス論駁』四・一二・五九。
*4 ノーニウス『学識要覧』二三四・一四。
*5 ノーニウス『学識要覧』三四三・二〇。
*6 ノーニウス『学識要覧』一五九・一六。
*7 六つの投票団をもつ騎士百人隊のことか。セルウィウス・トゥッリウスの改革(二・三九―四〇)参照。
*8 第一巻訳注*86参照。馬の返却とは、公の馬のことか(二・三六参照)。
*9 アリストテレース『政治学』一・一二五二b―一二五三a参照。
*10 セルウィウス『ウェルギリウス『アエネーイス』注解』五・五四六への注。
*11 ノーニウス『学識要覧』二〇・一二。プルータルコス『対比列伝』「リュクールゴス」一七―一八参照。

＊12　セルウィウス『ウェルギリウス『アエネーイス』注解』一〇・三二五への注。

＊13　ephebi の訳。アテーナイでは十八歳になった男子はエペーボイと呼ばれ、最初の一年間を教練で、次の一年を軍務について過ごした。

＊14　ペロポンネーソス半島の北西部の国。オリュンピアの競技を主宰した。

＊15　ギリシア本土ボイオーティア（アッティカ地方の北）の都市。

＊16　ノーニウス『学識要覧』三六二・一一。プラトーン『国家』三・四一六D―四一七B参照。

＊17　ノーニウス『学識要覧』三〇八・三八。プラトーン『国家』三・三九七E―三九八A参照。

＊18　ノーニウス『学識要覧』二四・五。

＊19　ノーニウス『学識要覧』四二三・四。

＊20　ノーニウス『学識要覧』四九九・一三。

＊21　ノーニウス『学識要覧』五・一〇。

＊22　ノーニウス『学識要覧』三〇六・三。

＊23　ノーニウス『学識要覧』二三・一七および二一。

＊24　ノーニウス『学識要覧』二四・一五。

＊25　ノーニウス『学識要覧』二四・一一。

＊26　ノーニウス『学識要覧』一九四・二六。「［わたしの］」の個所は不確かである。

＊27　オッソリンスキ文庫所蔵写本a一六〇三、一〇八頁＝『ポンペイウス・トログス『歴史』断片集』（A. Bielowski 編）XV頁以下。第二巻訳注＊145参照。

＊28　アウグスティーヌス『書簡』九一・三。

＊29　ノーニウス『学識要覧』四三〇・二九。十二表法への言及か。

＊30　ノーニウス『学識要覧』四三〇・二九。

＊31　ノーニウス『学識要覧』一七四・七。

＊32　ノーニウス『学識要覧』二九三・四一。前四〇六年のアルギヌーサイ（レスボスに近いエーゲ海の三つの島）の海戦におけるアテーナイ軍指揮官についての言及。彼らは戦死者を埋葬しなかったため裁判にかけられ、死刑の判決を受けた。クセノポーン『ヘレーニカ』一・七参照。

＊33　ノーニウス『学識要覧』五一九・一五。

＊34　プリスキアーヌス『文法教程』一五・四・二〇（M. Hertz 編『ラテン文法家集』「プリスキアーヌス」三・七六・一四）。

＊35　ノーニウス『学識要覧』四六九・一六。テクストは不確かである。

＊36　アウグスティーヌス『神の国』二・一四。詩人、とくに喜劇詩人についての言及。

＊37　監察官の付記（notatio censoria）とは、戸口調査にさいして監察官が国民の義務その他に違反したと認定する家長または家族の名にそのむねを付記し、このような付記をした者には特定の不利益を蒙らしめたもの。すなわち監察官の裁量によってその者が属する区を有利な郊外の区から不利な市内の区に移し（tribu movere）、または通常の何倍かの税金を課し（aerarium facere）、また元老院議員にふさわしくないと判定した者を元老院から除いた。

＊38　アウグスティーヌス『神の国』二・一三。

＊39　アテーナイの民主派の政治家（前四二二年没）。

＊40　アテーナイの民主派の指導者。前四一〇―前四〇六年頃アテーナイ市の財政を管理した。

＊41　アテーナイの民衆扇動政治家（前四一一年没）。

＊42　一・二五参照。

＊43　ローマの喜劇詩人（前二五〇頃―前一八四年）。主にギリシアの新喜劇（前四世紀後半から前三世紀）の作品を翻訳あるいは翻案した。

＊44　ローマの詩人（前二七〇頃―前二〇〇年頃）。ギリシア喜劇の翻案、歴史劇、叙事詩を書いた。

＊45　プブリウス・コルネーリウス・スキーピオー。第一巻訳注＊4参照。

＊46　グナエウス・コルネーリウス・スキーピオー・カルウス。第一巻訳注＊4参照。

＊47　ガーイウス・カエキリウス・スターティウス（前一六八年没）。喜劇詩人、ギリシア喜劇の翻案を行った。

＊48　第一巻訳注＊9参照。

＊49　以上一一―一三節は、アウグスティーヌス『神の国』二・九からの引用。

＊50　アウグスティーヌス『神の国』二・一一。アイスキネースは、アテーナイの弁論家（前三九七頃―前三二二年頃）。マケドニア王ピリッポスとのあいだに結ばれたピロクラテースの和平（前三四六年）の締結のさい使節の一人として派遣され、政治的にデーモステネースと対立した。アリストデーモスは同様にピリッポスのもとへ派遣されたほか、ソポクレース『アンティゴネー』の主役を務めたと言われる。

＊51　プリスキアーヌス『アエネーイス』全巻第一行の分析』一・一四（M. Hertz 編『ラテン文法家集』「プリスキアーヌス」三・四六二・三一）。

第五巻

一

［1］ローマの国はいにしえの慣習と人によって立つ。*1

彼はこの詩行を、簡潔と真実のゆえに、あたかもある予言から得て述べたようにわたしには思われる。*2 じじつ、国がそのような慣習をもたなかったなら、人のみがかくも大きく、かくも広遠に支配する国家を建設することも、そのように長く維持することもできなかっただろうし、またこれらの人が指揮をしなかったなら、慣習のみがそうすることはできなかっただろう。したがって、わたしたちの記憶以前に父祖の慣習そのものが優れた人々を用い、卓越した人が昔の慣習と祖先の制度を保持したのである。

［2］しかし、わたしたちの世代は、国家を、古色蒼然であるにせよ優れた絵画のように受け取ったとき、その元の色彩で修復することをなおざりにしたのみならず、少なくともその形といわば輪郭線を保つよう配慮すらしなかった。じじつ、彼がそれによってローマの国

が立つと述べた昔の慣習のうち、何が残っているのか。わたしたちは、それが忘れられ見る影もなくなった結果、もはや大切に守られていないのみならず、すでに知る人もいないのを見る。一方、人については何を言おう。慣習そのものが人物の欠乏によって滅びたのであるから。この大きな禍いについてわたしたちは釈明しなければならないのみか、あたかも死刑または市民権剝奪を求刑された被告人のようにわたしたち自身をなんらかの仕方で弁護しなければならない。なぜなら、なんらかの偶然ではなく、わたしたちの過失によって、わたしたちは名の上では国家を保持してはいるものの、事実上ずっと前にそれを失ったのであるから。*3

二

［3］スキーピオー（?）「………〈何ものも〉公正の解説ほど王にふさわしいものはない。その中には法の解釈が含まれていたが、この法を私人は王から求めるのがつねであった。またその理由から、豊かな土地、農地、果樹園、牧場が、王に所属するものとして、王のための労苦や労働によらずに手入れされるべく定められたので、私事にかんする心配が王を国民のための政務から遠ざけることはなかった。しかし、私人は誰も訴訟の審理者*4または裁定人*5になれず、すべてが王の判決によって決定された。またじっさい、わたしにはわが国のヌマ*6がギリシアの王に見られるこの古い慣習を厳守したと思われる。なぜなら、ほかの王は、た

とえこの任務をも果たしたとはいえ、主として戦争を行い、戦時の法を守ったのであるが、一方、ヌマ治世下のあの長い平和は、この都市にとって法と宗教の母親であったからである。彼はさらに、あなたがたが現存しているのを知っている法律の起草者であった。そのことは、じつはわたしたちが論じているこの市民の特別な任務である……」

三

[4] しかし、なお有能な家長の場合のように耕作、建築、算術のなんらかの経験が必要である。[*7]
[5] スキーピオー「……根[*8]と種子の……を知ることはあなたを不快にさせないだろうね。」
マーニーリウス「いや、けっして、もしその必要があるならば。」
スキーピオー「あなたはそれが農場の管理人の仕事と思うかね。」
マーニーリウス「けっして。土地の耕作にはたいていの場合労力が不足するだろうから。」
スキーピオー「それでは、農場の管理人が土地の性質を見分け、財産管理人が文字を解し、また両者とも知識の楽しみから実際的利益へと向かうように、わたしたちのこの指導者はたしかに法と法律を理解するべく努め、いずれにせよその根源を見きわめるだろう。しかし、彼は頻繁な法律相談、書類の調査、作成によって妨げられてはならない。こうして彼は、それなくしては誰一人正しくありえない最高の法にもっとも造詣の深い者として、また市民法について経験ある者として、しかし舵手が星辰について、医者が自然学について知識をもつごとく、国家をいわば財産のように管理し、そこであたかも農場のように支配することができるだろう。じじつ、舵手や医者は両者ともその知識を彼らの技術のために用いるのであるが、それによって彼らの任務を妨げられることはない。しかし、この者はそのことを見るだろう……」

四

［6］「……国において……そこではもっとも正しい人々が称賛と名誉を求め、不名誉と恥辱を避ける。しかし、彼らは法律が定めた刑罰と恐怖によって思いとどまるというよりも、むしろ自然が不当ではない非難にたいする一種の恐れとして人間に与えた羞恥心によって思いとどまるのである。国政の指導者はこの感情を世論によって増大させ、制度と陶治によって徹底させたが、それは羞恥心が恐怖と同様に市民を犯罪から遠ざけるためであった。そして、このことはたしかに称賛と関係があるが、それについてはさらに広範にわたってくわしく述べることができるだろう。

五

［7］しかし、生活および生活の現実にかんしては、適法な結婚[*9]、嫡出子[*10]、家の守り神ペナーテース[*11]やラレース神[*12]を祀る場所の奉納によって、すべての者が共同の便宜と各自の便宜を享受することができ、また正しい国家なくして正しく生きることを不可能となし、正しく組織された国よりも幸福なものは何一つありえないようにするための方策が講じられた。それゆえ、何がかくも大きな……わたしにはいつもきわめて不思議に思われる……」

六

［8］スキーピオー「じじつ、舵手にとって安全な航海が、医者にとって健康が、指揮官にとって勝利が目標として与えられるように、この国家の指揮者にとっては市民の幸福な生活、すなわち資力において固められ、財産において富み、栄光において偉大で、徳において誉れある生活が目標として与えられる。というのは、わたしは彼が人間のもとにおいて最大最善であるこの仕事の遂行者となることを望むからである[*13]。」

……国民の意志に従うよりもその利益をはかる者[*14]……

七

［9］〔彼は〕栄光によって養われるべきであり、……自分たちの祖先は栄光を熱望したため驚嘆すべき優れた多くのことを行った。*[15]

国の指導者は栄光によって養われるべきであり、またすべての者から名誉が指導者に与えられるかぎり国家は存続する。*[16]……

そのとき徳と労苦と勤勉によってもっとも優れた者の才能を［求められるだろう］、もし狂暴な性質がなんらかの仕方であまりにもはげしく彼を……のでなければ。*[17]

その徳は勇気と呼ばれ、その中には心の偉大さ、死と苦痛の大胆な軽視が含まれる。*[18]

八

［10］マルケッルスははげしく好戦的で、マクシムスは慎重で緩慢であるから*[19]……

世界に包含されて*[20]……

なぜなら、彼は自分の老年の悩みをあなたがたの家族に分けもたせることができるだろうから。*[21]

九

［11］ラコーニアの人メネラーオスが一種のさわやかな弁論の魅力をもっていたように。[22]
彼は話すさいに弁論の簡潔さを守るべきだ。[23]
スキーピオー「また、国家において選挙と意見の表明よりも潔白であるべきものは何一つないのであるから、なぜ金でそれを買収した者が刑罰に値し、雄弁で買収した者が称賛すら得るのかわたしには分からない。じっさい、わたしには、賄賂によって審判人を買収する者よりも弁論によってそれをする者のほうが次の点でよりいっそう悪いことを行うように思われる。すなわち、慎しみ深い人を金で買収することは誰もできないが、弁論ではできるからである。[24]」
スキーピオーがこう言い終えたとき、ムンミウスは大いに賛成して〔彼は弁論家にたいする一種の憎悪に満たされていたから[25]〕………
そのとき最良の苗畑に優れた種子が蒔かれただろう。[26]

訳注

＊1　エンニウス『年代記』からの引用。
＊2　たとえばデルポイの神託は、ヘクサメトロス（六脚律）の詩行で述べられ、しばしば難解であった。

＊3　アウグスティーヌス『神の国』二・二一。
＊4　disceptator の訳。
＊5　arbiter の訳。
＊6　二・二五以下参照。
＊7　ノーニウス『学識要覧』四九七・二三。
＊8　radicum と読む。
＊9　ローマでは一夫一婦制が守られた。適法な結婚（iustae nuptiae, iustum matrimonium）を行うためには当事者に通婚能力（conubium）があることを必要とした。通婚能力とは、ひろく婚姻の実質的成立要件を意味する。たとえば前四四五年のカヌレイウスによる平民会決議は、以前に禁止されていた貴族と平民とのあいだの結婚を認めたという（二・六三および第二巻訳注＊135参照）。そのほか年少者（女性の場合十二歳未満）、近親者、外国人、奴隷などとの結婚は認められなかった。
＊10　家長（pater familias）は自分の、またはその父権（patria potestas）のもとにある男子の、適法な結婚によって生じた子供にたいし父権を取得した。
＊11　元来貯蔵食料品（または食料品貯蔵庫）の神であったという。竈の神ウェスタ（第二巻訳注＊54参照）やラレース神（次注参照）とともに家の守り神として祀られた。
＊12　家の守り神。起源については、死者の霊であったという説と、農地の守り神であったという説がある。
＊13　キケロー『アッティクス宛書簡集』八・一一・一。
＊14　アウグスティーヌス『書簡』一〇四・七。
＊15　アウグスティーヌス『神の国』五・一三。
＊16　ポワティエのペトルス『中傷者たちへの反駁の書簡』（J. P. Migne 編『教父学大成』「ラテン篇」一

八九・五八）。
＊17　ノーニウス『学識要覧』二三三・三三。テクストは不確かである。「［求められるだろう］」の個所は、tueretur（彼が守るだろう）、quaerere daretur（求めることが許されるだろう）という読みが提案されている。
＊18　ノーニウス『学識要覧』二〇一・二九。
＊19　ノーニウス『学識要覧』三三七・三四。人名については、第一巻訳注＊5、＊6参照。
＊20　カリシウス『文法』（H. Keil 編『ラテン文法家集』一・一三九・一七）。
＊21　ノーニウス『学識要覧』三七・二六。
＊22　ゲッリウス『アッティカの夜』一二・二・六、七。ラコーニアは、スパルタがある地方の名。メネラーオスは、伝説的なスパルタ王でトロイア戦争の原因となったヘレネーの夫。叙事詩『イーリアス』やギリシア悲劇にしばしば登場する。
＊23　ゲッリウス『アッティカの夜』一二・二・六、七。
＊24　アンミアーヌス・マルケッリーヌス『歴史』三〇・四・一〇。このような行為は多くの法律によって禁止されていた。不当選挙運動（ambitus）については、キケローが制定したトゥッリウス法（前六三年）、さらにカルピニウス法（前六七年）などがある。
＊25　ノーニウス『学識要覧』五二一・一二。
＊26　作者不明『ウェルギリウス『ゲオールギカ』注解』一・一への注。

第六巻

一

［1］だから、あなたはこの指揮者から思慮〔prudentia〕のすべてを期待する。これはその名称自体を、あらかじめ慮《おもんぱか》る〔provideo〕ことから得た。*1

それゆえ、この市民は国の政体を動揺させるものにたいしてつねに武装している用意がなければならない。*2

市民のその不和は、彼らが別々に〔seorsum〕異なる者の所へ行くゆえに離反〔seditio〕と言われる。*3

そして実際に市民の不和において、正しい側は多数の側より優勢であるゆえに、市民を数ではなく、重さではかるべきだとわたしは思う。*4

なぜなら、思考の厳しい専制支配者である欲望は、いわば限りない事柄を強制し、また命令するから。それは満足させることも飽かせることもまったく不可能であるゆえに、その魅力によって燃え上がらせた人々をあらゆる犯罪へ駆り立てる。*5

その力と、解き放たれたあの狂暴を挫いた者。*[6]

二

［2］このことは、じつに次の理由によりいっそう大きかった。すなわち、彼らは同僚として同じ立場にあったにもかかわらず、同じ嫉視をかわなかったのみか、さらにグラックスの人気がクラウディウスへの嫉視を和らげていた。*[7]

………貴族や指導者の一団にたいして提供したその人は、自分の声と威厳の、あの憂鬱な、品位に満ちた音を残す。*[8]

彼が書いているように、毎日千人が紫色に染めた外衣を着けて中央広場《フォルム》へ降りてきた*[9]

………

これらの人々のあいだであなたがたが覚えているように、金で集められたまったく無分別な民衆の集合によって葬式は突然華やかとなった。*[10]

なぜなら、わたしたちの祖先は結婚が確固として安定することを望んだからである。*[11]

わたしたちが皆手にもっているラエリウスの演説は、神祇官の供儀用杯と、彼の言葉を借りれば、サモスの供物皿が、いかに不死なる神々に喜ばれるかを*[12]………

三

［3］彼は火葬の積み薪に置かれてから生き返り、黄泉の国について多くの秘密を語った。*13魂の不滅や天界について語られていることは夢を見る哲学者の作り話では〈なく〉、またエピクーロス派の人たちが嘲笑するような信じ難い寓話でもなく、賢者による推測である。*14

四

［4］彼〔プラトーン〕はそれが真実であると言うつもりだったというよりも、むしろ劇を作ったのである*15……

五〜七

［5〜7］〔欠〕

八

だ。」

［8］スキーピオー「しかし賢者にとっては卓越した業績の自覚そのものが徳のもっとも誉れある褒賞であるにせよ、その神的な徳は鉛で基部を固められた像や干からびる月桂樹で飾られた凱旋式ではなく、いわばより永続的な、よりみずみずしい褒賞の類を望んでいるのだ。」

ラエリウスは言った。「それはいったいどのようなものであるか。」

スキーピオー「あなたがたはわたしに許していただきたい、すでにわたしたちは祭日の三日目を迎えるのであるから[*16]……」

訳注

＊1　ノーニウス『学識要覧』四二・三。
＊2　ノーニウス『学識要覧』二五六・二七。
＊3　ノーニウス『学識要覧』二五・三。
＊4　ノーニウス『学識要覧』五一九・一七。
＊5　ノーニウス『学識要覧』四二四・三一。
＊6　ノーニウス『学識要覧』四九二・一。
＊7　ゲッリウス『アッティカの夜』七・一六・一一、ノーニウス『学識要覧』二九〇・一五。ガーイウス・クラウディウス・プルケルとティベリウス・グラックスは、前一六九年ともに監察官となった。クラウディウスは、前一七七年執政官、前一七一年に軍団副官としてギリシアに出征、強固な意志をもつ保守派の代表として元老院の権威を守り、新興の騎士階級に圧迫を加えた。グラックスは、前一七七年執政官

としてサルディニアを制圧、前一六三年執政官、優れた将軍、外交官として有名。グラックス兄弟（第一巻訳注＊85参照）の父。

＊8　ノーニウス『学識要覧』四〇九・三一。テクストは不確かである。「提供した」はobtudit（苦しめた）の読みもある。

＊9　ノーニウス『学識要覧』五〇一・二七。

＊10　ノーニウス『学識要覧』五一七・三五。

＊11　ノーニウス『学識要覧』五一二・二七。

＊12　ノーニウス『学識要覧』三九八・二六。サモスは、小アジアの西海岸沖にある島。古くから工芸品の生産地、建築家の出身地として知られる。

＊13　ファウォーニウス・エウロギウス『「スキーピオーの夢」論』（A. Holder編）一・五。プラトーン『国家』一〇・六一四―六二一参照。

＊14　ファウォーニウス・エウロギウス『「スキーピオーの夢」論』（A. Holder編）一・五。

＊15　アウグスティーヌス『神の国』二二・二八。

＊16　マクロビウス『キケロー「スキーピオーの夢」注解』一・四・二以下。なお、凱旋式を行う者（ふつう命令権をもつ政務官で外国軍にたいして勝利を得た者）は栄光の印として月桂樹の枝を手にもち（あるいはそれで作られた冠を着け）、凱旋車に乗った。第六巻「スキーピオーの夢」訳注＊13参照。

スキーピオーの夢

九

［9］スキーピオー「わたしが執政官マーニウス・マーニーリウス[*1]のもとで、あなたがたも知っているように第四軍団の副官[*2]としてアフリカに来たとき、わたしたちの家にとって当然の理由から、もっとも親しい友人であった王マシニッサ[*3]を訪問することほどわたしにとって望ましいものはなかった。わたしが彼を訪れたとき、老人はわたしを抱いてひどく涙を流したが、ほどなく天を見上げて言った。

『至高の太陽[*4]よ、そして他の天上の神々よ、あなたとあなたがたに感謝します、わたしがこの世を去る前にわたしの王国とこの屋根の下でプブリウス・コルネーリウス・スキーピオーにまみえたことを。その名を聞くだけでわたしは生きかえる心地です。［また］このように、あのきわめて優れた無敵の勇士[*5]の記憶は、わたしの心から去ることがないのです。』

それから、わたしは彼にその王国について、彼はわたしにわたしたちの国家についてくわしく尋ねた。そしてその日は、わたしたちが互いに多くの話を交わすうちに過ぎた。

一〇

［10］さらにそのあと贅を尽くした王のもてなしを受けて、わたしたちは夜が更けるまで話を続けたが、そのさい老人はアーフリカーヌスについて以外何一つ語らず、また彼の行為のみならず言葉のすべてを追憶した。それからわたしたちがそれぞれ就寝のため退いたとき、道中の疲れから、また夜遅くまで起きていたため、いつもより深い眠りがわたしをとらえた。そこへわたしのもとに――たしかにわたしたちが話をした事柄からと思う。じじつ、わたしたちの思考や話は眠りの中でこのような一種の現象を生み出す。それはエンニウス[*6]がもちろんたいてい起きているときに考え語るのをつねとしていたホメーロスについて書いているようなものだ――アーフリカーヌスが現れた。それは彼自身というより、彼の肖像[*7]からわたしが覚えていた姿であった。彼に気づいたとき、わたしはたしかに震えたが、しかし彼は言った。

『落ち着いて、恐れるのをやめるように、スキーピオーよ。そしてわたしの話すことを心にしっかりと留めるように。

一一

［11］おまえにはあれが見えるか、わたしによってローマ国民に従うことを余儀なくされたが、以前の戦争[8]をふたたび始め、平和を守ることのできない都が。』

そう言いながら彼は、とある高まった、星で一杯の、明るく輝く場所からカルターゴーを示した。

『それを攻囲するため、おまえはいま一兵士に近い者として来たが、この二年のうちに執政官[9]となってそれをくつがえすだろう。そしておまえは、これまでわたしから世襲のものとしてもっている添え名[10]を、おまえの実力によって獲得[11]することになろう。さらにおまえは、カルターゴーを破壊し、凱旋式を行い、監察官を務め、使節としてエジプト、シリア、小アジア、ギリシアを訪ねたとき、留守中にふたたび執政官に選ばれて[12]最大の戦争を終結させ、ヌマンティアを絶滅するだろう。しかし、おまえは凱旋車でカピトーリウムの丘[13]へ乗り込むとき、わたしの孫[14]の策謀によって国家が混乱に陥っているのを見出すだろう。

一二

［12］そこで、アーフリカーヌスよ、おまえは勇気と才能と思慮の光を祖国のために掲げなければならないだろう。しかし、そのときいわば運命の道が分かれるのをわたしは見る。というのは、おまえの年齢が太陽の循環と回帰を七回ずつ八遍行い[15]、それぞれ別の理由から完全とみなされているこの二つの数[16]が自然の周行によっておまえの運命の総計を成就したと

き、国はこぞっておまえ一人のほうに、おまえの名のほうに向かうだろう。元老院、すべての正しい市民、同盟国、ラティーニー人はおまえを見つめるだろう。*17 おまえは国の安全を支える唯一の者となるだろう。そして手短かに言えば、おまえはもし近親者の邪悪な手*18から逃れるなら、独裁官として国家を確立させる任を負うだろう。』」

そこでラエリウスが叫び声をあげ、ほかの者たちが深い溜め息をついたので、スキーピオーは穏やかな笑顔で言った。「どうか静かに。わたしを眠りから起こさないように。そしてしばらくのあいだ話の続きを聞いて下さい。

一三

[13]『しかし、アーフリカーヌスよ、おまえが国家を守ることにいっそう熱心となるために、このように心得るがよい。祖国を守り、助け、興隆させた者すべてのために、天界において特定の場所が定められており、そこで彼らは至福の者として永遠の生を享受できる、と。というのは、全世界を支配する最高の神にとって、少なくとも地上で行われることで、法によって結ばれた、国と呼ばれる人間の結合と集合よりもいっそう気に入るものはないからである。これらの国の指導者と保護者は、ここから出てここへ戻ってくるのだ。』

一四

[14] そこでわたしは、死の恐れよりも近親者による陰謀にひどく驚いていたが、わたしたちが死んだものと考えている彼自身や父のパウルスやほかの人々がじつは生きているのか、となお尋ねた。

『もちろん』と彼は言った。『彼らは生きている。身体の束縛から、あたかも牢獄からのようにはばたいて逃れてきたのだ。しかし、おまえたちの生と呼ばれているものは死である。それ、おまえのほうにやって来る父パウルスがどうしておまえには見えないのか。』

わたしは彼を見たとき、じつに多くの涙を流したが、しかし、彼はわたしを抱いて口づけし、泣くのをやめるようにと繰り返し言った。

一五

[15] そこでわたしは涙を抑えて、話ができるようになるとすぐに言った。『聞いて下さい、もっとも畏敬すべき、もっとも優れた父よ、アーフリカーヌスの言葉を聞いたところでは、これが生であるから、なぜわたしは地上でぐずぐずしているのでしょうか。どうしてあなたがたのいるここへわたしは急がないのでしょうか。』

『そうではないのだ』と彼は言った。『というのは、もしその神が――おまえが見るすべてはこの神の聖域である*[19]――その身体の牢獄からおまえを解放したときでなければ、ここの入口はおまえのために開くことはないからだ。すなわち人間は、この聖域の真ん中におまえが見る、地球と呼ばれるあの天球を守るという掟*[20]のもとに生まれてきたのであり、彼らにはあの永遠の多くの火から魂が与えられたのである。おまえたちが星または星辰と呼ぶその火は球状で丸く、神の知性によって生命を得て、驚くべき速さでその周回と循環を行っている。それゆえおまえは、プブリウスよ、そしてすべての敬虔なる者は、魂を身体の牢獄の中に留めておくべきであり、また神によって課せられた人間の義務を避けたと思われないためには、おまえたちに魂を与えた者の命令によらずに人間の生から立ち去ってはならないのだ。

一六

［16］しかし、スキーピオーよ、このおまえの祖父のごとく、おまえを生んだわたしのごとく、正義と義務を重んじるように。それは親や近親者にたいしても大切であるが、とくに祖国にたいしては何にもまして重要なことである。そのような人生が天界へ、そしてすでに生を終え身体から解放されてあの場所、おまえが見ている場所に住む人々の集まりへと導く道なのだ』――それは多くの星の炎の中でひときわ明るい白光に輝く環であった――『それをおまえたちはギリシア人から学んで乳の環*[21]と呼んでいる。』

そこからすべてを眺めているわたしには、ほかの星はみごとで驚嘆すべきものに見えた。さらにわたしたちが地上からけっして見ることのない星があり、すべてがわたしたちの想像を絶する大きさをもっていた。その中で、天からもっとも遠く、地球〈から〉もっとも近くにあって、よそからの光で輝く星[*22]がいちばん小さかった。また多くの星の球体は、地球の大きさを軽く越えていた。じつに、地球そのものがあまりに小さく見えたので、わたしはわが国の領土を不満に思った。わたしたちはそれによって地球上のいわば一点に触れるにすぎないからである。

一七

〔17〕わたしが地球をいっそう熱心に眺めていると、『聞きなさい』とアーフリカーヌスが言った。『いつまでおまえの心は大地に縛りつけられているのか。おまえがどのような聖域の中に入ってきたのか気づかないのかね。万物は九つの環、正確に言えば球によって結ばれていて、その一つは天球で、いちばん外側にある。それは残りのすべてを包括し、みずから最高の神としてほかのものを包み囲むのだ。また、その中に星々の回転するあの永遠の軌道が固定されている[*23]。その下には七つの球があり、天界とは反対の運動によって逆の方向に回転している。これらの球の一つを所有するのが、あの、地上でサートゥルヌスの星〔土星〕[*24]と呼ばれるものだ。その次に人類に恵みと益を与える、あのユッピテルの星〔木星〕と呼ば

れる光がくる。それから赤く輝く、地球にとって恐ろしい、マルスの星〔火星〕と呼ばれる光がくる。ついで太陽がその下のおよそ中央の空間を占める。それはほかのすべての星の指揮者、支配者、統治者、また宇宙の精神および統治原理であり、あらゆるものがその光で輝き満たされるほどの大きさをもっている。この太陽のあとをあたかも幕僚のように一方ではウェヌス〔金星〕の、他方ではメルクリウス〔水星〕の軌道が従う。また、もっとも下の環には月が太陽の光線に照らされて回転する。しかしその下には、神々の贈物として人類に与えられた魂を除いて、滅びやすく死すべきもの以外もはや何一つないが、月より上はすべてが不滅である。なぜなら、九番目の、中心にある地球は動くことなく、もっとも下にあり、重さをもつものはすべてその重力によってその中へすみやかに引き込まれるからである。』

一八

〔18〕わたしはこれらを呆然と眺めていたが、我に返って言った。『これは何ですか。わたしの耳を一杯に満たすかくも大きな、かくも甘美な音は何ですか。』

彼は言った。『これはあの音だ――互いに不同の、しかし一定の比率で規則的に分けられた間隔によって区切られ[*25]、いくつもの環自体の衝撃と運動によって作られる音だ。またそれは高い音と低い音をほどよく混ぜ合わせて、さまざまな、しかしおしなべて、和音を作り出している。じじつ、このように大きな運動は音を立てずに起こすことは不可能であり、またその自然本性により、一方の端からは低く、他方の端からは高く音が響く。それゆえ、星を運ぶもっとも高い天球の軌道は[*26]、その回転がより急であるから高く鋭い音を出して動き、他方、いちばん下の、この月の軌道はもっとも低い音を出して動く。というのは、地球は九番目で不動であり、宇宙の中心地を占めて、つねに一つの場所に留まるからだ。しかしその八つの軌道は、そのうち二つ[*27]が同じ速度をもつので、環の間隔によって区切られる七つの音を生み出すが、その数[*28]はおよそ万物の結び目である。学者はこれを弦や歌曲において模写することにより[*29]、この場所へ彼らの帰還の道を開いたが、それは人間の生《よ》に卓越した才能を神に近い仕事に捧げたほかの人々の場合と同じであった。

［19］さて、人間の耳はこの音によって満たされて感じなくなった。おまえたちには、それより鈍い感覚はほかにない。たとえば、ナイル河があのカタドゥーパ[*30]と呼ばれるあたりできわめて高い山並みから落下するところでは、その場所の近くに住んでいる民族は、音の大きさのため聴覚を欠いている。しかし、この全宇宙の急激な回転による音はかくも大きいので、人間の耳はそれをとらえることができない。それはおまえたちが太陽をまともに見ることができず、その光線によって視力と視覚が圧倒されるのと同じである。』

わたしはこれらのものに感嘆しながら、やはり何度も地球のほうに目を向けた。

一九

[20] そのときアーフリカーヌスは言った。『わたしはおまえがいまもなお人間の住居と家を眺めているのを見る。もしそれが事実のとおり小さくおまえに見えるなら、つねにこの天界の光景を眺めるように。そして、あの人間のものを軽蔑するように。じじつ、おまえは人間の噂からどのような名声を、あるいは追求に値するどのような栄光を得ることができるのか。おまえは、地上に点在する狭い場所に人が住み、そして人の住んでいるいわば染みの中にさえ広大な荒野が置かれているのを見る。またおまえは、地球に住む者が彼らのあいだにいかなる交流もありえないほど隔てられているのみならず、おまえたちからある者は斜め*31に、ある者は横*32に、さらにある者は逆さ*33になっているのを見る。彼らからおまえたちはたしかにいかなる栄光も期待することはできない。

二〇

[21] さらにおまえは、その地球がいくつかのいわば帯によって取り巻かれ囲まれているのを認める。そのうちの、互いのあいだがもっとも離れていて、両側の、天極そのものの下にある二つの帯が氷で凍結し、他方、真ん中の、あの最大の帯が太陽の熱で焼かれているの

をおまえは見る。二つの地帯は居住可能であるが、このうち、そこに立つ者がおまえたちとは反対側から足跡を印す〔対蹠となる〕あの南の地帯は、おまえたちの人種とまったく関係がない。他方、おまえたちの住んでいる、北風[*34]にさらされた地帯の、いかにわずかな部分がおまえたちの国に触れているかを見よ。じじつ、おまえたちの住む大地全体は、天極から天極へかけて[*35]狭く、幅において[*36]やや広く、いわば小さな島であって、地上のおまえたちがアトラースの海、大海、オーケアノスと呼ぶ海[*37]によって周りを洗われている。しかしおまえは、その海がかくも大きな名前の割に、いかに小さいかを見る。

［22］これらの人の住む、すでに知られた土地そのものからおまえの名、あるいはわたしたちの誰かの名が、ここに見えるカウカソス[*38]を越え、またはあのガンジス河を泳ぎ渡ることを果たしてなしえただろうか。そのほか太陽が昇り、あるいは沈む果ての、または北風あるいは南風の吹く果ての地方において、誰がおまえの名を聞くだろうか。それを切り捨てたなら、おまえたちの栄光がいかに狭隘な所で広がることを望んでいるかを、おまえはたしかに認める。さらにわたしたちについて語る人々でさえ、どれだけ長く語り続けるだろうか。

二一

［23］それればかりか、もしあの将来の人間の世代が、わたしたち一人一人の称賛を父祖から受け継いで後世の者に絶えることなく伝えたいと望んでも、やはり一定の時期に必然的に

襲う大地の洪水や大火のために、わたしたちは、永遠とは言わずとも、長続きする栄光すら得ることはできない。しかし、のちに生まれた者がおまえについて語るということは、前に生まれた者が何一つ語らなかったとき、どのような意味があるのか――

二三

［24］前に生まれた者は数がより少なくないばかりか、たしかにいっそう優れた者であった――とりわけわたしたちの名を耳にすることができる人々のもとにおいてさえ、一年のあいだ名を覚えていてもらうことは誰一人できないのだから。*39 そのわけは、人間はふつう一年を太陽だけの、つまり一個の星の回帰によって計る。しかし実際には、すべての星がいったん出発した元の地点へ戻り、長い間隔をおいて天全体の同じ配置をふたたびもたらしたとき、それをほんとうに「一めぐりの年」*40 と呼ぶことができるからだ。この「一年」の中にどれほど多くの人間の世代が含まれるか、わたしに言えるものではない。じじつ、かつてロームルスの魂がまさにこの聖域の中へ入ってきたさい、太陽が欠けて消えるのが人々に見られたように、*41 いつか太陽がふたたび同じ位置において同じ時期に欠けるとき、すべての星座と星が出発点に戻って一年が満たされたと考えるように。しかし、その一年はまだ二〇分の一もめぐっていないことを知るべきだ。*42

二三

［25］それゆえ、偉大で卓越した者にとってはいっさいがかかっているこの場所へ戻ることをもしおまえが諦めるなら、わずか「一年」のごく小さな部分にさえ達することのできないおまえたち人間の栄光は、いったいどのような値打ちがあるのか。したがって、もしおまえが上を仰いでこの永遠の住居と家に目を注ぐことを欲するなら、民衆の噂に耳を傾けたり、おまえの行為において希望を人間的な褒賞に託したりしてはならない。徳そのものがその魅力によっておまえを真の名誉へ誘うべきであって、ほかの者がおまえについて何を言うかは彼ら自身に考えさせるがよい。いずれにせよ、彼らは言うだろう。しかし、その噂のすべてはおまえがそこに見る狭い領域に取り囲まれていて、誰についても永続したためしはなく、人間の死滅によって埋められ、後世の忘却によって消え去るのだ。』

二四

［26］彼がそう言い終えたとき、わたしは言った。『アーフリカーヌスよ、たしかに、もしほんとうに祖国のために尽くした者に天界の入口へのいわば道が開かれるなら、わたしは少年時代から父とあなたの足跡をたどり、あなたがたの名誉をゆるがせにしたことはなかった

とはいえ、いまかくも大きな褒賞がかけられたのでいっそう心を用いて努力しましょう。』彼は言った。『おまえはたしかに努力するように。そして死すべきものはおまえではなく、この身体であると心得るように。じじつ、その形が表すものはおまえではなく、精神こそが各人である。指で指し示すことのできる姿ではないのだ。したがって、おまえは神であると理解すべきだ、もし生命力をもち、感じ、記憶し、予見し、ちょうど最高の神がこの宇宙に君臨するようにその監督する身体を支配し、統治し、動かす者が神であるならば。そして、不死なる神みずからが一部は死すべきものである宇宙を動かすように、不滅の魂が脆い身体を動かすのだ。

二五

[27] じじつ、[43]つねに動くものは永遠である。しかし、あるものを動かしながらそれ自身他のものによって駆り立てられるものは、動くのをやめるとき生をやめることが必然である。したがって、みずから自己を動かすもののみが、自己からけっして見放されぬゆえに、けっして動くことをやめない。それればかりか、他の動かされるものにとって、これが動くことの源泉であり、これがその始源である。他方、始源にはいかなる起こりもない。なぜなら、あらゆるものは始源から生じるが、しかし始源自身は他の何ものからも生じることができないからである。じじつ、他のものから生じるものは始源ではないだろう。しかし、けっ

して生じないなら、滅びることもけっしてない。なぜなら、もし実際に始源からすべてのものがかならず生じるなら、始源が滅びるとき、それ自身他のものからふたたび生じないだろうし、また自己から他のものを作り出さないだろうから。したがって、動の始源はそれ自身が自己によって動かされるものに由来する、ということになる。しかし、このものは生じることも滅びることもありえない。そうでなければ、天界全体とすべての自然はかならずや崩壊して動きを止め、そして、動くために最初に衝動を与える力をもつことはけっしてないだろう。

二六

［28］したがって、みずから自己を動かすものは永遠であることが明らかになったいま、この性質が魂に付与されていることを誰が否定するだろうか。なぜなら、外からの衝動によって駆り立てられるものはすべて魂のないものであり、他方、魂をもつものは内からの、それ自身の動きによって動かされるものだからである。すなわち、それは魂に固有の性質であり、力である。それはすべてのもののうちで、みずから自己を動かす唯一のものであるなら、たしかに生じたものでなくて不滅である。

［29］この魂の力をおまえは最善の仕事において発揮するように。そして、その最善の仕事とは祖国の安全のための配慮であり、それによって駆り立てられ鍛えられた魂はよりすみ

やかにここへ、自己の住居と家へ飛来するだろう。そして魂はそれをいっそうはやく行うだろう、もしそれが身体の中に閉じ込められているときからすでに外へ出るべく努め、また、外にあるものを考察することにより、できるかぎり自己を身体から引き出そうとするのであれば。じじつ、身体の快楽に耽り、いわばその下僕となって、快楽に従う欲望の衝動のままに神々と人間の法を犯した者の魂は、身体から抜け出たとき地球そのものの周りをのたうち回るのであり、多くの世代を苛まれぬかぎり、この場所へは戻れないのだ。』

彼は去った。わたしは眠りから覚めた。*44」

訳注

*1　第一巻訳注*55参照。

*2　軍団副官（tribunus militum）のこと。各軍団ごとに六名（前四〇五年以後）が任命され、軍務のほかに兵士の規律の維持や陣営の管理に当たった。前四世紀のはじめ頃には執政官に代わってその職務を行った（執政官権限をもつ軍団副官）。のちに軍団の数が増えたとき、最初の四軍団の副官のみが民会によって選ばれ、残りは指揮官によって任命された。カエサル以後は軍団長（legatus）のもとに配属された副官を意味するようになる。

*3　前二四〇頃—前一四八年。北アフリカのヌミディアの王子としてカルターゴーで育ち、前二一二年から前二〇六年にかけてスペインにおいてカルターゴー軍とともにローマ軍と戦ったとき、大アーフリカーヌスの外交と友情によってローマ側についた。父の死後、一時母国を逃れたが、ローマの援助によって王国を回復し、第二次ポエニー戦争末期（とくに前二〇二年のザマの戦い）においてローマ軍を助け、また

る。第三次ポエニー戦争の直接の原因を作った。小アーフリカーヌスと会ったのち、ほどなく死んだと思われる。

＊4　ヌミディア人は太陽や他の星を崇拝したと伝えられる。

＊5　大アーフリカーヌスのこと。

＊6　エンニウスは『年代記』のはじめに、「〔眠りの中で〕詩人ホメーロスがわたしに現れた」と書いたと伝えられる。

＊7　蠟でできた仮面。家の廊下または広間の戸棚にしまってあった。大アーフリカーヌスは前一八四年に死んだが、小アーフリカーヌスの生まれは前一八五／一八四年であるから、直接顔を知らなかったことになる。

この仮面を所有することは、かつて高級政務官（執政官、法務官、高等造営官、監察官、独裁官）を出した家においてのみ許され（ius imaginum）、生前その職についた家族の一員が死んだとき、役者がこれらの仮面をつけて葬送の行列に加わる風習があった。

＊8　第一次ポエニー戦争（前二六四―前二四一年）、第二次ポエニー戦争（前二一八―前二〇一年）のこと。

＊9　前一四七年。カルターゴーは翌年陥落した。

＊10　アーフリカーヌスという称号。

＊11　前一四二年。

＊12　前一三四年。このときスキーピオーは立候補しなかったにもかかわらず執政官に選ばれ、翌年ヌマンティアを落とした。そのあと彼は都市を徹底的に破壊した。

＊13　凱旋式の行列は凱旋者を乗せた車とともに、マルスの野から凱旋門を通り、フラミーニウス競技場、聖道、中央広場を経てカピトーリウムの丘に到着した。そしてユッピテルの神殿において神に犠牲（白い

雄牛）が捧げられた。

＊14　彼の娘コルネーリアの子ティベリウス・センプローニウス・グラックスのこと。第一巻訳注＊85参照。小アーフリカーヌスは、グラックスの改革に反対したと伝えられる。

＊15　すなわち五十六歳。

＊16　七は三と四から成り、三は、はじめ、中、終わりをもつゆえに、また四は十までの数の第一の平方数であるゆえに、さらに八は十までの数の第一の立方数であるゆえに、それぞれ完全とみなされた。

＊17　ティベリウス・グラックスの農地改革法により、イタリアの同盟国およびラティウムは多くの土地をローマに取り上げられたため、小アーフリカーヌスに救いを求めたことを言う。

＊18　彼の死については、彼の妻センプローニアがグラックス兄弟の姉妹であったため、種々の憶測があった。しかし、彼の友人ラエリウスの葬送演説においては、彼の死は自然死として述べられたという。

＊19　本来鳥卜官が神意をうかがうために天および土地を区切った観察の場を意味する。

＊20　ストアの教えによれば、星は魂と同じ火から生み出され、ともに世界の火、神的な理性（ロゴス）の一部を授かる。

＊21　銀河のこと。なお、パウルスはこのあと会話に現れない。

＊22　月のこと。

＊23　恒星のこと。

＊24　太陽、月、遊星は一年のあいだに西から東へ動き、天は一日に東から西へ回転する。

＊25　disiunctus と読む。環と環とのあいだの間隔を言う。

＊26　恒星のこと。

＊27　一説によれば、金星と水星は速度が同じなので同じ音色を出す。

＊28　七の数。前注＊16参照。

＊29　ピュータゴラースは弦の長さと音色のあいだに一定の比例があることを発見したと伝えられる。国政に携わった者と同じく、宇宙の法則を認識した者の魂は天界に戻ることが許される。またスキーピオーは、二・六九において国政を音の調和にたとえている。

＊30　エチオピアとエジプトの国境近くの滝。

＊31　同じ経線上で、南半球の別の緯度に住む者。

＊32　一八〇度回転した経線上で、北半球の同じ緯度に住む者。

＊33　ちょうど反対側の経度および緯度に住む者（南半球の一八〇度回転した経線上に来る）。対蹠点。

＊34　北のこと。方向を表すさいに北風（北）、南風（南）などの表現が用いられた。

＊35　北から南にかけて。

＊36　東から西にかけて。

＊37　大西洋はその一部。ギリシア人は世界を取り巻いて流れる河（地上のすべての河の源でもある）をオーケアノスと呼んだ。

＊38　コーカサス山脈のこと。

＊39　この文は、前章の最後「……どのような意味があるのか」にかかる。

＊40　この一年については、プラトーン『ティーマイオス』三九Ｄ参照。

＊41　二・一七以下参照。

＊42　ロームルスの死（前七一六年）からスキーピオーの夢（前一四九年）までが五百六十七年とすると、「一年」は一万二千三百四十年以上か。

＊43　以下第二六章のはじめまで、キケローはプラトーン『パイドロス』二四五Ｃ—二四六Ａをラテン語に訳している。

＊44　第六巻の終わりであるとともに、本対話篇の終わりでもある。

個所不明の断片

一　おまえは努力せよ[*1]………

二　彼らは聳える[*2]………

三　ファンニウスにとって少年を褒めることは困難な問題である。なぜなら、行為ではなく、希望が称賛されなければならないから[*3]。

四　もし天の神々の国の中へ昇っていくことが誰かに許されるならば、わたし一人のために天の大門は開かれる。

たしかにそうである。アーフリカーヌスよ。なぜならヘーラクレースにもその同じ門が開かれたからである[*4]。

五

実際に……

自分自身を……

わたしたちは彼の中断によって決勝点そのものから呼び戻されたので[*5]……

訳注

＊1　ディオメーデース『文法』(H. Keil編『ラテン文法家集』一・三三九・三一)。
＊2　ディオメーデース『文法』(H. Keil編『ラテン文法家集』一・三七四・一七)。
＊3　セルウィウス『ウェルギリウス「アエネーイス」注解』六・八七五への注。
＊4　ラクタンティウス『神的教理』一・一八・一一以下。引用は、エンニウスの詩句。
＊5　セネカ『倫理書簡集』一〇八・三二以下。

法律について

登場人物

アッティクス、ティトゥス・ポンポーニウス
文人・実業家。幼少の頃よりマルクスと親しく交わり、彼の著作の普及に貢献した。

キケロー、クイントゥス・トゥッリウス
マルクスの弟。アッティクスの姉妹と結婚。優秀な軍人であったが、文学にも関心を示した。

キケロー、マルクス・トゥッリウス
ローマの代表的な弁論家、政治家、哲学者。前六三年の執政官。本対話篇の作者で主人公。

第一巻

一

〔1〕アッティクス　あの森とこのアルピーヌムの樫の木は見てそれと分かります——何度も『マリウス』[*1]で読みましたから。もしあの樫の木がいまも残っているなら、この木にちがいありません。これはまったく古い木ですから。

クイントゥス　たしかに残っています、親愛なるアッティクス、そしていつまでも残るでしょう。というのも、それは詩才によって植えられた木だから。樹木は、どんな農夫が丹精を込めて植えても、詩人の歌が植えたものほどには長い生命を保つことはできないのです。

アッティクス　それはいったいどのようなやり方によるのですか、クイントゥス。詩人たちが植えるのはどのようなものですか。わたしの見るところ、あなたは兄上を称えながら、じつは自分に票を投じるよう求めています[*2]。

〔2〕クイントゥス　そういうことにしておきましょう。しかしラテン語の文字が語り続けるかぎり、マリウスの樫と呼ばれる樫の木はこの場所からなくなることはないだろうし、

また、スカエウォラ[*3]がわたしの兄の『マリウス』について言うように、

　　数え切れぬ世紀を経て老いるだろう

もしあなたのアテーナイ[*4]がアクロポリスに不滅のオリーブの木を保つことができなかったとか、ホメーロスのオデュッセウスがデーロスでしなやかにすくすくと伸びているのを見たと言った、あの同じ棕櫚《しゅろ》の木をいまは見ることができないとかいうのでなければ。また、ほかにも多くのものが、多くの場所で、自然に生き残ることができるよりもより長く、言い伝えによって生き続けるのではないというのでなければ。だから、どんぐりをつけた、あの樫の木、そこからかつて

　　驚嘆すべき姿の、ユッピテルの鳶《とび》色の使い鳥が

飛び立った樫の木は、この木だとしておきましょう。風雪と長い歳月がこの木を枯らしたとしても、マリウスの樫と呼ばれる木はこの場所にあるでしょう。

［3］アッティクス　それについてわたしは疑いません。だがこれは、クイントゥス、あなたにたいしてではなく、詩人自身にたいして尋ねるのですが、あなたがこの樫の木を植えたのか、それとも、あなたが書いているようなことがマリウスに降りかかったという言い伝

えを聞いたことがあるのですか。

マルクス　あなたの質問に答えよう。だがその前に、アッティクス、わたしの質問に答えて欲しい——ロームルスが死後あなたの家から遠くない場所をさまよい歩き、プロクルス・ユーリウスに、自分は神でありクイリーヌスと呼ばれる者であると告げ、その場所に自分の神殿を建立するよう命じたのは事実かどうか[*5]。また、アテーナイで、同様にあなたのあの昔の家[*6]から遠くないところでボレアースがオーレイテューイアをさらっていったのは本当かどうか。というのは、そのように言い伝えられているからだ。

［4］アッティクス　何のために、何の理由でそんな質問をするのですか。

マルクス　何の理由もない——そのように言い伝えられている事柄について、あなたがあまりに熱心に詮索するのをやめさせるという理由のほかには。

アッティクス　しかし、『マリウス』の多くの個所が作り話か本当の話か詮索されています。また、記憶に新しいことやアルピーヌム生まれの者をあなたが扱っているので、あなたに事実を要求している人は少なくはないのです。

マルクス　たしかに、わたしは嘘つきだとは思われたくない。とはいえ、親愛なるティトゥス、あなたの言う「少なくはない」人は愚かな振舞いをしている。彼らはそのようなことを試みているが、それは詩人から事実を要求するようなやり方ではなく、証人から事実を要求するようなやり方だ。ところが、同じ彼らが[*7]、ヌマがエーゲリアと語り合ったとか、鷲がタルクイニウスの頭に帽子を載せたとかいう話を信じていることは疑いない。

［5］クイントゥス　兄上、あなたの考えを理解するなら、歴史において守られるべき法則と、詩において守られるべき法則はそれぞれ異なるということですね。

マルクス　もちろん、クイントゥス。歴史では〈すべてが〉真実を基準として判断されるが、詩ではたいていのことが楽しみを基準として判断されるからだ。とはいえ、歴史の父であるヘーロドトスやテオポンポス*8には無数の作り話があるが。

二

アッティクス　前から願っていた機会を摑みましたよ。この機会を逃すつもりはありません。

マルクス　どんな機会を摑んだのかね、ティトゥス。

アッティクス　ずっと前からあなたは歴史を書くよう要求されている、いや、懇請されているのです。というのは、人々はこのように考えています、もしあなたが歴史を扱うなら、この分野でもわたしたちがギリシアにけっして引けを取らないことが可能となるだろう、と。それに、わたし自身の考えを聞いていただきたいのですが、あなたは、文学を楽しみとする人々の熱望にたいしてのみならず、祖国にたいしてもこの義務を――あなたが救った祖国*9を同じあなたが称えるという義務を負っているようにわたしには思われます。というのは、わたしたちの文学には歴史の分野が欠けているからです――わたし自身そう理解し、あなたの口からもよく聞いているように。しかし、あなたは歴史の仕事を十分にこなすことができます。いつもあなたが考えているように、これは何よりも弁論家にきわめてふさわしい仕事ですから。

［6］それゆえ、ぜひ取り組んで下さい――わたしたちはお願いします――、この国の人々によってこれまで無視され、あるいはおろそかにされてきたこの仕事に時間を割いて下さい。

というのも、これ以上無味乾燥なものがありうるとは思えない大神祇官の年代記のあと、ファビウス[*10]、あなたがいつも口にしているカトー[*11]、さらにピーソー[*12]、ファンニウス[*13]、ウェンノーニウス[*14]と見てくると、彼らのある者にはほかの者よりも力強さがあるとはいえ、彼らすべてを合わせてもこれほど貧弱なものが何かありますか。ファンニウスと同世代の〈コエリウス・〉アンティパテル[*15]にはもう少し激しい息吹きがあり、じっさい彼は粗野な、荒々しい力をもっていました。輝きと洗練さを欠いていましたが、しかしほかの人々には、もっと念入りに書くべきだという教訓となりえたはずでした。ところが、御覧下さい、彼に続いたのは、ゲッリウス[*16]、クローディウス[*17]、アセッリオー[*18]でしたが、コエリウスには遠く及ばず、むしろ先人たちの無気力とぎこちなさを受け継いだのです。

［7］なぜマケル[*19]をあげる必要がありましょうか。その饒舌には若干の機転が見られますが、しかしそれはギリシア人のあの豊かな学識から生まれたものではなく、ローマの写字生に由来するものです。演説には過度の、しかも場違いな高ぶりと、この上ない厚かましさが

あります。

マケルの友人のシーセンナ[20]は、これまでのわが国の著作家のすべてを――まだ著作を著していないため、わたしたちが評価できない者は別にして――容易に凌駕していますが、しかし弁論家としてあなたがたの一人とみなされたことはけっしてなく、また歴史では子供じみたことを追い求めています。だから、ギリシア人の中ではもっぱらクレイタルコス[21]を読んで、そのほかの誰も読んでいず、この者だけの模倣を心がけているように思えるのです。かりにクレイタルコスに追いつくことができたとしても、最高の水準には遠く及ばないでしょう。

ですから、これはあなたの義務です。これはあなたに期待されていることです、もしクイントゥスに何か異存があるのでなければ。

三

［8］クイントゥス　もちろん、まったく異存はありません。そのことについて、わたしたちはしばしば話し合ってきました。ただ、わたしたちのあいだには少しばかり意見の相違があります。

アッティクス　いったい、どんな相違があるのですか。

クイントゥス　どの時代から始めるべきかという点についてです。つまり、わたしは最古の時代から始めるべきだという意見ですが、というのも、その時代について書かれたものはまったく読めるような代物ではないからです。しかし本人は、自分が体験した事柄を取り込みたいので、自分の生きてきた時代を記録することを望んでいるのです。

アッティクス　わたしはこの方の意見に賛成です。というのは、もっとも重要な出来事は、まだ記憶に新しい、わたしたちの時代に起きたのですから。そうすれば最大の親友、グナエウス・ポンペイウス[*22]の功績を称えることができるのみならず、さらに、自分が執政官を務めた、あの〈素晴らしい〉、記憶すべき年を取り上げることができるでしょう。わたしがこの方に書いてもらいたいのは、一般に言われるレムスとロームルスの時代よりも、むしろこれらの出来事です。

マルクス　たしかに、アッティクス、その仕事がずっと前からわたしに求められていることは分かっている。わたしはそれを拒みはしないだろう、もし何にも煩わされない自由な時間がわたしに与えられるなら。というのは、そのように大きな仕事は、精力を取られたり気掛かりなことがあったりすれば、引き受けることができないから。心配も用事も、両方ともないことが必要なのだ。

［9］アッティクス　そのほかのあなたの著作についてはどうですか――あなたはわたしたちの時代の誰よりも多くのものを書きましたが、どのような空いた時間があなたに与えられたのですか。

マルクス　半端な時間というものが生じることがあるが、わたしはこれを無駄に費やしたりはしない。だから、田舎の別荘に行くために何日か与えられるとすれば、その日数に応じてわたしの書くものが決められることになる。しかし、歴史はあらかじめ暇を作らなければ書き始めることができないし、わずかな時間で完成させることもできない。またわたしは、いったん何かを始めると、ほかのことに気を取られるならいつも不安になる。わたしには、中断された仕事をふたたび続けることは、始めた仕事をやり遂げることほど容易ではないのだ。

［10］アッティクス　あなたの言い方は明らかに、何かの使節の職*23か、あるいはこれに似た、暇のある自由な休日を要求しています。

マルクス　いや、わたしはむしろ老年の閑暇を当てにしていた――父祖の慣習に従い椅子に座って相談に来る者たち*24に答えてやり、活動的な老年の喜ばしい、名誉ある義務を果たすことを拒むようなわたしではないから、なおさらのことだ。そうすれば、あなたが望んでいるその仕事にも、もっと実りのある、より大きな、さまざまな仕事にも、わたしの思いどおりの精力を注ぐことができるだろう。

四

［11］アッティクス　だが、おそらく誰もそのような理由を認めてくれないのではありませんか。また、あなたは相変わらず弁論を引き受けなければならないのではありませんか

——とりわけ、これまでのあなたとは打って変わって、異なった型の弁論をやり始めたのですから。つまり、ちょうどあなたの友人のロスキウス*25が老年になって歌の調子を緩め、笛自体もっとゆっくりと吹かせたように、あなたは、これまでいつも最大限に張り詰めていた調子を毎日少しずつ緩めていき、こうしてあなたの演説は、いまは哲学者の穏やかさとほとんど変わらないものになっているのです。これはどれほど高齢になっても十分できるように思われますから、わたしの見るところ、あなたが裁判から解放されることはけっしてないでしょう。

〔12〕**クイントゥス**　たしかに、あなたが法律相談に専念するなら、わたしたちの国民はそれをよしとするのではないかと、わたしは思っていました。ですから、その気になればあなたは試みてみるべきだというのがわたしの考えです。

マルクス　もし試みることにいかなる危険もなければ、クイントゥス。しかし、わたしが恐れているのは、仕事を減らそうとして、かえってそれを増やすことになるのではないか、また、準備と熟慮なしにはわたしが取りかかることはけっしてない、あの裁判の仕事に、この法律解説が加わるのではないかということだ。この仕事がわたしにとって厄介なのは、手間がかかるからというより、弁論のための思考ができなくなるからだ――これを省いて割合重要な裁判に出るといった大胆な真似は一度もしたことがないのだ。

〔13〕**アッティクス**　それでは、あなたの言うこの半端な時間に、その事柄をわたしたちのために解説し、市民法についてほかの人よりももっと深く掘り下げて書き記すことを、な

ぜあなたはしないのですか。というのは、あなたがごく若い頃から熱心に法律と取り組んでいたことをわたしはよく覚えていますし――その頃わたし自身もスカエウォラ[*26]のもとへ通っていました――、また、あなたが市民法をないがしろにするほど弁論に打ち込んでいたとは思えなかったからです。

マルクス　あなたは、アッティクス、わたしを長い話に誘っている。だが、わたしたちが何かほかのことをするようクイントゥスが望んでいるのでなければ、引き受けよう。わたしたちは暇なのだから、話をしてもよい。

クイントゥス　よろこんでわたしは聞きますよ。じっさい、わたしに何かほかにやりたいことがありましょうか。何かほかにこの一日をもっと有意義に過ごす方法があるでしょうか。

［14］マルクス　では、わたしたちのあの散歩道と腰掛けのところへ行こうではないか。そこでたっぷり散歩したあと休息することにしよう。わたしたちが次から次へと究明していくなら、きっと楽しみは尽きないだろう。

アッティクス　わたしたちも賛成です。よろしければ、このリーリスに沿って、堤と木陰を歩いていきましょう。だが、どうかすぐに始めて下さい――市民法についてあなたがどのような考えをもっているか、明らかにして下さいませんか。

マルクス　わたしがどのような考えを？　わたしたちの国にはきわめて優れた人たちがいて、それについて国民に解説し、相談に答えるのがつねであったが、彼らは大きなことを約束したにもかかわらず、小さなことにかまけていたとわたしは思う。というのは、国の法[*27]ほど、大きなものが何かあるだろうか。他方、法律上の助言を求められる人たちのこの仕事ほど、細かいものが何かあるだろうか。とはいえ、それは国民にとって必要なものだ。また、その仕事を司った人たちが法一般の知識を欠いていたと、わたしがみなしているわけではないが、彼らがこのいわゆる市民法を扱ったのは、せいぜい国民のための利便をはかるという程度までであった。それは理論においては貧弱だが、実地においては不可欠なものだ。だから、あなたはわたしをどちらへ向かわせようとしているのか——何をするよう促しているのか。軒の雨樋と仕切り壁にかんする法律について小論文を書くことか。それとも、契約と訴訟の方式をまとめることか。これらの事柄は、多くの人が精を出して書いてきたし、わたしに期待されていると思われることよりも低次元のことだ。

五

[15]　アッティクス　あなたの質問が、何をわたしが期待しているかということであれば、あなたは国家の最善の形態について書いた[*28]のですから、同じく法律についても書くのが首尾一貫したことと思われます。というのは、わたしの見るところ、あなたのプラトーン、あなたが感嘆し、誰よりも優れているとみなし、もっとも愛している、あのプラトーンがそうしているからです[*29]。

マルクス　それでは、あなたの望みはこういうことなのか——プラトーンがクレータ人のクレイニアースとラケダイモーン人のメギッロスとともに、ある夏の日に——彼はこのように書いているが——クノッソスの糸杉林の中や森の散歩道でときには休息し、しばしば歩みを止めながら、国々の制度と最善の法律について論じたように、そのようにわたしたちも、緑の陰を作る堤の、高く聳えるポプラのあいだを散策し、それから座って休みながら、同じ事柄について実際の法廷で求められているよりもいくらか深く踏み込んで論じたい、と。

[16] アッティクス　たしかに、わたしはそのような話を聞きたいのです。

マルクス　クイントゥスの意見はどうかね。

クイントゥス　何よりもそのような話を望みます。

マルクス　それも当然だ。というのも、あなたがたはこのように考えるべきだから——人間には何が自然によって与えられているか、人間の精神の中には最善のものがいかに豊富にあるか、わたしたちはどんな任務を目標として遂行するために生まれ、この世の光を仰いだのか、人間同士の結び付きとは何か、人間のあいだの自然な結合とは何か——これらの点は、ほかのいかなる種類の議論によっても明らかにすることはできない、と。じじつ、これらの事柄が解明されてはじめて、法律と法の根源を見出すことができるのだ。*30

[17] アッティクス　それでは、あなたの意見によれば、法学は哲学の深奥から引き出してくるべきであって、現在たいていの人が考えるように法務官の布告から、あるいは、先人たちが考えたように十二表法からもってくるべきではないというのですか。

マルクス　じっさい、ポンポーニウス、この討論でわたしたちが追求するのは、どのように法的な安全をはかるべきかとか、個々の法律相談にどう答えるべきかといったことではない。そのような事柄は重要なことだろう、いや、じじつ重要なことだ。その仕事は、かつては多くの優れた人たちによって守られてきたし、現在はただ一人の、最大の権威と知識をそなえた者[*31]によって守られている。しかし、この議論ではわたしたちは、法一般と法律のすべての問題をひっくるめて扱わなければならないため、市民法とわたしたちが呼んでいるものは、いわば小さな狭い場所に押し込められることになる。じじつ、わたしたちは法の自然本性を解明しなければならないし、それを人間の自然本性に求めなければならない。また国々がそれに従って治められるべきである法律を考察しなければならないし、ついで、諸国民の、集成され記述された法と布告を取り扱わなければならないが、その中にわが国民の、いわゆる市民法もその場所をきっと見出すだろう。

六

[18]　**クイントゥス**　では、兄上、わたしたちが探究していることをあなたは深く掘り下げ、そして——当然そうすべきですが——根源に求めるということですね。別のやり方で市民法を教えている人たちは、正義の道よりも、訴訟の道を教えていることになります。

マルクス　そうではない、クイントゥス。訴訟の原因となるのは、法の知識よりも、法の無知なのだ。だが、このことはあとにして、いまは法の根源を考察することにしよう。

さて、きわめて造詣の深い人たちは法律から始めるのがよいと考えたが、もし彼らが定義しているように、法律とは自然本性に内在する最高の理性であり、なすべきことを命令し、その反対のことを禁止するものであるなら、たぶんその考えは正しいだろう。この同じ理性は、人間の精神の中に確立され、完全なものに仕上げられるとき、法律となる。

〔19〕したがって彼らは、法律とは思慮であり、その機能は、正しい行為を命令し、不正な行為を禁止することにあると考える。そして彼らは、それは各人にその分け前を与えることからギリシア語の名称で呼ばれた*32とみなしているが、わたしは、選ぶことからラテン語の名称で呼ばれた*33と考える。というのは、ギリシア人が公平という意味を法律の中に込めるように、わたしたちは選択という意味をそこに込めているが、しかし両方とも、もともと法律に属するものだからである。もしこのように言うことが正しければ――だいたい正しいとわたしはいつも思っているが――、法の根源は法律から導き出されるべきである。というのは、法律こそは自然の力であり、賢者の精神と理性であり、正と不正の基準だからである。しかし、わたしたちの話のすべてが民衆の考えにかかわるものであるから、ときには民衆の言い方をする必要があり、命令〈あるいは禁止〉によって欲することを定める成文法を、民衆がそう呼んでいるように、法律の名で呼ばなければならないだろう。だが、法の理論づけをするにあたっては、わたしたちはあの最高の法律から始めることにしよう。それはいかなる成文法よりも――およそ国家というものが成立するよりもはるか前の時代に生まれたも

のだ。

［20］クイントゥス　たしかに、わたしたちが始めた議論の性質から見て、そうするのがより妥当な、より賢明なことでしょう。

マルクス　それでは、法そのものの起源をその源泉から尋ねたい、ということなのだね。それが見つかるなら、わたしたちが究明している事柄の基準というものが明らかとなるだろう。

クイントゥス　たしかに、そうすべきだとわたしは考えます。

アッティクス　兄上の意見へのわたしの賛成も記録して下さい[*34]。

マルクス　それでは、あの六巻の書物[*35]でスキーピオーが説いたような最善の国家の政体をわたしたちは保持して守り、すべての法律をあの種の国に適合させ、さらに、慣習を植えつけるべきであって、すべてを成文法によって規定すべきではないのであるから、わたしは法の根源を自然に求めることにしよう。この自然の導きのもとに、わたしたちは議論のすべてを展開しなければならない。

アッティクス　まったくそのとおりです。自然を導き手とするなら、道に迷うことはけっしてないでしょう。

七

［21］マルクス　では、ポンポーニウス、あなたはこのことを認めるのかね――クイントゥスの考えはすでに分かっているからだが――。つまり、不死の神々の力、［自然本性、］理性、権能、精神、意志によって、あるいは、わたしの言う意味をもっとはっきりさせるほかの言葉があれば、そのようなものによって、自然のすべてが支配されているということだ。というのは、もしあなたがこのことを認めないなら、わたしたちは、何をおいてもその点から議論を始めなければならないからだ。

アッティクス　もちろん、わたしは認めます、あなたがそうお望みなら。このような鳥のさえずりや、河のせせらぎのおかげで、わたしの学派[*36]の仲間の誰かに盗み聞きされる心配はないからですが。

マルクス　とはいえ、用心しなければならない。立派な人々の癖だが、彼らはいつもひどく腹を立てるからだ。じっさい、彼らはただではおかないだろう、もし最善の人[*37]の［書物の］冒頭文――「神はみずからのことも他人のこともいっさい意に介しない」と書かれた個所をあなたが裏切ったと聞いたならば。

［22］アッティクス　お願いですから、続けて下さい。わたしの認めたことがどこに帰着するのか、知りたいからです。

マルクス　話を長くするつもりはない。つまり、わたしたちが人間と呼んでいるこの動物、先見の明があり、賢明で多能な、明敏で記憶力の優れた、理性と思慮に富む動物は、とりわけ素晴らしいある種の条件のもとに、至高の神によって創られたということに帰着する。さまざまな種類と性質をもつ、このように多くの生き物の中で、このものだけが理性と思考の分け前にあずかっているが、ほかのすべての生き物にはそれらが与えられていないからだ。だが、人間の中だけなのは言うまでもなく、天地のすべての中でも、理性よりもいっそう神的なものがあるだろうか。それは成熟し完成したとき、当然のこととして知恵と呼ばれる。

［23］こうして、理性よりも優れたものはなく、それは人間にも神にもあるものだから、人間と神の最初の結び付きは理性によるそれということになる。理性を共有する者のあいだでは、正しい理性もまた共通である。そして正しい理性が法律であるから、わたしたち人間は法律によってもまた神と結び付けられているとみなすべきである。さらに、法律を共有する者は法をも共有する。[*38] そしてこれらのものを共有する者は、同じ国家に属するとみなされるべきである。もし彼らが同じ命令権と権限に従うなら、なおのこと、そのように考えなければならない。じっさい、彼らはこのような天の秩序、神聖な意志、強大な神に服従する。したがって、わたしたちはこの全宇宙を、神々と人間とが共有する一つの国家とみなさなければならない。

そして、国家においてある原理のもとに――この原理については適当な個所で述べられるだろう——身分が家族の血縁関係によって区別されるように、これと同じことが、宇宙においては、人間が血縁関係と氏族関係によって神々と結ばれるだけに、いっそう壮大な、いっそう素晴らしい規模で行われるのだ。

八

［24］じじつ、人間の自然本性について探究するとき、次のように論じられるのがつねである——そして、論じられているとおりであることは疑いない——。すなわち、絶え間ない天体の運行と回転のもとに人間の種を蒔く時機というものが熟したのであるが、この種族は、地上に蒔かれ植えつけられたとき、魂という神からの贈物を与えられた。人間が組み立てられているほかの部分は、死すべき素材から取られたものであって、脆弱な、すぐに滅びるものであるが、魂は神によって生み出されたというのである。こういうわけで、わたしたちは実際に天上の神々との血縁関係、氏族関係、あるいは〈共通の〉系統について語ることができるのだ。したがって、このように多くの生き物の種族のうち、神についてなんらかの観念をもっているものは人間のほかにない。また人間自身の中でも、どのような神を崇拝すべきかは知っていなくても、神は崇拝すべきだということを心得ていないほど、文明の進歩した種族も、野蛮なままの種族もいないのである。

［25］ここから、自分の出生をいわば記憶して［知って］いる者が神を知っているという

ことになる。

さらに、人間と神には同一の徳がそなわっているが、これはほかのいかなる種族にも見られないことである。徳とは完成され、頂点にまで高められた自然にほかならない。それゆえ、神と人間には似通うところがある。そうだとすれば、いったいどのような、より密接な、より確かな類縁関係がありうるのか。こうして、自然は人間の便宜と必要のためにきわめて多くのものをふんだんに惜しみなく与えるので、その産物は意図的にわたしたちに与えられたのであって、偶然に生じたとは思えないほどである。これは、大地のふところから畑や樹木の実りとして豊かに生み出されるものについてのみならず、家畜についても言えることだ。家畜のあるものは人間が使うために、あるものは収益を得るために、あるものは食用のために生み出されたことは明らかであるから。

［26］さらに、自然から教わる形で無数の技術が発見された。自然を模倣することによって、理性は生活に必要なものを巧みに獲得したのだ。

九

同じ自然は、人間自身に精神の鋭敏さを授けたのみならず、さらに感覚をいわば従者および使いの者として割り当て、そして知識の基礎とも呼べるものとして、きわめて多くの事柄について漠然とした観念、十分に〈形をとっていない〉観念をはじめてもたせた。それはまた、人間の才能にぴったり適合した体形を与えた。というのは、ほかの動物には餌を食べやすいように身体を前かがみにしたのだが、人間だけは直立させ、天をあたかも親族の地か最初の住居であるかのように仰ぎ見るよう促したからだ。それから、顔の形を作り、その奥に隠されている性格が刻み込まれるようにした。

［27］じじつ、表情のきわめて豊かな目は、わたしたちがどのような感情を胸に抱いているかを語るのであり、人間を除いてほかのいかなる動物にもありえない、顔つきと呼ばれるものは、性格を表すのである。ギリシア人は顔つきという意味を知ってはいるが、これに当たる名称はもっていない。*39 身体のほかの部分の合目的性と適合性、音声の統御や言語の能力——これは人間の交わりにおいてもっとも有力な仲介者となる——については省くことにする。これらのことはすべて、この議論やこの時機にふさわしいものではないからだ。それに、この問題については、あなたがたが読んだあの書物*40 の中でスキーピオーが十分に論じたとわたしは思う。

さて、神は万物の霊長にすることを望んで人間を生み、多くのものを授けたのであるから、すべてのことについて論じるまでもなく、自然がみずからの力で前へ進んでいくことは明らかだろう。それは、誰にも教わらなくても、最初の萌芽的な観念に基づいて理解したおおよその事柄から出発して、みずからの力で理性を強化し、これを完成させるのだ。

一〇

［28］アッティクス　不死なる神々よ、なんと遠くにまでさかのぼってあなたは法の起源を求めていることでしょう。それで、わたしは市民法についてあなたから期待していた議論を早く聞きたいと思わなくなったばかりか、あなたが今日一日のすべてをこの話題に費やしても平気でいられるでしょう。というのは、たぶん別の議論のためにあなたが併せて取り上げたこの話のほうが、これを前置きにしている話そのものよりも重要なのですから。

マルクス　たしかに、いま手短かに触れた問題は大切なことだ。しかし学者たちの議論で扱われているすべての事柄のうち、もっとも重要なことは、わたしたちは正義のために生まれたのであり、法は人間の考えに基づくものではなく、自然に基づくものであるということをはっきりと理解することである。人間同士の交わりと結び付きを調べるなら、そのことはすぐにも明らかとなろう。［29］何一つとして、わたしたちすべてが互いに似ているほど、そっくり似ているものはないのであるから。習性の堕落やさまざまな考えが弱い心を歪め、勝手に走り出す方向へ向かわせないかぎり、すべての人間が互いにそっくりであるのと同じほど、自分が自分自身にそっくりだという者は誰一人いないだろう。

［30］したがって、人間をどのように定義するにせよ、一つの定義がすべての人間に当てはまることになる。これは、人間の種族にはまったく相違がないということの十分な証拠で

ある。もし相違があれば、一つの定義がすべての人間を包括することはないだろう。というのは、理性はわたしたちを獣より優れたものにする唯一のものであり、それによってわたしたちは推論することができ、論証し、反駁し、議論し、なんらかの成果を得、結論するのであるが、それはたしかにすべての人間に共通であり、学識の程度に応じて異なるものの、学ぶ能力においては同じだからである。じじつ、すべてのものについて同じことが感覚によって知覚されるのであり、感覚を刺激するものは、すべての者の感覚を同じ仕方で刺激する。そして、先に述べた、心に刻印される萌芽的な観念は、すべての者において同じ仕方で刻印され、精神の通訳となる言語は、個々の言葉では異なるけれども、考えでは合致する。いかなる種族の人間であれ、〈自然を〉導き手として得ながら徳に到達することができないような者はいないのである。

一一

[31] 人間の種族の類似性は、善においてのみならず、悪においても際立っている。じじつ、人間は皆快楽の虜となるが、快楽は、恥ずべきことへ誘うものであるとはいえ、いくぶん自然本性的善に似たところをもっている。それは気楽さと甘美さによって人を喜ばせるものであるから。こうして、誤った考えから、あたかも有益なものであるかのように受け入れられるのだ。また同じような無知のゆえに、死がいわば自然の状態の破壊として忌避される

一方、わたしたちが生まれたときの状態を保つものとして生が求められるのであり、また、その辛さのせいのみならず、自然の状態の死滅を伴うように思われるという理由から、苦痛が最大の悪の一つとみなされる。

［32］さらに、徳性と名声との類似のゆえに、名誉を授かった者が幸福だと思われ、無名の者が不幸だとみなされる。煩わしさと喜び、欲望と恐怖は同じようにすべての人間の心につきまとうのであり、また、人間が異なれば考えも異なるとしても、だからといって、犬や猫を神として敬う人間[*41]がほかの民族を苛むのと同じ迷信に取り憑かれているわけでない、ということにはならない。それに、どんな民族が、親切、好意、恩義を忘れぬ感謝の念を尊ばないというのか。どんな民族が、思い上がった人間、悪人、冷酷漢、恩知らずを軽蔑し、憎まないというのか。これらの事実から、全人類は互いに結ばれていることが分かるとすれば、その結論は、善く生きるという原理が〈すべての者を〉より善いものにするということになる。

あなたがたが以上のことを認めるなら、次の話に進むことにしよう。だが、何か物足りないと思う点があるなら、それを先に片づけよう。

アッティクス　何一つありません、わたしが二人の代表として返事をするなら。

一二

［33］マルクス　それでは、次に、わたしたちは法を互いに分かち合い、それをすべての者の共有物にするよう、自然本性上生まれついているということになる。さらに、この議論のすべてにおいて、次のように理解してもらいたい。わたしが〈法〉と言うのは自然によるものであるが、悪習の弊害がきわめて大きいため、自然から与えられたかすかな火とも言うべきものがそれによって消され、これとはまったく反対の悪徳が生じ、しっかりと根を下ろすのである。だが、自然本性上そうであるように、その判断においても人間は、詩人*42の言葉のとおり、何であれ人間にかかわりのあることは自分とは無関係だとは思わないとすれば、法はすべての人間によって等しく尊ばれるだろう。というのは、自然によって理性を与えられている者には、正しい理性も与えられているのであり、したがって、命令と禁止における正しい理性である法律も与えられているからである。法律が与えられているなら、法もまた与えられている。そして、すべての人間には理性が与えられている。したがって、法はすべての人間に与えられていることになる。ソークラテースが有用性を法から切り離した最初の者をいつも呪っていたのも、当然であった*43。彼は、このことがすべての害悪の根源であると言って嘆いていたからである。じっさい、友愛にかんするピュータゴラースのあの言葉はどこからくるのか*44。

……同じ一つの自然によって宇宙がすべての部分を互いに合致させ、一体となって存立しているように、そのようにすべての人間は、自然によって互いに結ばれているが、悪のゆえに考えを異にするのであって、自分たちが血族関係にあり、すべての者が同じ一つの庇護のもとに置かれていることを理解しないのである。このような考えをもつことができるなら、人間はまちがいなく神々の生を送ることができるだろう。*45

［34］……ここから次のことが明らかとなる。賢者がそのように広範囲に注がれるこの善意を、同じような徳をそなえたほかの者へと向けるとき、ある人々にとっては一見信じられないことであるが、必然的な結果が生まれる。つまり、彼がほかの者よりも自分自身を愛するようになることはけっしてない、ということである。じっさい、すべてが平等であるとき、どのような相違があるというのか。もし〈友愛の中に〉ごくわずかでも不平等が入り込むことができるなら、友愛の名はすぐに失われるだろう。その本質は、〈どちらかが〉ほかの者のためよりも自分のために何かを多く求めるやいなや、友愛ではなくなるという点にある。

以上はすべて、このあとにくるわたしたちの話と議論のためにあらかじめ備えるものであるが、その狙いは、法が自然に基づくものであることをより容易に理解できるようにすることである。これについてもう少し話してから、この討論全体が行われるきっかけとなった市民法へと進むことにしよう。

クイントゥス　たしかに、あなたはもう少し話して下さるだけでよいでしょう。それも

〈アッティクスのためにです。〉これまでのあなたの話から、少なくともわたしには法は自然から生じたと思われますから。

一三

[35] アッティクス　わたしにはそうではないと思われるとでも言うのですか。これらのことが――第一に、わたしたちがいわば神々から贈物を授かり、これを身につけていること、第二に、人間同士のあいだには一つの等しい、共通の生活原理があること、最後に、すべての人間がある種の自然本性的な寛大さと善意によって、さらに法の共有によって互いに結ばれていることが、すでに確かめられたのですから。これらが真実であることをわたしたちは認めたのですから――それも、当然のことと思います――、いま法と法律を自然から切り離すことがどうして許されるでしょうか。

[36] マルクス　あなたが言うことはもっともだ。実際にそのとおりなのだ。だが、哲学者のやり方で――それも、あの古い人たちではなく、いわば知恵の工場を建てた人たちのやり方で、かつては漫然と自由気ままに議論されていたことが、いまは一つ一つきちんと区別して論じられている。というのは、彼らの考えによれば、いまわたしたちが扱っている問題は、法は自然によるものであるという、まさにこの点について個別的に議論しないかぎり、十分に論じたことにならないからだ。

アッティクス　ということは、あなたは自分のやり方で議論する自由を失ったということですね。そうでなければ、あなたは議論するさい自分の判断に従うのではなく、他人の権威に従う人間だということです。

［37］マルクス　いつもそうだというわけではない、ティトゥス。だが、あなたにはこの議論の進むべき道が分かっている。つまり、わたしたちの話は、国家を確立し、法を強化し、国民を健全なものにすることを目指している。それゆえ、わたしは十分に練られず、綿密な吟味も受けていない原理を建てるようなことを仕出かすのではないかと恐れている。もちろん、あらゆる人がわたしの説に同意することをわたしは望んでいるのではない――じっさい、そのようなことはありえないだろう――。そうではなく、次のような人たち、正しい、立派なことのすべてはそれ自体のために求められるべきであるとし、あるいは、それ自体称賛に値するものでなければおよそ善の中に数えるべきではないと信じ、あるいは、少なくとも偉大な善とみなすべきものは真にそれ自身のために称えられうるものでなければならないと考えるすべての人たちがわたしの説に同意することをわたしは望んでいるのだ。

［38］スペウシッポス、クセノクラテース、ポレモーン*46とともに古いアカデーメイアに留まった人たちであれ、あるいは、理論ではこれらの者と一致するものの、教え方では少し異なっているアリストテレースとテオプラストス*47に従った人たちであれ、あるいは、ゼーノーン*48が考えたのと同じように、実質は変更せずに用語だけを変えた人たちであれ、あるいは、アリストーン*49の難解晦渋な、しかしすでに論破され散り散りになった学派に追従して、徳と悪

徳を除いた残りいっさいをまったく等しいものとみなした人たちであれ、これらの人たちのすべてがわたしの述べたことに同意することをわたしは望んでいるのだ。

［39］だが、みずからを甘やかして肉体の奴隷となり、生活において求めるべきことと避けるべきことを快楽と苦痛という物差しで計る人たちには、たとえ彼らが真実を語っているとしても――ここでは彼らと論争する必要はまったくないのだから――、自分たちの小庭園の中で議論するよう促すことにしよう。*50 さらに、彼らが何一つ知らず、またけっして知ろうともしなかった国家にかかわることのいっさいから、しばらくのあいだ控えるよう頼むことにしよう。またこれらの事柄を引っ掻き回すアカデーメイア派、つまりアルケシラースとカルネアデースに始まる新しい学派*51にも沈黙を守るよう願うことにしよう。じっさい、わたしたちがきわめて巧妙に構築し組織づけたと考えているこの理論にたいして彼らが攻撃を仕掛けるなら、それこそ大混乱をもたらすだろう。この一派とはわたしは和解したいと思うが、彼らを追い出す勇気はない……*52

一四

［40］……というのは、これらのことではあの者の香を焚くまでもなく、わたしたちの罪は償われるからだ。しかし、人間にたいする罪と神々にたいする不敬にはいかなる償いもない。したがって、彼らが罪を償うのは、裁判によってというよりも――裁判というものは

昔はどこにも見られず、いまでもないところが多いし、たとえあるにしても、ほとんどの場合まやかしの裁判だ――、むしろ、復讐女神が彼らを駆り立て、追い回すからである。つまり、劇に見られるような燃える松明によってではなく、良心の苦痛と罪の呵責によって苛むのである。

しかし、不正を犯さないよう人を引きとめるべきものが刑罰であって、自然本性ではないとすれば、刑罰の恐怖が取り除かれるなら、どのような不安が悪人たちを苦しめるというのか。だが、悪人たちのうち、自分が罪を犯したことを否認するか、あるいは、自分の怒りを正当化するなんらかの口実を設け、自然の法*53というものに罪の弁解を求めるか、そのどちらもしないほど厚かましい者はこれまで一人もいなかったのだ。悪人たちさえこのような原理にずうずうしくも訴えるとすれば、どれほどの熱心さで善人たちはそれを尊ばなければならないことか。だが、不正な、罪深い生活を思いとどまらせるものが刑罰であり、刑罰の恐怖であって、罪の卑劣さそのものでないとすれば、不正な人間というものは一人もいないか、あるいは、悪人はむしろ不用心な者とみなすべきか、どちらかである。

［41］また、わたしたちが善人であろうとするのも、徳性そのものによってではなく、なんらかの有用性と利得によって促されるためだとすれば、わたしたちはずる賢い人間であって、善人ではない。じっさい、証人と裁判官のほかは何も恐れない人間は、暗闇の中では何をするだろうか。大金を奪うことができそうな、一人きりの無力な男にどこか人気のない場所で出会ったなら、何をするだろうか。わたしたちの言う、自然本性上正しく善い人間であ

れば、その男に話しかけ、助けてやり、道案内をかって出ることさえするだろう。しかし、他人のためには何一つせず、すべてを自分の便宜という物差しで計る人間であれば、何をするかあなたがたには分かると思う。だが、自分はその男の生命を奪って金を盗むようなことはしないのだ、と言っても、それを自然本性上恥ずべきことと判断するからではけっしてなく、それが露見するのではないか、つまり、痛い目に遭うのではないかと恐れるからである。まったく、教養ある者のみならず、無教養な者でさえ当然赤面させるようなことだ。

一五

［42］しかし、中でもとりわけ愚かなのは、国民の制度や法律において定められていることはすべて正しいと考えることである。僭主の法律であっても、正しいというのだろうか。あの三十人委員*54がアテーナイで法律を制定することを望んだなら、たとえすべてのアテーナイ人が僭主の法律を喜んだにしても、それゆえにこれらの法律は正しいとみなすべきだろうか。いや、わたしたちの中間王*55が提出したあの法律、つまり、独裁官は望むままに市民の誰であれ弁明の場も設けずに死刑にしても罰せられないという法律同様、けっして正しいとは思われない。じじつ、法は一つしかなく、それによって人間の社会は結び付けられるのであり、その基礎となるのは、唯一の法律、すなわち、命令と禁止における正しい理性である。それがどこかに書かれていても、書かれていなくても、それを知らない人間は正しくない。

しかし、正義とは国民の成文法と制度を遵奉することであるとすれば、そして、同じ論者の言うようにすべては有用性という物差しで計らなければならないとすれば、そうすることが自分に利益をもたらすだろうと考える人間は、できるなら法律をないがしろにし、それを破ろうとするだろう。したがって、もし正義が自然によるものではなく、有用性に基づくものがその有用性によって打ち倒されるとすれば、正義というものはまったく存在しないことになる。

［43］そして、法が自然によって強固なものにされるのでなければ、〈すべての徳は〉滅びるだろう。じっさい、どこに高貴な精神が、どこに愛国心が、どこに神を敬う心が、どこに他人に奉仕し、感謝を表そうとする意志が存在することができようか。というのは、これらは、わたしたちが自然本性上人間を愛する性向をもつところから生じるのであり、このことが法の基盤となるからである。そして、人間への親切だけでなく、さらに神々への祭儀と礼拝も滅ぶだろう。祭儀や礼拝は、恐怖によってではなく、人間と神との結び付きによって維持すべきだとわたしは考える。

一六

しかし、法が国民の決議に、指導者の布告に、裁判官の判決に基づくとすれば、強盗も、姦通も、遺書の偽造も、大衆の投票あるいは決議によって是認されるかぎり、合法となるだろう。

［44］愚かな者たちの見解と命令にはきわめて大きな力があり、彼らの投票の結果次第で事物の自然本性が変えられるのであれば、どうして彼らは、有害な悪いものは健全な善いものとみなされるべきだと定めないのか。あるいは、法律が不法を合法とすることができるなら、どうしてその同じ法律は悪を善とすることができないのか。だが、わたしたちは、自然という規範によるのでなければ、善い法律と悪い法律を区別することはできない。また、法と不法のみでなく、およそ立派なことと恥ずべきことのすべてが自然に基づいて区別されることになる。というのは、自然が共通の観念をわたしたちに与え、わたしたちの心の中にそれを芽生えさせたため、立派なことは徳として、恥ずべきことは悪徳として数えられるようになったのであるから。*56

［45］これらのことは意見に基づくのであって、自然に基づくのではないと考えるのは、狂人のすることである。なぜなら、わたしたちが言葉を誤用して、樹木の「徳」、あるいは馬の「徳」と言うときでさえ、それは意見に基づくのではなく、自然に基づいているからである。そうだとすれば、立派なことと恥ずべきこともまた、自然に基づいて区別しなければならない。じじつ、徳の全体が意見に基づくのであれば、徳の部分部分も同様に意見に基づいて是認されることになるだろう。いったい誰が賢明な、あるいは、そう言えるなら、ずる賢い人間を、彼自身の性格によらずに、何か外的なことによって判断するだろうか。徳は完全な理性であり、このことはたしかに自然に根差すことだからである。したがって、立派な

ことのすべてについても同じことが言える。

一七

じじつ、真実と虚偽、首尾一貫と矛盾がほかの無関係なものによってではなく、それ自体によって判断されるように、けっして変わらぬ永続的な生活原理、すなわち徳は、そして同様に、たえず変わるもの、すなわち悪徳もまた、その自然本性に基づいて〈判断される。あるいは、樹木の性質は自然に基づいて判断するが、〉青年の性質は同様な仕方で判断しないというのか。

［46］あるいは、性質は自然に基づいて判断するが、性質から生じる徳と悪徳は別の仕方で判断されるのだろうか。あるいは、徳と悪徳は別の仕方で判断しないとしても、立派なことと恥ずべきことについては自然を基準にすべきではないというのか。〈もし〉称賛に値するものが善いものであるなら、それは称賛に値するものを自己のうちにもっていなければならない。というのは、善自体は意見に基づくものではなく、自然に基づくものだからである。じっさい、そうでなければ、人は意見に基づいて幸福だということになるが、これほど愚かなことを何か言うことができるだろうか。したがって、善と悪が自然に基づいて判断され、これらが自然の原理であるかぎり、立派なことと恥ずべきこともたしかに同じ仕方で区別しなければならず、また、そのさい自然を基準にしなければならない。

る。[47] しかし、人々の意見が多様であって、互いに異なることはわたしたちを混乱させ、そして、感覚にはこれと同じことが生じないところから、わたしたちは、感覚は自然に根差す確かなものだと考え、また、人によってそれぞれ異なって思えるもの、同一人にさえいつも同じふうに思えないものを「そらごと」と言う。しかし実際はまったく違うのだ。じじつ、親も乳母も教師も詩人も演劇もわたしたちの感覚を損なうことがなく、民衆の総意がそれを真実から遠ざけることもないが、しかし、わたしたちの心にたいしてはあらゆる罠が張られている。罠を張るのは、あるときは、いまわたしがあげた者たち、つまり、柔らかな、未熟な心をとらえて、思いどおりに染めたり折り曲げたりする者たちであり、あるときは、あらゆる感覚の中に深く潜んでからみついているもの、つまり快楽である。これは、善を模倣するものであるが、しかし、すべての悪の母である。わたしたちの心は、その魅力に誘惑されて、自然に根差す善いものを十分に見分けることができない。なぜなら、善いものにはそのような甘美さと刺激がないからである。

一八

[48] いまわたしはこの話の全体を終わらせることにするが、その結論は、これまで話したことからはっきりと見て取れるように、法とすべての立派なことはそれ自体のために求めるべきだということになる。じじつ、すべての善い人は公正そのものと法そのものを愛する

のであり、それ自体のために愛されるべきでないものを誤って愛することは、善い人のすることではない。それゆえ、法はそれ自体のために求め、尊ばなければならない。法がそうであれば、正義もそうである。正義がそうであれば、ほかの徳もまたそれ自体のために尊ばなければならない。それでは高貴な心はどうかね。〈親切心はどうかね。〉それは無償であるか、それとも有償であるか。〈人が〉代価なしで親切であれば、それは無償ということになるが、報酬を伴うなら、代価を当てにしていることになる。高貴な心または親切心の持ち主と言われる者は義務を果たすのであって、利得を求めるのではないことは疑いない。したがって、正義も同様に、代価や報酬を求めるものではけっしてない。つまり、それはそれ自体のために求められる。そして、あらゆる徳の動機と意図についても同様である。

［49］さらに、もし徳が求められるのは利益のためであって、それ自体のためでないとすれば、ただ一つの徳、すなわち悪と呼ぶのがもっとも妥当である徳しかないことになろう。なぜなら、人はめいめい何を行うにせよ自分の便宜を基準にすればするほど、善人ではなくなっていくのであり、徳を代価という物差しで計る者は、悪以外の何ものも徳とはみなさないようになるからだ。じっさい、誰一人他人のために親切な行いをしないなら、どこに親切な者がいるだろうか。恩を受けた者でさえ恩を返すべき相手を見分けないなら、どこに恩を知る者がいるだろうか。友人さえ彼自身のためにいわば心の奥底から愛されないなら、どこにあの神聖な友愛があるだろうか。友人は、利益や儲けが期待できなければ、むしろ捨てられ、追い出されるべきだというのだろうか。これよりもどんなひどいことが言えるだろう

か。しかし、友愛がそれ自体のために尊ぶべきだとすれば、人間同士の交わりも、平等も、正義も、それ自体のために求めるべきである。もしそうでなければ、およそ正義というものは存在しない。正義の報酬を求めることは、もっとも不正なことだからである。

一九

［50］しかし、穏健、節度、自制、畏怖、羞恥、純潔については、どう言えばよいだろうか。人が好き放題をしないのは、不名誉を恐れるためなのか、あるいは、法律と裁判を恐れるためなのか。とすれば、人が自制心と畏怖の念をもつのは、自分のことをよく言ってもらうためであり、顔を赤らめるのは、よい評判を得るためということになるのではないか。いま純潔について語るのは、わたしには恥ずかしいことだ。また、悪徳そのものを避けなくても、有罪判決を受けることは避けることが〈できる〉*57と考えるあの哲学者たちは、わたしに恥ずかしい思いをさせる。

［51］ではどうかね、わたしたちは、不名誉を恐れるため淫行から身を遠ざける者は純潔だと言うことができるだろうか。なぜなら、不名誉そのものが事柄の醜さから生じるからだ。じっさい、何をふさわしい仕方で称賛し、あるいは非難することができるだろうか、もし称賛あるいは非難に値するとみなされる事柄の自然本性を考慮に入れないなら。それとも、肉体の欠陥は、きわめて著しいものであればなんらかの不快を感じさせるが、精神の奇

形はそういう感じを起こさせないのだろうか。後者の醜さは、悪徳そのものにおいてきわめて容易に見分けることができる。いったい何が、貪欲よりもいとわしく、情欲よりも恐ろしく、卑怯よりも軽蔑すべきだと言えるだろうか、逡巡と愚かさよりも唾棄すべきだと言えるだろうか。ではどうかね、わたしたちが、一つ一つの悪徳、あるいはいくつかの悪徳のゆえに著しく目立つ人たちは不幸だと言うとき、それは、彼らが受けるなんらかの損害、損失、または拷問のせいなのか、それとも、悪徳の本質とその醜悪さのせいなのか。このことは、逆に、徳にたいする称賛についても言うことができる。

［52］最後に、徳がほかの事柄のために求められるなら、徳よりも優れた何ものかが存在しなければならない。では、それは金銭なのか、公の地位なのか、美しさなのか、あるいは健康なのか。だが、これらのものは、わたしたちのもとに留まっているあいだは取るに足らぬものであり、また、どれほど長く留まっているのか、はっきりと知ることはけっしてできない。あるいは、口にするのもきわめて恥ずべきもの、快楽なのか。しかし、まさに快楽を退け、拒否することにおいて、徳はまぎれもなく見分けることができるのだ。

さて、もろもろの事柄と考えがいかに大きな連鎖をなしているか、そして互いにどのように結び付いているか、あなたがたには分かるのではないか。だが、わたしは自分を引きとめなければ、もっと先のほうまで滑っていくところだった。

二〇

クイントゥス　いったい、どこまでですか。じっさい、兄上、あなたが話を進めるところへ、*58わたしはよろこんで一緒に滑っていきたいのです。

マルクス　善の究極までだ。それはあらゆるものの基準となるものであり、そこへ到達するためにすべてのことがなされなければならない。学者たちのあいだではいろいろと議論され、意見の相違がきわめて多い問題であるが、しかしいつかは解決されなければならない。

［53］アッティクス　そのことはどうすればできるのですか。ルーキウス・ゲッリウス*59が死んだのですから。

マルクス　そのことがこの問題とどんな関係があるのかね。

アッティクス　じつは、こんなことを記憶しているのです。わたしがアテーナイで友人のパイドロス*60から聞いた話ですが、あなたと親しかったゲッリウスが法務官を務めたあと属州長官としてギリシアへ来て、アテーナイに〈滞在した〉とき、当時の哲学者たちを一堂に招集し、論争になんらかの決着をつけるよう、彼らに熱心に勧めました。つまり彼は、彼らが一生を論戦のうちに費やしたくはないと考えているのであれば、その問題について合意が可能だろうと言い、同時に、彼らのあいだでなんらかの合意ができるようであれば、彼らに力を貸してもよいと約束したのです。

マルクス　それは面白い話だ、ポンポーニウス。そして多くの人がしばしば物笑いの種にしている。だが、このわたしには、ぜひとも古いアカデーメイア派とゼーノーンのあいだの仲裁人の役をさせてもらいたいものだ。

アッティクス　それはどういうことですか。

マルクス　彼らの考えが異なるのはただ一つのことについてであって、ほかのことについては驚くべきほど一致しているからだ。

アッティクス　ほんとうにそうですか。考えの相違は一つの点だけですか。

［54］マルクス　基本的なことにかんしては、一つの点だけだ。つまり、古いアカデーメイア派は、自然に従うものであって、生活においてわたしたちを助けるものはすべて善であると定めたが、他方、ゼーノーンは立派なものでなければいかなるものも善ではないと考えたという点だ。

アッティクス　あなたは、争点となっているのはじつに些細なことだが、論争のすべてを取り除いてしまうほどではないと言うのですか。

マルクス　あなたが考えているとおりだろう、もし彼らのあいだの相違が言葉の上だけではなく、実際に存在するなら。

二一

アッティクス　それでは、あなたはアンティオコス[*61]と同じ意見ですね。彼はわたしの友人であって――わたしの先生と呼ぶことははばかられますから――、わたしは一緒に暮らしたことがあります。彼はわたしをわたしたちの庭園[*62]からほとんど引きずり出して、あと数歩でアカデーメイア派の中に引き入れてしまうところでした。

マルクス　たしかに彼は鋭くて賢明で、自分の領域においては完璧な人だった。また、あなたが知っているように、わたしの友人でもあった。だが、わたしがすべての点で彼と同じ意見であるかどうか、このあと見ることにしよう。これだけは言っておくが、その論争のすべては解決することができるのだ。

アッティクス　あなたはその点をどのように見るのですか。

[55] マルクス　じつはこういうことだ。ゼーノーンは、キオスのアリストーンも言ったように、立派なことが唯一の善であり、恥ずべきことが唯一の悪であって、そのほかのことはすべて完全に等しく、そこにあってもなくてもまったく問題でないと言ったのであれば、クセノクラテースやアリストテレースやあのプラトーン一派とは大きく異なっていたことになるし、また彼らのあいだにはもっとも重要な問題や生活の原理全体をめぐって不一致があったことになろう。しかし、実際は、古いアカデーメイアの人たちが立派なことを最高善と

言ったのにたいし、ゼーノーンはそれを唯一の善と言い、同様に、彼らが恥ずべきことを最大悪と言ったのにたいし、ゼーノーンはそれを唯一の悪と言い、富、健康、美しさを善いものと呼ぶ代わりに快いものと呼び、貧困、虚弱、苦痛を悪いものと呼ぶ代わりに不快なものと呼んだ。だから、彼はクセノクラテースやアリストテレースと同じことを考えているが、これを別の仕方で言い表していることになる。しかし、このような不一致――事柄の不一致ではなく、名前のそれから、〈善と悪の〉究極にかんする論争が起こったのだ。この論争では――十二表法は幅五ペースの土地の、時効による所有権取得を禁じているのであるから――、わたしたちはこの明敏なゼーノーンがアカデーメイア派の所有地で家畜の放牧をするのを許さないことにしよう。そして、マミリウス法*64に従って一人の裁定人が決めるのではなく、十二表法に従ってわたしたち三人が裁定人として境界を決めることにしよう。

［56］クイントゥス　それでは、わたしたちはどのような裁定を下すのですか。

マルクス　「ソークラテースが定めた境界を探し出し、これに従う」という裁定だ。

クイントゥス　兄上、あなたはすでに市民法と法律の用語をみごとに使っておられる。わたしはそのような種類の事柄についての議論を期待しているのです。なぜなら、あなた自身からしばしば聞いて知っていますが、その裁定はたいへんなことですから。しかし、次のことは確かです。最高の善は自然に即して生きることであり、それは節度ある、徳にかなった生活を楽しむこと、あるいは自然に従い、いわば自然の法則にのっとって生きること、すなわち自己がもつかぎりの力をけっして惜しまずに、自然の要求を達成しようとすることです。あたかも法律に従うように自然に従って生きるということは、自然の要求の一つだからです。[*65]ですから、その問題を裁定することはおそらくけっしてできないでしょう。少なくとも、この討論で決定することはたしかにできないでしょう、もしわたしたちが企てたことをやり遂げようとするなら。

二二

[57] アッティクス　だが、わたしは横道に逸れてみたいのです、それもよろこんで。

クイントゥス　別の機会にそうすることもできるでしょう。いまは、わたしたちが取り上げたことを続けましょう。とりわけ、最高善と最大悪についての論争はいまの問題と少しも関係がありませんから。

マルクス　それはまったく賢明な言葉だ、クイントゥス。なぜなら、これまでわたしが話したことは……[*66]

〈クイントゥス〉……リュクールゴス、[*67]ソローン、[*68]カローンダース、[*69]ザレウコス[*70]の法律やわたしたちの十二表法や民会決議についてわたしは聞きたいと願っているわけではありません。そうではなく、今日の討論においてあなたが国民に、とりわけ彼らの一人一人に、生活のための法律と規律を与えて下さるだろうとわたしは考えているのです。

[58] マルクス　たしかに、クイントゥス、きみが期待していることはこの討論の本来の

目的だが、それがわたしの力に余るものではないよう願いたいものだ。ともあれ、実際はこういうことだ。法律は悪徳を矯正するものであり、徳を勧めるものでなければならないから、生活の原理はそこから導き出される。したがって、知恵はあらゆる善いものの母ということになる。ギリシア語ではこの知恵への愛から哲学[*71]はその名前をもつに至ったのだが、不死の神々から人間の生に与えられた贈物で、哲学ほど、豊かな、輝かしい、素晴らしいものは何一つないのだ。じじつ、ほかのすべての事柄のほかに、わたしたちが自分自身を知るという、もっとも困難なことをわたしたちに教えたのは哲学だけである。この教訓の意味はきわめて深く、その言葉はきわめて大きな重みをもっていたので、それは人間の誰かによるものではなく、デルポイの神によるものとされた[*72]。

〔59〕じじつ、自分自身を知る者は、最初に自分が何か神的なものをもっていることを感じるだろう。また自分のうちにある己の才能をいわば聖なる神像とみなし、神々から与えられたそのように大きな贈物に何かふさわしいことをいつも行い、考えるだろう。そして、自己を見きわめ、自己の全体を試したとき、どのような備えを自然から授かってこの世に生まれたか、また、知恵を獲得し保持するためにいかに多様な手段をもっているかを理解するだろう。なぜなら、彼は、すべての事柄についていわば模糊とした観念を最初から魂と精神に受け入れたのだが、このような観念が知恵を導き手として啓発されるにしたがい、自分が善い人間となるだろうこと、そして、まさにそれゆえに幸福な人間となるだろうことを悟るからである。

二三

〔60〕じっさい、魂が徳を認識し受け入れ、肉体を甘やかしその言いなりになることをやめ、あたかも汚辱の染みであるかのように快楽を抑え、死と苦痛の恐怖のすべてから逃れ、身内の者たちと愛の交わりを結び、自然によって結ばれたすべての者を身内とみなし、神々の礼拝と浄らかな祭事の勤めを自分に課し、また、善いものを選んでその逆のものを避けるために肉眼のみならず心眼をも鋭くしたとき——最後にあげた徳は、あらかじめ慮《おもんぱか》ること〔provideo〕から、思慮〔prudentia〕と呼ばれるのだが——、そのとき、これにまさるどんな幸福をあげることが、あるいは考えることができるだろうか。

〔61〕その同じ人間が、天、大地、海、万物の自然本性を見きわめ、これらがどこから生じ、どこへ戻るのか、いつ、どのような仕方で滅ぶのか、これらのうち何が移ろいやすくかならず滅ぶものであり、何が神的な不滅のものであるかを見、これらを統御し支配する〈神〉をほとんどありのままに理解し、そして、自分は周りを城壁で閉ざされて暮らすある限られた場所の住人ではけっしてなく、一つの都市とも言える全宇宙の市民であることを知ったとき、事物のこのような壮大さと自然のこのような観察と認識の中で、おお不死なる神々よ、彼はなんと深く自己を知ることだろう〔、ちょうどピュートーのアポローンが命じたように〕。そして、大衆がもっとも素晴らしいと言うものを、なんと軽蔑し、見下し、歯

牙にもかけないことだろう！

二四

[62] さらに、彼はこれらすべてを防壁とも言うべきものによって、すなわち討論の方法、真偽を見分ける能力、どれがどれから生じ、どれがどれに矛盾するかを理解するための一種の技術によって守るだろう。そして、自分は市民の共同体のために生まれた者であることを感じたとき、あの緻密な討論のみならず、もっと広範囲にわたる継続的な議論を用いるべきだと考えるだろう。[*73] このような議論を用いることによって、彼は国民を支配し、法律を確立し、悪人を罰し、善人を守り、優れた人を称え、安寧と名声を得るための忠告を説得的な仕方で彼の市民に与えるだろうし、また、立派なことを勧め、恥ずべきことから引き戻し、悩む者を慰め、勇者と賢者の行為と助言を、悪人の汚名とともに、永久に残る記録の中に伝えることができるだろう。自分自身を知りたいと望む者によって人間に内在することが認識されるこれらの事柄が、このように多くあって、このように素晴らしいものであるとき、これらを生み育てるものは知恵であるということになる。

[63] **アッティクス**　たしかに、あなたによる知恵の称賛はおごそかで真実に即しています。だが、それは何の目的のためなのですか。

マルクス　まず第一に、いまわたしたちが扱おうとしている事柄、つまり、そのように大きな問題となるようわたしたちが望んでいる事柄のためなのだ、ポンポーニウス。じっさい、それが流れ出てくる源泉がきわめて大きなものでなければ、そのように大きな問題とはならないだろう。第二に、わたしはそのことをよろこんでするし、また、そうすることは当然だと思う。なぜなら、わたしは、その研究に一身を捧げ、また、いまのわたし——このわたしがどのような者であれ——を作ってくれた知恵のことを黙って見過ごすことはできないからだ。

アッティクス　たしかに、あなたがそうするのは当然のことであり、義務でもあります。それは、あなたが言うように、この討論でしなければならないことだったのです。

訳注

＊1　キケローが、彼と同様アルピーヌムの出身であるマリウスについて歌った叙事詩（散逸）。ガーイウス・マリウスについては、『国家について』第一巻訳注＊28参照。

＊2　クイントゥス自身も詩を書いたのでこのように言う。

＊3　クイントゥス・ムーキウス・スカエウォラ。『国家について』に登場するクイントゥス・ムーキウス・スカエウォラ・アウグルの孫で、前五四年に護民官を務めた人物のことと思われる。

＊4　以下、文脈を汲んで訳す。アテーナイのアクロポリスにあるオリーブの木は、かつてアテーナーとポセイドーンとがアテーナイの所有をめぐって争ったとき、アテーナーが植えたと言われる。またデーロス島でオデュッセウスがアポローンの祭壇の傍らに生えている棕櫚の若木を見たことは、『オデュッセイア』六・一六二以下で語られている。

＊5　『国家について』二・二〇参照。
＊6　北風の神ボレアースがアテーナイ王エレクテウスの娘オーレイテューイアを奪ったという伝説がある。
＊7　ヌマ・ポンピリウスについては、同書、二・三五参照。ヌマは泉のニンフのエーゲリアから助言を受けたと言われる。ルーキウス・タルクイニウス・プリスクスについては、『国家について』二・二五。またタルクイニウスが王になる前に、鷲が彼の頭から帽子を奪い、それからこんどはそれを彼の頭の上に置いたと伝えられる。
＊8　キオス出身の歴史家（前四世紀）。
＊9　キケローが執政官であった前六三年にカティリーナの陰謀を打ち砕いたことを言う。
＊10　ギリシア語でローマ最初の歴史を書いたクイントゥス・ファビウス・ピクトル（前三―前二世紀）のこと。
＊11　マルクス・ポルキウス・カトー（・ケンソーリウス）については、『国家について』第一巻訳注＊9参照。カトーはラテン語でローマ最初の歴史を書いた。
＊12　前一三三年の執政官であったルーキウス・カルプルニウス・ピーソー・フルーギーは、カルターゴーの陥落に至るまでの歴史を書いた。
＊13　前一二二年の執政官であったガーイウス・ファンニウスは、同時代の歴史を著した。
＊14　前二世紀後半の年代記作者。
＊15　ルーキウス・コエリウス・アンティパテル（前二世紀後半）は、七巻から成る第二次ポエニー戦争の歴史を著した。
＊16　ローマの起源からカルターゴーの陥落に至る歴史を書いたグナエウス・ゲッリウス（前二世紀後半）のこと。

＊17　前一世紀前半にローマ史を著したクイントゥス・クラウディウス・クワドリーガーリウスのことか。
＊18　前二世紀後半から前一世紀前半にかけて同時代の歴史を書いたセンプローニウス・アセッリオーのこと。
＊19　ガーイウス・リキニウス・マケルは、前六八年の法務官で、ローマの歴史を著した。
＊20　ルーキウス・コルネーリウス・シーセンナは、前一世紀前半の政治家・歴史家。
＊21　前四世紀末にアレクサンドロス大王の事績を記録した、アレクサンドレイア出身の歴史家。
＊22　グナエウス・ポンペイウス・マグヌス（前一〇六―前四八年）のこと。将軍・政治家として活躍したが、ユーリウス・カエサルと対立した。パルサルスの戦いでカエサルの軍に敗れ、エジプトに逃れたとき暗殺された。
＊23　元老院議員が使節の名目のもとに国費で旅行することは慣行となっていた。三・一八参照。
＊24　法律にかんする相談のこと。
＊25　当時有名な俳優であったクイントゥス・ロスキウス・ガッルスのこと。
＊26　クイントゥス・ムーキウス・スカエウォラ・アウグルのこと。『国家について』第一巻訳注＊54参照。
＊27　一般に「市民法（ius civile）」と言われるものは、私法および民事訴訟法の領域で制定された法律、官職者の布告、法学者の解釈などから成るが、キケローはアッティクスの言う「市民法」を広い意味にとって、「国の法（ius civitatis）」と言い直している。キケローの考えによれば、「市民法」は元来、国のすべての法を含むものでなければならない。
＊28　『国家について』のこと。
＊29　プラトーンが二つの対話篇、『国家』と『法律』を著したことを言う。
＊30　キケローが「法律（lex）」と「法（ius）」と言うとき、前者は法律、法則などの形をとって現れる「法」を指し、後者はかならずしもそのような形をとらない「法」、たとえば「慣習（mores）」を指す。

キケローの考えによれば、「法（ius）」とは正しい行為のための規範（norma）である。これはあるときは法律、法則などの形をとって現れ、あるときは慣習などの形をとって現れる。

＊31　当時著名な法律学者であったセルウィウス・スルピキウス・ルーフス（前一〇六頃―前四三年）のこと。

＊32　「分け与える」を意味する動詞 νέμω から、法律を意味する名詞 νόμος が作られたという説による。

＊33　「選ぶ」を意味する動詞 lego から、法律を意味する名詞 lex が作られたという説による。

＊34　（元老院で）賛成を表明するさいの言い方を真似ている。

＊35　『国家について』のこと。

＊36　エピクーロス派のこと。アッティクスはエピクーロス哲学の信奉者であった。

＊37　エピクーロスのこと。エピクーロス派は神の存在を認めるが、伝統的な考えに反し、神は人間の生にまったく関与しないという立場をとる。

＊38　キケローの言う法律（lex）と法（ius）については、前注＊30参照。

＊39　顔つきを意味するラテン語 vultus に当たるギリシア語はないということ。

＊40　『国家について』のこと。

＊41　エジプト人のことを言う。

＊42　前二世紀の喜劇詩人テレンティウスのこと。

＊43　プラトーン『国家』、『ゴルギアース』などからうかがえるように、ソークラテースがソピステースたちの言う「強者の権利」を批判したことを指す。

＊44　このあとテクストに若干の脱落がある。

＊45　ラクタンティウス『神的教理』五・八・一〇。

＊46　スペウシッポス（前四〇七頃―前三三九年。前三四七―前三三九年まで学頭）、クセノクラテース、

ポレモーン（前三一三—前二六九年まで学頭）は、それぞれプラトーンの後継者として古いアカデーメイアの指導的立場にあった。クセノクラテースについては、『国家について』第一巻訳注＊15参照。

＊47 テオプラストス（前三七二頃—前二八八年頃）は、レスボスの出身で、アリストテレースの後継者。

＊48 ゼーノーン（前三三五—前二六三年）は、キュプロスの出身で、ストア派の創始者。

＊49 キオス出身の哲学者。ゼーノーンの弟子。

＊50 エピクーロス派の人たちがアテーナイにあったエピクーロスの庭園に集まって師の教えを聞いたことを言う。

＊51 新アカデーメイア派のこと。アルケシラース（前三一六／三一五—前二四二／二四一年）は、前二六八年頃から学頭を務めた。カルネアデースについては、『国家について』第三巻訳注＊8参照。

＊52 テクストに脱落がある。

＊53 ius naturae の訳。

＊54 ペロポンネーソス戦争後、アテーナイにおいて樹立された寡頭派の政権のこと（前四〇四年）。

＊55 ルーキウス・ウァレリウス・フラックスは、前八二年に中間王としてスッラを独裁官に任命した。中間王の制度については、『国家について』第二巻訳注＊46参照。

＊56 Ziegler の読みによる。

＊57 テクストは不確か。

＊58 テクストは不確か。

＊59 ルーキウス・ゲッリウス・ポプリコラは、執政官（前七二年）、監察官（前七〇年）などを務めた。

＊60 パイドロス（前一四〇頃—前七〇年）は、エピクーロス派哲学者で、アッティクスの友人。

＊61 アンティオコス（前一三〇頃—前六九／六八年）は、アスカローン（シリア）出身のアカデーメイア派哲学者で、ストア派とアリストテレース派をプラトーンの正統な継承者とみなした。キケローは前七九

／七八年にアテーナイで彼の講義を聴講した。
＊62　エピクーロス派のこと。前注＊50参照。
＊63　境界に沿った幅五ペースの土地は鋤を方向転換させるために必要な地面だったので、時効による取得は認められなかった。ラテン語の finis は「究極」と「境界」の両方の意味があるので、キケローは言葉遊びでこのように言う。
＊64　前一〇九年の護民官ガーイウス・マミリウスは、境界をめぐる争いの解決を一人の裁定人に委ねた。
＊65　テクストは不確か。大意を汲んで訳す。
＊66　テクストに脱落がある。
＊67　『国家について』第二巻訳注＊5参照。
＊68　『国家について』第二巻訳注＊8参照。
＊69　前六世紀末頃の、カタネー（シキリア）の立法家。
＊70　前七世紀中頃の、ロクロイ・エピゼピュリオイ（南イタリア）の立法家。
＊71　ギリシア語で哲学を意味する philosophia は、直訳すれば「愛知」である。
＊72　「己を知れ」という言葉がデルポイのアポローン神殿に掲げられていたことを言う。
＊73　「緻密な討論」はプラトーンの対話篇に見られるような対話法（ディアレクティケー）による議論を指し、「継続的な議論」は主として論述から成る議論を指すと解される。

第二巻

一

［1］アッティクス　さて、あなたさえよければ、すでに十分散歩をしたことですし、また、あなたは別の話を始めなければならないのですから、わたしたちは場所を変えて、フィーブレーヌスの*1――これがもう一つの河の名だと思いますが――中洲に腰を降ろし、討論の続きに取り組むことにしませんか。

マルクス　結構だね。じっさい、わたしはいつでも、ちょっとした考えに耽るときであれ、何かを書いたり読んだりするときであれ、あの場所をとくに好んで使っている。

［2］アッティクス　わたしは、ちょうどいまここへ来たばかりですから、見飽きることがありません。そして広壮な屋敷、大理石の敷石、鏡板を張った天井を軽蔑します。あの人たちがナイルとかエウリープスとか呼んでいる導水路*2でさえ、この景色を見たなら、誰が笑わずにおられるでしょうか。だから、さきほどあなたが法律と法について論じるさいあらゆるものの基準を自然に求めたように、心の休息と喜びのために求められるこれらの事柄にお

いてさえ自然は支配者となるのです。これまでわたしには不思議に思われました——この土地には岩と山しかないと考えていましたし、またあなたの弁論と詩[*3]によってそうするよう仕向けられましたから――、いま言ったように、不思議に思われたのです、あなたがこの場所にそれほど大きな喜びを見出していたことが。いまはそれとは逆に、あなたがローマを留守にするとき、どこかよそへ行きたいと望むことのほうが、わたしには不思議に思われます。

［3］マルクス　わたしは、数日間の留守が許されるときは、とくにこの季節には、風光明媚で健康なこの土地を訪れることにしている。もっとも、それはまれにしか許されないが。だが、ティトゥス、あなたには関係がない別の理由があって、それもわたしに喜びを与えていることは疑いない。

アッティクス　それはどんな理由ですか。

マルクス　つまり、じつを言えば、ここはわたしとこの弟の本当の故郷なのだ。じっさい、わたしたちはここの由緒ある家柄の出身であり、ここには一家の神々が祀られ、ここには一族が住み、ここには先祖のたくさんの思い出がある。これ以上何を言うことがあるだろうか。あなたにはそこに館が見えるだろう。いまはあのようになっている。わたしたちの父の好みでいくぶん風格あるものに改築されたのだ。父は病弱だったから、ここで学問をしながら生涯のほとんどを過ごした。あなたに知っていただきたいのだが、わたしが生まれたのはちょうどこの場所だった。祖父がまだ存命中で、館も、サビーニー人の土地にあったあのクリウス[*4]の別荘のように、昔風に小さかった頃のことだ。だから、わたしの胸と感情の中に何か分からないものが潜んでいて、おそらくそのせいでこの場所がいっそう大きな喜びをわたしに与えるのだろう。誰にもまして才知にたけたあの人でさえ、イタケーをふたたび見るために、不死の身になることを拒んだと伝えられているのだから。[*5]

二

[4] アッティクス　たしかに、あなたがどこよりもここをよろこんで訪れ、この場所を愛するというその理由はまったく当然だとわたしは思います。じつを言えば、わたし自身もたったいま、あなたの出身地であり生まれた場所でもあるあの館とこの土地全体にいっそう愛着をもつようになりました。じじつ、愛し尊敬する人たちの思い出がまつわる場所そのものは、奇妙な仕方でわたしたちの心を動かします。わたしのあのアテーナイさえ、壮麗な建築物や、昔の人たちの精巧な芸術品によってというより、むしろ傑出した人たちを思い出させることによって——彼らのめいめいがどこに住み、どこに座り、どこで議論をするのがつねであったかを思い出させることによってわたしを喜ばせるのです。そして、わたしは彼らの墓さえ敬愛の念をもって眺めるのです。ですから、あなたが生まれたその場所をわたしはこれからもっと愛するでしょう。

[5] マルクス　では、わたしのいわば揺り籠をあなたに見せたことを喜んでよいわけだ。

アッティクス　わたしこそ、それを知ったことをたいへん喜んでいます。しかし、さっきあなたが言ったのは、どういうことですか。つまり、この場所が——あなたが言うのはアルピーヌムのこととわたしは受け取りましたから——あなたがたの本当の故郷だというのは。あなたがたは、二つの故郷をもっているのですか。それとも、一つの、皆が共有するあの祖国だけがあるのですか。もしかして、あのカトーの祖国はローマではなく、トゥスクルムだったというのでなければ。[*6]

マルクス　たしかに、わたしの考えでは、カトーのみならず、自治都市の住民はすべて二つの祖国、つまり一つは自然による祖国、もう一つは市民権による祖国をもっている。ちょうどカトーが、トゥスクルム生まれであるにもかかわらずローマ国民としての市民権を与えられ、こうして、生まれの上ではトゥスクルム人、市民権の上ではローマ人であるところから、一つは場所による祖国、もう一つは法による祖国をもっていることになるように、また、ちょうどあなたがたのアッティケー人が、テーセウスの命[*7]によって一人残らず郡部から引き上げ、アスチュと呼ばれる市部へ移住する前は、それぞれの地区に属する人間であると同時にアッティケー人であったように、そのようにわたしたちは、めいめいが生まれた場所のみでなく、市民として受け入れられた場所も祖国と考えるのだ。しかし、何にもまして愛情を注がなければならないのは、それによって市民全体が国家という名をもつことになる祖国、そのためにわたしたちが生命を捨て、それに自己のいっさいを捧げ、そこにわたしたちの所有物のすべてを供え、いわば奉納しなければならない祖国である。だが、わたしたちを生んだ祖国を愛しく思う気持ちが、わたしたちを市民として受け入れた祖国を愛しく思う気持ちに大きく劣るというのではない。だから、あの祖国はより大きく、この祖国はその中に含まれていることになるが、わたしはこれが自分の祖国であることをけっして否定しないだろう。……[8]彼は〈二つの〉市民権をもつが、しかしこれらを一つの市民権とみなしている。

三

［6］**アッティクス**　では、わたしたちの友人のマグヌス[9]がわたしも傍聴した法廷で述べたことは正しかったのですね。つまり彼は、あなたと一緒にアンピウス[10]の弁護演説をしたとき、わたしたちの国家はこの町に至極当然のこととして感謝しなければならない、なぜなら、ここから二人の国家の救い主[11]が現れたからだ、と述べました。ですから、いまは、あなたを生んだこの町もあなたの祖国とみなすことができるようにわたしには思われます。

ともあれ、中洲に来てしまいました。たしかに、ここよりも快適な場所はほかにありません。じっさい、フィーブレーヌスはここではあたかも尖った舳《へ》先《さき》[12]で切り分けられるように切り裂かれ、二つの等分な流れになってこの両岸を洗うと、激しい勢いで流れ去ってすぐに一つになり、ほどよい大きさのレスリング練習場が十分できるほどの場所を取り囲んでいます。こうしてから、わたしたちの討論のためにこの席を用意することがその仕事と義務であったかのように、ただちにリーリスに流れ込み、いわば貴族の一門に加わったように、それほど知られていない名前を捨てて、リーリスの流れをひどく冷たいものにしています。これまでにわたしはたくさんの河のすぐ傍まで行きましたが、これよりも冷たい流れに手で触れたことは一度もありません。ですから、プラトーンの『パイドロス』でソークラテースがしているように[*13]、その流れを足で試してみることはわたしにはできそうもありません。

［7］マルクス　たしかに、そのとおりだ。とはいえ、エーペイロスにある、あなたのあのテュアミス[*14]は、快適さではこの河に引けを取らないだろう。テュアミスのことはクイントゥスからしばしば聞いているから。

クイントゥス　あなたの言うとおりです。じじつ、わたしたちの友人アッティクスのアマルテイアの祠《ほこら》とあの鈴懸の木立よりも何か素晴らしいものがあると考えてはいけません。だが、よろしければ、この木陰に腰を降ろし、わたしたちが議論の途中でやめたところへ戻ることにしましょう。

マルクス　きみの催促はもっともだ、クイントゥス。わたしは逃げおおせたと思っていたが、この借りはきみに残らず返さなければならないようだね。

クイントゥス　では、始めて[*15]下さい。今日まる一日をあなたに捧げているのですから。

マルクス　わたしがアラートスの歌を始めたときのように、「ムーサたちはユッピテルから始める」。

クイントゥス　それはどういうことですか。

マルクス　つまり、こんども同様に、わたしたちは同じユッピテルとそのほかの神々から議論を始めなければならないということだ。

［8］クイントゥス　まったくそのとおりです、兄上。そうするのは当然のことです。

四

マルクス　では、個々の法律に取りかかる前に、法律というものの意味と自然本性をもう一度見てみよう。こうするのも、わたしたちはそれをすべてのものの基準にしなければならないのであるから、言葉の誤りによってときには間違いを犯し、法を定義すべき方法の意義を見落とすことがないようにするためだ。

クイントゥス　まったくそのとおりです。それは正しい説明の仕方です。

マルクス　さて、わたしの見るところでは、最高の知恵をもった人たちの考えはこうであった。すなわち、法律は人間の頭で考えられたものでもなく、国民のなんらかの決議でもなく、命令し禁止する知恵によって宇宙全体を支配する、何か永遠的なものである。したがって、最初にあって最後にくるあの法律は、すべてを理性によって命令し禁止する神の精神である、と彼らは言っていたのだ。それゆえ、神々が人類に与えたあの法律が称えられたのは当然であった。それは、賢者の理性と精神、命令し禁止することができる理性と精神だからである。

［9］クイントゥス　その問題はすでに何度かあなたによって触れられています。しか

し、あなたが国民の法律に取りかかる前に、もしよければ、その神的な法律の本質を明らかにして下さい。習慣の大波がわたしたちをさらっていき、日常の用語法のほうへ引きずり込まないようにするためです。

マルクス　じっさい、クイントゥス、幼時からわたしたちが学んできたのは、「もし彼が法廷へ召喚するなら」という規定や、そのほかこの種のものを法律と呼ぶことであった。しかし、ほんとうは次のように理解しなければならない。つまり、この規定や、国民のそのほかの命令と禁止は、正しい行いを勧め、過ちを思いとどまらせる力をもつのであり、その力は、国民や国家の年代よりも古いのみならず、天地を守り支配するあの神と同じ世代に属するということだ。

［10］じじつ、神的精神は理性なしには存在することができないし、神的理性は正邪を定めるこの力をもたざるをえない。また、敵の全軍にたいし一人で橋のたもとに踏みとどまり、背後の橋を打ち落とすよう命じるべきだということはどこにも書き記されていないからといって、あのコクレス*16がかくも大きな手柄を立てたのは勇気の法律とその命令に従ったためではない、などとわたしたちは考えないだろうし、また、〈ルーキウス・〉タルクイニウス*17の支配下では破廉恥罪についてどのような成文法もローマにはなかったとしても、それゆえにセクストゥス・タルクイニウスがトリキピティーヌスの娘ルクレーティアに暴力をふるったのはあの永遠の法律に背いたのではない、ということにはならない。なぜなら、事物の自然本性から発し、正しい行為を促して犯罪を思いとどまらせる理性は存在したのであり、

その理性がはじめて法律となったのは、それが書き記されたときではなく、それが生まれたときであったからである。そして、それは神的精神と同時に生まれたものである。それゆえ、命令し禁止することができる、真の、そして最初の法は、至高神ユッピテルの正しい理性である。

五

［11］クイントゥス　正しく、真であるものは〈永遠であり〉、決議を書き記す文字とともに生まれ、ともに滅ぶものではないという点では、わたしは賛成です、兄上。

マルクス　したがって、あの神的精神が最高の法律であるのと同じように、〈理性が〉人間の中で完成されたときには、それは賢者の精神の中に存在する。*18 しかし、国民のためにその都度さまざまな形で制定された法律は、実際にそうであるからというより、むしろ好意から法律という名称を得ている。じじつ、ある人たちが教えるところによれば、*19 法律という名で正しく呼ぶことができる法律のすべてが称賛に値するのは、次のような証拠による。すなわち、確実なことは、法律は市民の安全および国家の無事と、平穏で幸福な人間生活のために考え出されたものであること、また、このような決議を最初に制定した人たちは、国民にたいし、採択され受け入れられるなら彼らが正しく幸福に生活できるようになるものを自分たちは書き記し提案するつもりである――つまり、こうして作成され制定されるならまぎれもなく法律と呼ばれるべきものを提案するつもりである、と明言したことである。ここから当然理解されるのは、有害で不正な命令を国民に定めた人たちは、彼らの約束と公言とは逆のことをなしたがゆえに、法律とはまったく別のものを提案したということである。したがって、法律という名称自体を解釈するとき、正しくて真実であるものを選ぶ*20という意味と意図がそこにあるのは明白である。

〔12〕それでは、クイントゥス、あの人たちがいつもするように、きみに質問してみよう。もし国家があるものを欠いているとき、まさにその理由のゆえにけっして国家とはみなすべきでないようなものがあるなら、それは善いものの一つとして数えるべきではないか。

クイントゥス　たしかに、最高に善いものの一つです。

マルクス　だが、法律を欠いている国は、まさにそれゆえにけっして国とみなすべきでないのではないか。

クイントゥス　そう言うほかありません。

マルクス　それでは、法律は最善の事柄の中に入れるべきである。

クイントゥス　まったく賛成です。

〔13〕マルクス　では、諸国民のもとで多くの有害な、破滅をもたらす決議が行われていることについてはどうかね。これらは、盗賊たちが同意してなんらかの規則を定めた場合よりもいっそう法律の名に値することになるわけではない。じじつ、無知で無経験な者が治療薬のかわりに人を殺す毒を処方するなら、それを医者の処方と言うことができないのは当然

であるし、また、国民の場合も、たとえ彼らがなんらかの有害な規則を受け入れたとしても、それを法律——それがどのような形のものであれ——と呼ぶことはできない。したがって、法律とは正と不正の区別、すべての事物のうちもっとも古く最初のものであるあの自然に即して表現された区別のことである。あの自然に即して、悪人を罰し、善人を弁護し保護する人間の法律が決められるのだ。

六

クイントゥス　たいへんよく分かりますし、いまは、ほかのどんなものも法律とみなすべきではないのみならず、そう呼ぶべきでもないと考えます。

[14] マルクス　では、ティティウス法*21やアープレイウス法はいかなる法律でもないと思うのかね。

クイントゥス　そのとおりです。リーウィウス法もそうです。

マルクス　当然のことだ。とりわけこれらの法律は、元老院のたった一行の句によって一瞬のうちに廃止されたのであるから。しかし、わたしがその意味を明らかにしたあの法律は、無効にすることも廃止することもできないものだ。

クイントゥス　それでは、あなたが提案しようとしている法律はもちろんけっして廃止することのできないものですね。

マルクス　そのとおりだ、ただし、その法律があなたがた二人によって受け入れられるならば。だが、きわめて豊富な知識をもち、同時にすべての哲学者のうちでもっとも重要な人物であったプラトーンがしたように――彼は国家についてのみならず、これとは別に国家の法律についても著述した最初の人だが――、わたしもまた、法律そのものを読み上げる前に、その法律の推薦の言葉を述べるということをしなければならないと思う。わたしの見るところでは、ザレウコスとカローンダースもこれと同じことをしている。ただし、彼らは、研究と楽しみの目的ではなく、国家の実用の目的で自分たちの国のための法律を書き記した。プラトーンは明らかに彼らを手本として、力と脅しですべてを強制することではなく、ある程度説得することが法律の機能であると考えた。

[15]　クイントゥス　ティーマイオス*22がそのザレウコスの実在を否定していることについてはどう思いますか。

マルクス　だが、テオプラストスは〈肯定している〉。わたしの考えでは、テオプラストスは権威者としてけっして劣るわけではないし、彼をもっと高く評価する人も大勢いる。じっさい、彼の同国人であり、わたしの庇護民であるロクロイ人*23も、ザレウコスのことを語り伝えている。しかし、彼が実在したかどうかは、問題とはかかわりがない。わたしたちが話しているのは言い伝えられたことだ。

七

さて、まず第一に、市民には次のことを説得しなければならない。神々はすべてのものの支配者であり統率者であって、世に起こるさまざまな事柄は彼らの判断と意志によって起こるのであり、また、神々は人類に最大の恩恵を施し、めいめいがどのような人間で、何を行い、どのような罪を犯し、どのような心がけで、つまり、どのような信仰心で儀式をとり行うかを観察し、敬虔な者と不敬な者を心に留めるということである。

［16］このような考えに精神が満たされるなら、真実で有益である意見に背を向けようとはしなくなるだろう。じっさい、次のことよりも、何がいっそう真実に近いだろうか――理性と精神は自分の中には存在するが、天と宇宙の中には存在しないと考え、あるいは、生まれつきそなわる理性の最高能力によってもほとんど〈把握できないものは、いかなる理性によっても〉[*24]動かされていないと考えるほど、それほど愚かで思い上がった人間であることは誰一人許されない、ということよりも。しかし、星辰の整然とした運行、昼夜の交替、季節の調和によって、あるいは、わたしたちが享受するために生み出されるものによって感謝の念に駆り立てられないような者をいやしくも人間の一人とみなすことがどうしてできるだろうか。理性をもっているものはすべて、それを欠いているものにまさるのであり、また万物の自然本性にまさる何ものかがあると主張することは許されないのであるから、自然本性の

中に理性が存在することは認めなければならない。さらに、このような考えが有益であることを誰が否定するだろうか——誓約によってどれほど多くのことが保証されるか、盟約の神聖な束縛が世の安全にとってどれほど重要であるか、神罰の恐れがどれほど多くの人を犯罪から遠ざけたか、また、不死の神々が裁判官あるいは証人として介入するとき、市民同士の結び付きがどれほど神聖なものとなるかを理解するならば。

これで、きみは法律への「序言」をもったことになる。プラトーンはこんなふうに呼んでいるからだ。*25

［17］**クイントゥス**　たしかに、それをもったことになります、兄上。また、あなたがプラトーンとは異なった事柄と考えに取り組んでいるのはたいへん喜ばしいことです。さっきのあなたの話ほど、また神々にかんするその前置きそのものほど、プラトーンのそれと異なったものはまったくありませんから。一つの点だけ、あなたはプラトーンを真似ていると思われます。つまり、議論の形式の点です。

マルクス　たぶん、真似てみたいと思うだけだ。じっさい、それを真似ることが誰にできるだろうか、あるいは、将来いつかできるようになるだろうか。文章を翻訳するのはまったく容易なことだ。わたしは、どうしても自分自身でありたいと思わなければ、そうしただろう。ほとんど同じ言葉で言い換えられた、同じ内容を述べることに、どんな困難があるだろうか。

クイントゥス　まったく賛成です。だが、いまあなたが言ったように、むしろあなた自身であって欲しいと思います。ともあれ、もしよければ、こんどは宗教にかんするあなたの法律を示して下さい。

[18] マルクス　わたしにできるかぎり、そうすることにしよう。論題も討論もありふれたものでは〈ない〉から、法律を法律用語を用いて述べることにしよう。

クイントゥス　それはどういうことですか。

マルクス　クイントゥス、法律には決められた用語がある。それは昔の十二表法や神聖法*26の言葉のように古いものではないが、権威を高めるため、現在の〈わたしたちの〉話し言葉よりも少しばかり古めかしいところがある。だから、その用語法にできるかぎり従うことにして、これに簡潔さを組み合わせてみよう。しかし、わたしが提案しようとしているのは、完全な形の法律ではなく――それをするなら切りがないだろうから――、要点と趣旨だけだ。

クイントゥス　たしかに、それはやむをえません。では、うかがうことにしましょう。

八

[19] マルクス　神々の前に進むときは清浄であること。敬虔の念をもつこと。華美を退けること。もし従わない者があれば、神みずからこれを罰するであろう。

新しい神々であれ、外来の神々であれ、公に認められたものを除き、自分だけの神をもつことは誰にも許されない。父祖から然るべき仕方で〈受け継がれ、崇拝されてきた〉[*27]神々は、個人として礼拝すること。

神殿は〈都市に〉設けること。神苑とラレース[*28]の祠《ほこら》は田園に設けること。

一族と父祖以来の祭儀は守らなければならない。

神々として崇めなければならないのは、つねに天界の住人とみなされている者、ついで、功績によって天上に移された者、すなわちヘーラクレース〔ヘルクレース〕、ディオニューソス〔リーベル〕、アスクレーピオス〔アエスクラーピウス〕、カストール〔カストル〕、ポリュデウケース〔ポッルクス〕、クイリーヌス、さらに、それによって天上へ昇ることが人間に許される徳性、すなわち知性、武勇の徳、敬虔、信義である。これらの徳性を称える神殿を設けること。悪徳のためにいかなる祭の儀式も行ってはならない。

祭日には争いを避け、仕事を終えたのち召使いとともに祭を祝うこと。祭日は季節の変わり目にくるよう定めること。

神官は、定められた犠牲において、定められた期日に、定められた穀物と定められた樹果を公の名において捧げること。

〔20〕同様に、別の日のために大量の乳と多数の幼獣を用意しておくこと。これがおろそかにされることがないよう、神官はこの目的と方針のために一年の周期を定めなければならない。そして、どのような犠牲がそれぞれの神にふさわしく、また喜ばれるかを、あらかじめ心得ていなければならない。

それぞれの神にそれぞれ〈別の〉神官を置き、すべての神々には神祇官を、個々の神々には祭司を置くこと。ウェスタの巫女は[*29]、都において公共祭壇の永遠の火を守らなければならない。

これらの祭儀が公的であれ私的であれ方式と慣例に従ってとり行われるよう、これを知らない者は公の神官から学ばなければならない。公の神官は三つの部門に分かれること。その一つは、儀式と犠牲を司ること。もう一つは、予言者と占い師の、元老院と国民によって認められた意味不明の託宣を解き明かすこと。さらに、至高至善のユッピテルの神意伝達者、すなわち公の鳥卜官は予兆と鳥の飛翔を観察し、その技術を保持すること。

[21] 神官は葡萄園、苗床、国民の安全について占い、戦争と国事に携わる者のために鳥占いを行い、後者はその占いに従わなければならない。また、神官は神々の怒りを防ぐための配慮を行い、これに注意を払い、定められた天の方位に現れる稲妻の勢いを和らげ、都と田園と鳥占いの観察区域[*30]を清浄な、神聖なものとして保たなければならない。鳥卜官が不法、不浄、有害、不吉と定めたものは、無益で無効としなければならない。これに従わない者は、死刑に処すること。

九

戦争、和平、休戦にかんして承認された協定については、軍事祭官[*31]が審判人および使者となること。戦争については、この者が審理を行うこと。

異兆と異状現象については、元老院が命じるなら、エトルーリアの内臓占い官[*32]の意見を求めること。エトルーリアは指導者たちにその技術を教えなければならない。これらの者が定めた神々にたいしては、贖罪の贄《にえ》を捧げ、また稲妻と、それに打たれた場所を浄めなければならない。

婦人による夜間の儀式は、国民のため然るべき仕方でなされるものを除き、とり行わないこと。また、慣例に従ってギリシア伝来のケレース[*33]の秘儀に入信させる場合を除き、誰であれ、これを入信させることは許されない。

［22］宗教的な罪は、贖罪することもできない場合、瀆神の罪とみなすべきである。贖罪することができる場合は、公の神官がこれを行わなければならない。

公の競技会において、戦車競走と体技、〈または〉歌および竪琴と笛の演奏を伴う場合、観衆の喜びを適度に抑えること。その喜びは神々への崇敬と合致するものでなければならない。

父祖伝来の祭儀の中でも最上のものを守ること。

イーダーの母神[*34]に仕える者たちを除いて――ただし、彼らにそれが許されるのは特定の日においてのみである――、誰であれ寄付を募ってはならない。

聖物あるいは聖域に預けられたものを盗み奪う者は、殺人犯とみなすこと。

偽誓にたいしては、神による罰は破滅であり、人間による罪は不名誉である。

近親相姦は、神官が最高刑によって罰すること。

不敬の者が厚かましくも奉納物で神々の怒りを宥めるようなことがあってはならない。

誓約はかならず果たすよう心がけること。

違法は罰せられること。

誰であれ土地を奉納してはならない。

金、銀、象牙の奉納には限度を設けること。

一族の祭儀は永続的なものでなければならない。

冥界の神々の権利は神聖でなければならない。他界した近親者[*35]は神とみなすこと。彼らのための出費と哀悼は控え目にしなければならない。

一〇

[23] アッティクス　あなたによって重要な法律がなんと簡潔にまとめられたことでしょう。しかし、宗教にかんするあなたの制度は、ヌマの法律やわたしたちの慣習と大きく異なっていないようにわたしには思われます。
マルクス　あなたはこう思わないかね――国家にかんするあの書物の中でアーフリカーヌスが、かつてのわたしたちのあの国家が最善のものであったことを説得的に述べたと思われる以上、最善の国家にはそれに合致する法律を与えるべきだ、と。

アッティクス　もちろん、そう思います。
マルクス　それでは、あなたがたは、あの種の最善の国家を維持する法律を期待していただきたい。そして、今日わたしが提案する法律が、わたしたちの国家にないもの、あるいは、これまでなかったものであっても、それらはほとんど父祖の慣習の中に見出されるものであり、当時は慣習が法律として通用したのだ。
[24] アッティクス　では、よろしければその法律自体の提案理由を述べて下さい。そうすれば、わたしは「あなたが提案するとおり」[*36]と言うことができるでしょう。
マルクス　そう思うのかね、アッティクス。異議を唱えるつもりはないのかね。
アッティクス　大きな問題について異議を唱えるつもりはまったくありませんし、細かい点では、もしあなたが望むなら、あなたに譲歩しましょう。
クイントゥス　わたしもまったく同じ考えです。
マルクス　だが、話が長くならないよう、あなたがたは気をつけていただきたい。
アッティクス　話が長くなるのは望むところです。じっさい、わたしたちにもっとやりたいことが何かありますか。
マルクス　法律は、神々の前に進むときは清浄であることを命じている。すなわち、すべてのものが宿る精神において清浄ということだ。このことは肉体の清浄を除外するものではないが、精神は肉体にはるかにまさるものであり、また肉体を清浄にして前に進むよう気をつけるのであるから、精神についてははるかに入念な配慮が必要だという意味に理解しなければならない。なぜなら、肉体の不浄は注ぎの水によって、あるいは過ぎ去った日数によって取り除かれるが、精神の穢れは時の経過によっても消えないし、いかなる河の流れによっても洗い浄められないからだ。

［25］敬虔の念をもち、華美を退けるというのは、誠実さは神に喜ばれるものであり、出費は避けなければならないという意味である。じじつ、わたしたちは人間同士のあいだでも貧乏人と金持ちが同等であることを望んでいるのであれば、なぜ儀式に贅を尽くして貧乏人を神々に近づかせないようにするのか——とりわけ、神自身にとって、神を敬いその心を宥める道がすべての人間に開かれていないことほど、嬉しくないことはないだろうから。

裁判官〔審判人〕ではなく、神みずから罰するであろうと定められていることについて言えば、たえず目の前にある刑罰を恐れることによって宗教心が高められるように思われる。

新しい神々であれ、外来の神々であれ、自分だけの神を崇拝することは、宗教に混乱をもたらし、わたしたちの神官が知らない儀式を取り入れることになる。

［26］じじつ、父祖から受け継がれた神々は、父祖自身がこの法律に従った場合にのみ、崇拝することが許される。

神殿は都市に置くべきだというのがわたしの見解であり、わたしはあのペルシアの僧侶たちに従う者ではない。クセルクセース[*37]は彼らの助言によってギリシアの神殿を焼き払ったと言われるが、その理由は、ギリシア人が神々を——彼らにはすべてが自由に開かれているべきであり、この全宇宙が彼らの神殿であり住居であるにもかかわらず——壁の中に閉じ込めているから、というものであった。

一一

だが、ギリシア人とわたしたちの先祖はもっとましな考えをもっていて、信仰心を高めるために、神々を自分たちと同じ都市に住まわせることを望んだ。じじつ、この考えは国家に有益な宗教心をもたらすものとなるのだ——もしピュータゴラースのあの言葉が正しいとすれば。ピュータゴラースは誰よりも博学な人であったが、わたしたちが神事を勤めるとき、敬虔の念と宗教心がわたしたちの心にもっとも根強く宿ることになる、と言った。また、もしタレースの言葉が正しいとすれば、同じことが言える。タレースは七賢人のうちもっとも賢明な人であったが、人間は見えるもののすべてが神々に満たされていると考えるべきであり、それというのも、ちょうどきわめて神聖な神殿の中にいるときのように、すべての人がいっそう清純になるだろうから、と言った。神々の姿というものは現に目に見えるのであって、心の中に映るだけではないという考えがあるからだ。

［27］田園に神苑を設けるというのは同じ理由からである。また、先祖から伝えられたラレースの礼拝、農園と館の見える場所で主人と召使いの両方によってとり行われる礼拝を退けてはならない。

次に、一族と父祖以来の祭儀を守ることは、昔の人間は神々にもっとも近かったのであるから、いわば神々から受け継いだ礼拝を維持するということである。ヘーラクレースとそのほかの者のように人間の種族の中から神格化された者を崇拝するよう法律が命じているのは、すべての人間の魂は不滅であるが、勇者と善人の魂は神的であることを意味する。

〔28〕人間の属性[*38]である知性、敬虔、武勇の徳、信義が神格化されるのはよいことである。ローマでは、これらの徳のすべてに公に神殿が建立されているが、こうすることによって、これらの徳をもっている者は——善人はすべてこれらの徳をもっている——自分の心の中に神自身が宿っていると考えることができる。じっさい、アテーナイではあのような間違ったことが行われた。つまり、キュローン[*39]の罪が浄められたあと、クレータ人エピメニデースの説得を入れて傲慢と破廉恥の社が建てられたのである。〈また、ギリシアは、欲望と愛欲の像を体操場に据えるといった、大胆な、由々しいことを企てたのである。[*40]〉というのは、徳を神として祀るべきであって、悪徳はそうすべきではないからだ。パラーティウム[*41]にある熱病を祀る祭壇やエスクイリアエにある悪運を祀る別の祭壇は忌む〈べきものであり〉、そのほかこの種のものはすべて退けるべきである。もし神の名を考え出さなければならないなら、むしろ、征服し獲得するという意味のウィカ・ポタ、しっかり立つという意味のスタタ、ユッピテルの別称であるスタトル〔維持する者〕やインウィクトゥス〔無敵の者〕、そして、望ましいものの名称である、安全、名誉、富、勝利を選ぶのがよい。また、善いことへの期待によって士気は高められるから、カーラーティーヌス[*42]が希望を神として祀

ったのは正しいことである。また、「運」の神、すなわち「今日の運」とか――この名称はすべての日に当てはまるからだ――、助けを与えるため「振り返って見る運」とか、不確かなめぐり合わせの意味がいっそう強く出る「まぐれの運」とか、誕生以来わたしたちの伴侶である「最初に生まれた運」といった神をもつべきだろう。

一二

〔29〕ついで、休日と祭日の制度は、自由人には訴訟と争いの休止を、奴隷には仕事と労働の休止を意味する。一年の区分は、これらの休祭日を農作業の達成に合わせるようにしなければならない。法律の中であげられた儀式用の供物と幼獣がその時期〈まで〉取っておかれるように、閏月を加える方法を注意深く守らなければならない。これはヌマが巧みに定めた制度であったが、後代の神祇官たちの怠慢によって乱れている。神祇官と内臓占い官にかんする規定について、それぞれの神にどのような犠牲獣を、すなわち成獣、乳離れしていない獣、雄獣、雌獣のどれをどの神に捧げるべきかという点は変更してはならない。

さらに、すべての神々には数名の、個々の神には一人の神官を置くことは、法律上の質問に答え、宗教上の義務を果たすことを可能にするものである。また、ギリシア名のまま呼ばれているウェスタは――わたしたちはギリシア名を翻訳せずにほとんど同じ名を用いている*43――、いわば都の竈《かまど》を守る女神となったのであるから、〈六名の〉処女たちがこの女神の崇拝を司るようにしなければならない。こうすることによって、火の管理がいっそう容易になり、また女たちは、女の本性が完全な純潔を受け入れるものであることを学ぶのである。

［30］これに続くことは、宗教のみならず、国の制度にも関連している。すなわち祭儀を公に司る者がいなければ、個人の儀式を申し分なく行うことはできない。というのは、国民が優れた者の助言と権威をつねに必要とすることが、国家を一つにまとめるのであり、神官の組織は、正当な宗教行為のどの部門もおろそかにしないからである。じじつ、神々の心を宥めるためには祭の儀式を司る者が、予言者の託宣を解釈するためには別の者がそれぞれ定められている。ただし、予言者の数が多すぎないのは、際限がなくなるのを防ぐためであり、また、公のために受けた託宣は神官団のほかには誰にも知られてはならないからである。

［31］さらに、国家において最大で最重要な権限は、鳥卜官の権威と結び付いている。だが、それはわたし自身が鳥卜官であるからそのように考えるのではなく、わたしたち鳥卜官がそのように評価されることは避けられないからだ。じっさい、わたしたちが権限について考察するなら、最高命令権と最高支配権によって召集された民会と議会を解散させ、あるいはすでに開催されているものを無効にできることよりも、どんな権限がもっと大きいのか。一人の鳥卜官が「別の〈日に〉」と言えば、すでに始められた仕事を中断できることよりも、どんな権限がもっと重要であるのか。執政官を職務から退かせる決定を下すことができることよりも、どんな権限がもっと素晴らしいものであるのか。国民の会議と平民の会議を

許可し、あるいは許可しないことができることよりも、どんな権限がもっと神聖であるのか。ティティウス法が鳥卜官団の決定によって、またリーウィウス法が執政官で鳥卜官であったピリップス*44の意見によって廃止されたように、法に反して提案された法律を廃止できること以上の、どんな権限があるのか。国内においても戦地においても、鳥卜官の権威によるのでなければ、官職者によって行われたことは何一つ誰からも承認されえないこと以上の、どんな権限があるのか。

一三

［32］アッティクス　いや、あなたの言うことはすでに分かりますし、それが重要なことであるのは認めますが、しかし、あなたがたの鳥卜官団では、マルケッルスとアッピウス*45のあいだに——二人ともきわめて優れた鳥卜官ですが——大きな見解の相違があります。というのも、わたしは偶然彼らの著書を読んだからです。つまり、一人は、その鳥占いが設けられたのは国家の利便のためであったという意見ですし、もう一人の考えによれば、あなたがたの技術はいわば未来を占うことができるというのです。この問題について、あなたはどう考えるのか知りたいのです。

マルクス　このわたしが？　わたしの考えによれば、ギリシア人がマンティケーと呼んでいる占いの術は実際に存在するのであり、わたしたちの技術に属する、鳥やそのほかの予兆を扱う術は占いの術の一部門にほかならない。じじつ、神々が存在し、宇宙は彼らの意志によって支配されており、また彼らは人類のためをはかり、未来の事柄の予兆をわたしたちに示すことができるということをわたしたちが認めるなら、占いの術が存在することを否定する理由を見つけることはできない。

［33］わたしが前提としたことは事実である。この前提から、わたしが望むことが必然的に導き出されることになる。さらに、わたしたちの国家、すべての王国、すべての国民、すべての民族は、多くの事柄が鳥占い師の予言〈どおりに〉不思議な仕方で実現したという無数の実例をもっている。じじつ、もし古くから予言の正確さが証明されていなかったなら、ポリュイードス、メランプース、モプソス、アンピアラーオス、カルカース、ヘレノス[*46]の名声があれほど大きなものとはならなかっただろうし、あれほど多くの民族、たとえばプリュギア人、リュカーオニア人、キリキア人、とりわけピシディア人[*47]がその名声を現在まで保持することはなかっただろう。また、わたしたちのロームルスが鳥占いによって都を建国することもなかっただろうし、アットゥス・ナウィウス[*48]の名がそれほど長いあいだ伝えられ、もてはやされることもなかっただろう、もしこの人たちのすべてが真実に即した多くの驚くべきことを告げたのでなかったなら。だが、この鳥卜官の学問と技術が時の経過と不注意によってすでに消え失せたことは疑いない。したがって、わたしは、この技術がわたしたちの鳥卜官団のあいだに存在したことはけっしてなかったと言う人にも賛成はできないし、また、それがいまなお存在すると考える人にも賛成できない。この技術は、わたしたちの先祖のあ

いだでは二通りの用い方があったように思われる。つまり、ときには国家の危機にさいして、たいていの場合は行動の決定にさいして用いられたということだ。
［34］アッティクス　たしかに、そのとおりだと思いますし、何よりもその考え方に賛成です。だが、残りの話を続けて下さい。

一四

マルクス　そうすることにしよう。それも、できるだけ手短かにだ。このあとに戦争にかんする法律が続くからだ。戦争の開始、遂行、終結においては法と信義がもっとも重んじられること、そして、これらにかんする公の代弁人を置くことをわたしたちは法律によって定めた。
内臓占い官による儀式、厄払いと贖罪の贄《にえ》については、法律そのものの中ですでに十分明瞭に述べられたと思う。
アッティクス　賛成です。この話はすべて儀式にかんすることですから。
マルクス　だが、次にくる事柄について、どうすればあなたが賛成するか、あるいはどうすればわたしがそれを取り下げることができるか、ぜひ知りたいね、ティトゥス。
アッティクス　それはどんなことですか。
［35］マルクス　婦人による夜間の儀式についてだ。

アッティクス　わたしはまったく賛成です。とりわけ法律そのものの中で、公の祭の儀式は除外されていますから。

マルクス　それでは、あなたがたのイアッコスやエウモルピダイ[*49]やあの荘厳な秘儀はどうなるだろうか、もしわたしたちが夜間の儀式を廃止するなら。わたしたちは、ローマ国民のためだけでなく、すべての立派な、堅実な国民のために法律を定めているのだから。

[36] アッティクス　あなたはわたしたち自身が入信した祭儀を除外していると思われますが。

マルクス　たしかに、わたしはそうするだろう。じじつ、あなたのアテーナイは優れた神的なものをたくさん生み出して人間生活の中にもち込んだが、あの秘儀よりも素晴らしいものは何一つないようにわたしには思われる。わたしたちは、その秘儀によって粗野で野蛮な生活から抜け出し、洗練され穏和となって人間らしさをもつようになったのであり、また、それが「信仰の始まり〔入信〕」と呼ばれるように、本当の意味での生活の「始まり」を知るようになり、喜びのうちに生きる方法のみならず、より良い希望をもって死ぬ方法をも学んだのである。だが、夜間の儀式についてわたしの気に入らない点は、喜劇詩人たちが明らかにしている。[*50]もしそのような放縦がローマで許されていたなら、何気なく視線を向けることさえ瀆神の罪であった儀式の中に淫らな計画をもち込んだあの男[*51]はいったい何をしただろうか。

アッティクス　では、あなたはローマでその法律を提案して下さい。ただし、わたしたちからはわたしたちの法律を奪わないように願います。

一五

[37] **マルクス** それでは、わたしたちの法律に戻ることにしよう。たしかに、法律によってもっとも注意深く定める必要があるのは、大勢の視線のもとで明るい日光が婦人たちの名誉を守ることであり、また、ローマで行われている儀式に従って彼女たちをケレースの秘儀に入信させることである。この種の事柄におけるわたしたちの先祖の厳しさは、バッコスの祭礼にかんする元老院の古い決定や、執政官によって軍隊の動員のもとに行われた審問と処罰によって示される。また、わたしたちが厳しすぎると思われないように言うのだが、ギリシアの真ん中でテーバイ人のパゴーンダース*[52]は、永続的な法律によってすべての夜間の儀式を廃止した。さらに、もっとも機智に富む古喜劇詩人のアリストパネース*[53]は、新しい神々と、これらの神々を崇拝するための徹夜の儀式を攻撃している。彼の作品では、サバジオスとそのほか外来の神々の何人かは、裁判にかけられ国外追放の憂き目に遭っているほどだ。

[38] また、過失による罪は、公の神官が入念に贖罪を行い、恐怖を取り除かなければならない。儀式の中に汚らわしい欲望をもち込むような厚顔無恥には有罪の判決を下し、これを瀆神罪としなければならない。

次に、公の競技会は劇場で行われるものと競技場で行われるものとに分かれているから、競技場においては、体技——競走、拳闘、レスリング、勝利の決定に至るまでの戦車競走といったもの——が行われることとし、他方、劇場は、歌や竪琴と笛の演奏のために利用できることとする。[*55] ただし、これは法律に定められているとおり抑制されたものでなければならない。つまり、わたしは、歌のさまざまな調べほど、柔らかでしなやかな心の中に忍び込みやすいものは何一つないと言うプラトーンに賛成する者であり、その善悪両方面の影響力がどれほど大きいかはちょっと言い表せないくらいだ。じじつ、音楽は、活気のない者を元気づけることもあれば興奮している者を静めることもあるし、心をなごませることもあれば緊張させることもある。だから、ギリシアの多くの国では歌曲の古めかしい調子を保存することに大きな関心が払われたのだ。これらの国の風習が柔弱に堕して変わってしまったのは音楽の変化と同時であり、それというのも、ある人たちが考えるようにその甘美さと誘惑によって堕落させられたか、あるいは、ほかの悪徳のせいで風習の厳しさが失われ、耳と心が変わるとともに音楽の変化のきっかけが生じたか、のどちらかである。

[39] それゆえ、ギリシアでは誰よりも賢明で並み外れて博学であったあの人は、このような頽廃をきわめて恐れている。彼は、国家の法律が変わることなしに音楽の法則が変わることはありえないと言っているからだ。[*56] しかし、わたしは、このことはそのようにひどく恐れる必要があるとも思わないし、まったく無視してよいとも思わない。[*57] とはいえ、〈わたしたちが目にするのは、〉かつてリーウィウスやナエウィウスの調べによって愉快で厳粛な気分にいつも満たされていた〈観客たち〉が跳び上がったり、〈俳優たちが〉調べの抑揚に合

わせて首をねじ曲げ目を動かしたりする光景だ。*58 あの昔のギリシアはこういうことをきびしく罰したが、それも、しだいに市民の心の中に忍び込んだ害悪が、間違った熱心さと間違った教えによって国家全体を突然くつがえすことをはるか以前に知っていたからだ――もしあの厳格なラケダイモーンが、ティーモテオス*59の竪琴から七本の数を越えた分だけ弦を切り取るよう命じたことが本当であるなら。

一六

［40］続いて、父祖伝来の祭儀の中でも最善のものを行うよう法律で定められている。このことについて、アテーナイ人がピュートーのアポローンにどの儀式を守るのがもっとも望ましいか尋ねたとき、それは父祖の慣習の中にあるものだ、という託宣が下された。彼らがふたたびやって来て、父祖の慣習がしばしば変更されたことを告げ、さまざまな慣習のうちどれに従うのがもっとも望ましいか尋ねると、最善のものに従え、と神は答えた。そして、じっさい、最善のものがもっとも古く、神にもっとも近いとみなすべきであることはまちがいない。

わたしたちは、わずかの日数のあいだイーダーの母神*60のために行われるものを除き、寄付行為を禁止した。なぜなら、それは心を迷信で満たし、家計を枯渇させるからだ。

聖物を盗む者は罰せられる。これは、聖物を盗んだ者のみならず、聖域に預けられたものを盗んだ者にも適用される。

[41] 聖物を預けることは、いまでも多くの聖域で行われている。〈かつて〉アレクサンドロスは、キリキアのソロイ*[61]にあった神殿に金銭を預け、身分の高いアテーナイ市民であったクレイステネース*[62]は、自分の財産が心配になったため、娘たちの婚資をサモスのヘーラーの神殿に託したと言われる。

次に、偽誓と近親相姦については、ここで論じるべきことは何一つない。

不敬の者が厚かましくも奉納物で神々の怒りを宥めたりしないよう、人々はプラトーンに耳を傾けるべきだ。プラトーンは、善い人間なら誰も悪人から贈物をもらいたいと思わないのだから、神がどのような意向をもつであろうか、疑うまでもないと言っている*[63]。

忠実に誓約を守ることは法律で十分に言われているが、……*[64]誓約には、わたしたちが神にたいして義務を負う契約が含まれている。たしかに、宗教的違反にたいする刑罰に異議を申し立てることはできない。ここに大罪を犯した者の例をどうしてあげる必要があるだろうか。悲劇作品はそういう例に満ち満ちているからだ。むしろ、わたしたちの目の前にある例に触れることにしよう。このことを話すのは人間の分際を越えるように思われるのではないか心配だが、あなたがたのあいだで話をしているのだから、何事も隠さずにおこう。そして、わたしのこの話が神々には不快なことというより、むしろ喜ばしいことと思われるよう願うことにしよう。

一七

[42] あのとき、わたしが都を退去したさい、邪悪な市民たちの犯罪によって聖なるものを守る法のすべてが汚され、わが家のラレース神が辱められ、その祠《ほこら》のあった場所に放縦*65を祀る社が建てられ、神殿を守った者がそこから追い出されたのだ。これらの出来事の結末がどうなったか、あなたがたは急いで思い出していただきたい――じっさい、誰それの名前をあげる必要はない。わたしは、わたしの財産がすべて奪われ破壊されたとき、都のあの守護女神*66が不敬の者たちによって凌辱されるのを許さず、女神をわたしの家から父神自身の神殿へ移した――このわたしは、元老院によって、イタリアによって、さらに世界の全民族によって祖国を救った者と判定されたのだ。これよりも輝かしい、どのような栄誉が人間のものとなりうるだろうか。しかし、犯罪行為によって聖なるものを打ち倒し、踏みにじった者たちは、その一部は散り散りになって倒れている。だが、彼らのうち、これらの犯罪の首謀者であり、聖なるもののすべてにたいしてほかの誰よりも不敬を働いた者たちは、生きているあいだありとある不名誉と恥辱に苛まれたのみならず、埋葬と葬礼を受けることもなかった。

[43] クイントゥス　わたしはそのことを知っています、兄上。そして神々には然るべき感謝を捧げます。しかし、わたしたちは、かなり違った成り行きになるのを見ることがきわ

めて多いのです。

マルクス　それは、クイントゥス、神の刑罰がどのようなものかについて、わたしたちは正しい判断を下せず、大衆の意見に引きずられて誤りに陥り、真実に気づかないからだ。わたしたちは、人間の不幸を死、肉体の苦痛、心の痛み、あるいは裁判における敗北によって量る。これらが人間に共通するものであり、多くの善人に降りかかったことは、わたしも認める。しかし、罪〈そのものの中〉には厳しい罰があり、そこから生じる結果は別にして、罰自体がきわめて重いものとなる。祖国を憎まなかったならけっしてわたしたちの敵とならなかったあの者たち[*67]が、何をするにしても、あるときは欲望の炎に焼かれ、あるときは恐怖に、あるときは後悔に苛まれ、さっきは恐れおののいていたかと思えば、こんどは聖なるものをないがしろにし、また同じ連中によって裁判――人間の裁判であって、神々の裁判ではない――が買収されるのをわたしたちは見たのだ。

［44］だが、これでやめておこう。これ以上続けないようにしよう。とりわけ、わたしは求めたよりも多くの仕返しをしたのであるから。これだけは簡単に述べておこう。神の罰は二重である、つまり、それは生きているあいだの心の呵責と、死後の悪評――彼らのみじめな死は生き残った者たちの判断と喜びによって是認される――の二つから成るということである。

一八

［45］さらに、土地を奉納してはならないことについては、わたしはプラトーンに全面的に賛成する。彼は、わたしが翻訳することができるとすれば、およそ次のような言葉で述べている。*68

さて、土地は、家の竈《かまど》と同様、すべての神々に捧げられたものである。それゆえ、同じものをもう一度奉納することは誰にも許されない。また金と銀は、都においても個人の家においても神殿においても人の妬みを招くものである。次に象牙は、生命を失った肉体から取られたものであるから、神にとって十分に清浄な奉納物ではない。さらに青銅と鉄は、戦争の道具であって、神殿の道具ではない。しかし木製品は、一つの木片からできているものであれば、〈めいめいが〉望むものを公の神殿に捧げてよろしい。石で作ったものについても同様である。織物は、婦人の一ヵ月の仕事を越える労力を要するものであってはならない。色は、ほかのものでもそうだが、とくに織物では白が神にふさわしい。色がついたものは、軍隊の標識を除いて、あってはならない。神にもっともふさわしい奉納物は、鳥や、一人の画家が一日で仕上げた絵である。そのほかの奉納物も、これを手本にしたものでなければならない。

以上がプラトーンの考えである。だが、わたしは、人間の欠点あるいは時代の物質的利便に譲歩して、ほかのことについてはこれほどきびしく規定しないことにする。土地の耕作は、もしその利用と鋤入れになんらかの迷信がつきまとうなら、今後衰退するのではないかと思うのだ。

アッティクス　そのことは理解しました。永続的な儀式と冥界の神々の権利についての説明がまだ残っています。

マルクス　あなたの記憶力はなんと素晴らしいことか、ポンポーニウス。わたしはそのことを忘れていた。

［46］アッティクス　そう思います。だが、それは神祇官法と市民法に関係があるだけに、わたしはそれを忘れることができず、心待ちにしているのです。

マルクス　そのとおりだ。これらの事柄については、きわめて博学な人たちによって多くの意見が述べられ、書き留められている。わたしも、わたしたちのこの議論全体において、わたしたちの討論がわたしをどのような法律上の部門に導いていくにしても、できるかぎりその部門自体にかんするわたしたちの市民法を取り上げるつもりだ。それも、法のそれぞれの部門がそこから引き出される原点そのものが明らかになるような形にしたい。そうすれば、およそ機転のきく人なら、どのような新しい事例や問題が起こるにしても、それにかんする法を把握することは難しくないだろう。どの源泉にさかのぼるべきか分かっているからだ。

一九

［47］しかし、法律学者は、もっと多くの、いっそう難しいことを知っていると思わせようとして誤った道をとらせるためか、あるいは、このほうがむしろ真実に近いのだが、教えることを知らないためか――じっさい、何か知っていることだけが技術でなく、教えることもなんらかの技術なのだ――、しばしば一つの知見に収まるものをかぎりなく分割している。たとえば、この部門自体において、二人とも神祇官で同時に法にもきわめて詳しい者であったスカエウォラ父子[*69]は、それをなんと大げさなものにしていることか。プブリウスの息子は、「市民法を知っている者でなければ、優れた神祇官にはけっしてなれない、と父が言うのをわたしはしばしば耳にした」と言っている。市民法の全体を知っていなければならないのか。どうしてその必要があるのか。家の壁または給水または明り取りにかんする法が、神祇官とどのような関係があるのか――もし宗教に結び付いているものを別にするなら。だが、このようなものはなんとわずかなことか。おそらく、祭儀、誓約、祭日、墓、そのほかこの種のものについてだけ、ということになろう。では、なぜこれらのことをそのように重視するのか。ほかの事柄はたいしたことではないし、また、比較的重要な問題である祭儀についても、たった一つの文、すなわちそれはつねに保持され、一族のあいだで絶えることなく継承されるべきものであり、わたしが法律で規定したように「祭儀は永続的なものでなけ

ればならない」という一つの文で表すことができるのだから。

[48] このことが定められてから、これらの法は、家長の死に伴い祭儀の伝統が廃れることを防ぐため、家長の死によって財産を受け取った者にその義務を負わせるという狙いから、神祇官の権威によって設けられたものである。[*70] この一つのことが定められてから――手続きを知るためにはこれだけで十分であるが――、数かぎりない問題が生まれ、法律学者の書物はそれらの問題で満たされている。誰が祭儀を行う義務を負うのか、調査されるからである。もっとも正当なのは、相続人がそれを行う場合である。じじつ、世を去った人の代わりをするのに、もっと適任である者はほかにいない。次に、故人の死または遺言によって相続人全員の分の総額と同じ額を受け取った者がくる。このことも理の当然である。すでに規定したことに合致しているからだ。三番目に、相続人が誰もいない場合、死亡時に故人のものであった財産の大部分を時効取得によって入手した者がくる。四番目に、財産を受け取った者がいない場合、故人の債権者のうちもっとも多くの財産を保全した者がくる。

[49] 最後にくるのは、故人に借金をしていて、誰にもそれを返済していない場合、その金額をいわば受け取ったとみなされる者である。

二〇

以上は、わたしがスカエウォラから教わったことだ。昔の人たちがこんなふうに定めていたわけではない。じじつ、彼らは次のような言葉で教えていた。人は三つの仕方で祭儀を行う義務を負うことになる。すなわち、相続によるか、財産の大部分を受け取った場合か、あるいは、財産の大部分が遺贈され、誰かがそのいくらかを受け取った場合か、のいずれかである。

［50］しかし、わたしたちは、神祇官スカエウォラに従うことにしよう。こうして、すべてが一つの根本的な考え、すなわち祭儀の義務を財産と結び付けようとし、休日と儀式をこれらの事柄の中に入れるべきだとする神祇官たちの考えにかかっていることをあなたがたは理解できるだろう。

さらに、スカエウォラ父子は次のことを教えている。遺産の分割のさい、遺言書に控除額の記載がなく、また受遺者自身がすべての相続人に残された総額よりも少ない額を受け取るなら、その者には祭儀の義務がない。贈与の場合には、彼らはこの同じ点について異なった解釈をしている。すなわち、家長権のもとにある者が贈与を行う場合、家長が承認したものは有効であるが、家長に無断で行われ、家長によって承認されていないものは無効である。

［51］これらの原則から多くの細かい問題が生じているが、その問題をすぐに理解できない者でも、根本にさかのぼってみるなら、自分自身で容易に見きわめることができるだろう。たとえば、ある人が祭儀の義務を免れようとして少なめの額を受け取り、のちにその人の相続人のうちの誰かが、自分に遺贈したその人によって放棄された分を自分自身のために取り立て、こうして、その金額と前に受け取った金額の総額が相続人全員に残された分より

も多くなる場合、その金額を取り立てた者だけに祭儀の義務があり、その共同相続人は除かれることになる。さらに、次のような配慮がなされている。祭儀の義務を負うことなしに受け取ることができる額よりも多い額を遺贈された者は、見せかけの売却によって遺言相続人を〔遺言上の義務から〕解放することができる。その場合、その金額が遺贈されなかったときと同様、遺産相続とは関係がない状況になるからである。*71

二一

［52］この点について、またそのほかの多くの点について、大神祇官であり、わたしの考えではきわめて明敏な人でもあるあなたがたに、お二人のスカエウォラよ、わたしは尋ねたい。あなたがたが神祇官法に加えて市民法まで求めるのはどういうわけか。あなたがたは市民法の知識によって神祇官法をいわば骨抜きにしているからだ。じじつ、祭儀の義務が財産と結び付けられるのは、神祇官たちの権威によるのであって、法律によるのではない。だから、もしあなたがたが神祇官であるというだけであったなら、神祇官の権威は維持されただろう。しかし、あなたがたは、同時に法律の専門家でもあるため、その知識によって神祇官法を出し抜いていることになる。

大神祇官であったプブリウス・スカエウォラとティベリウス・コルンカーニウス*72や、そのほかの人たちは、すべての相続人の分の総額と同じ額を受け取った者が祭儀の義務を負うことを定めた。これは神祇官法である。市民法から何がこれに付け加えられたのか。

［53］遺産分割について巧妙に定めた項目が書き加えられ、百セステルティウスの額を控除すればよいことになる。こうして、遺産から祭儀の義務の煩わしさを取り除く方法が考え出された。しかし、遺言書を作った人がこの点に配慮しようとしなかった場合、法律学者であるこのムーキウス[*73]その人が——彼は同時に神祇官でもある——、相続人全員に残された総額よりも少ない額を受け取るように忠告する。昔の人たちは、額がいくらであれ受け取った者に祭儀の義務があると述べていたが、こんどは彼はその義務を免れることになる。しかし、このやり方は、神祇官法とはまったく関係のないことであり、市民法の真ん中からもってきたものである。すなわち、これは見せかけの売却によって遺言相続人を〈祭儀の義務から〉解放して、その金額が遺贈されなかった場合と同じ状況にすることであり、〈そして〉もし遺贈を受けた者が遺贈された金額そのものについて契約を結び、こうして、その金額が契約によって自分に支払われるべきものであって、〈祭儀の義務を伴うものでは〉なくなるなら……[*74]

［54］〈デキムス・ブルートゥス[*75]は〉たしかに学のある人で、アッキウス[*76]ときわめて親しかった。わたしの考えでは、彼は一年の最後の月[*77]という点に注意を払ったのであり、それは昔の人たちには二月であったが、彼には十二月であったのである。また彼は、もっとも大きい犠牲獣を捧げて死者を祀ることは敬虔な行為にふさわしいこととみなしていた。

二二

［55］さて、墓はきわめて神聖なものであり、したがって、一族や一族の祭祀に属していない者をそこに葬ることは不敬に当たるとみなされる。これは、わたしたちの父祖の時代にアウルス・トルクワートゥス*[78]がポピッリウス一族について裁定したことである。死者を祀ることから、死にちなんで名づけられた死者の祭日〔デーニカーレース*[79]〕は、ほかの天の神々のための休日と同じように祭日とは呼ばれなかっただろう、もしわたしたちの先祖がこの世から去った者たちを神々の数の中に入れることを望まなかったなら。彼らのための祭日は、一族の、あるいは公の祭日ではない日に置くことが定められている。神祇官によるこの法の規定全体は、深い宗教心と厳粛さを表すものである。家族の服喪はいつ終わるか、雄羊によるどんな犠牲がラレース神に捧げられるか、切り取った骨はどのようにして大地に埋められるか*[80]、雌豚の犠牲についてどのような法規が定められているか、墓はどの時点からはじめて墓とされ、神聖なものとみなされるか、といったことは、わたしたちがここでくわしく論じるまでもない。

［56］だが、わたしには、クセノポーン*[81]によればキューロスが自分のために行わせたあの埋葬がもっとも古い形であるように思われる。すなわち肉体は大地に戻され、ちょうど母親の蔽いで蔽われるように、横たえられ、埋められる。わたしたちのヌマ王が同じ仕方でフォ

ンスの祭壇[82]からあまり離れていないところにある墓に埋葬されたことをわたしたちは伝え聞いているし、また、コルネーリウス一族がわたしたちの時代までこのような埋葬を行ってきたことを知っている。勝利を収めたスッラ[83]は、アニオー河畔[84]に埋葬されたガーイウス・マリウスの遺骨をまき散らすよう命じたが、それは、もし彼が狂暴であったのと同じくらい賢明であったなら抱いたであろう憎しみよりも、もっと激しい憎悪に駆られていたからだ。

［57］スッラは、おそらく自分の遺体が同じ目に遭うことを恐れたためか、貴族であるコルネーリウス一族の中でははじめて遺体の火葬を望んだ。じじつ、エンニウス[85]は、アーフリカーヌスについて、

かの人はここに横たわる

とはっきり言っている。これは正しい。「横たわる」は、埋葬された者について言われるからだ。しかし、彼らには、ふさわしい儀式が行われ雄豚が殺されるまでは、墓はないのだ。そしていまではすべての葬られた者について一般に言われるようになった「土に埋める」という句は、当時はその上に土をかけられ、それで蔽われた者に限って用いられたのであり、この慣習は神祇官法によって裏づけられている。じじつ、骨に土くれがかけられるまでは、遺体が焼かれたその場所が神聖な性質を帯びることはけっしてない。土くれがかけられたときはじめて埋葬され、墓と呼ばれることになる。こうして、そのときはじめて、それは神聖

な事物にかんする多くの法によって守られるものとなる。したがって、プブリウス・ムーキウスは次のような裁定を下している。船の中で死亡し、それから海中に投げ込まれた者については、骨が陸上にないゆえに、家族は清浄である。しかし、相続人には雌豚の犠牲を捧げる義務があり、三日間の祭日を守り、雌豚で浄めを行わなければならない*86。海中で死んだときは、浄めと祭日を除き、同じことをしなければならない。

二三

［58］アッティクス　神祇官法にはどのようなことが含まれているのか、分かりました。だが、法律で何が定められているのか、うかがいたいのです。

マルクス　ティトゥス、それはごくわずかであり、あなたがたも知っていることと思う。だが、それは信仰にかんするよりも、むしろ墓の法にかんするものである。十二表法は、「死者は都の中では葬られることがあってもならないし、焼かれることがあってもならない」と言っている。これは火災の危険のためだと思う。「焼かれることがあってもならない」と加えられていることは、葬られるのは焼かれる者ではなく、土葬にされる者であることを示している。

アッティクス　十二表法以後、著名な人たちが都の中に葬られているのはなぜですか*87。

マルクス　ティトゥス、たぶんその人たちは、この法律の前に、ポプリコラやトゥーベルトゥスのように、功績のゆえにその特権を与えられた者か——その特権は彼らの子孫が当然のこととして保持したのだが——、それとも、ガーイウス・ファブリキウス*88のように、功績のゆえに法律の適用から免除されてこの特権を得た者か、のどちらかだろう。しかし、法律が都の中に埋葬することを禁じている〈ように〉、そのように公共の場所に墓を作ることは神祇官団の決議によって不法とされている。あなたがたも知っているように、コッリーナ門*89を出たところに「名誉」を祀る神殿がある。その場所に祭壇があったことは言い伝えられていたが、そのそばで銘板が発見され、そこに「名誉のために」と記されていたため、これがその神殿を建立する動機となった。だが、その場所にはたくさんの墓があったので、掘り起こされることになった。神祇官団が、公共の場所は私的な祭儀のために当てられてはならないと定めたからだ。

［59］さらに、十二表法におけるそのほかの規定は、葬儀のさいの出費と哀悼の制限にかんするものであり、これはほとんどソローンの法律からもってきたものだ。法律は、「これ以上のことをしてはならない。火葬の積み薪を斧で削ってはならない」と言う。このあとに続く規定は、あなたがたが知っているとおりだ。じっさい、少年の頃わたしたちは、十二表法の文句をかならず覚えなければならないものとして学んだが、いまではそれを学ぶ者は誰もいない。

こうして、出費が削られて、三つのヴェール、一つの紫の経帷子《きょうかたびら》、十人の笛吹きに制限され、さらに〈過度の〉哀悼が禁じられる。すなわち、「婦人は頬を引き裂いてはならないし、葬儀のためのレッススも許されない」。昔の注釈者であるセクストゥス・アエリウス[*90]とルーキウス・アキーリウスは、このレッススの意味は十分に分からないが、おそらく喪服の一種であろうと述べている。またルーキウス・アエリウス[*91]は、言葉自体が表すように、哀悼の嘆き声のことであろうと言っている。わたしは、次の理由からむしろ後者が正しいと考える。つまり、ソローンの法律はまさに哀悼の嘆き声を禁じているからである。これらの規定は、称賛に値するものであり、金持ちと大衆に共通して適用される。死において身分の相違が取り除かれるということは、きわめて自然にかなったことである。

二四

［60］同様に、そのほかの、哀悼を誇大にする葬儀は、十二表法において禁止されている。法律は、「人が死んだときは、その骨を集め、そのあとで葬儀を行うようなことをしてはならない」と述べている[*92]。ただし、戦死または外地での死の場合は例外とされる。さらに、塗油について法律では次のように定められている。すなわち、「奴隷による塗油と、回し飲みの類のすべては行ってはならない」。これらのことが禁止されるのは当然であり、また、実際に行われていなかったなら、禁止されることはなかっただろう。「費用のかさむ注ぎのもの[*93]、長い花冠、香箱を捧げもってはならない」。その趣旨は、名誉を表す飾りは死者に属するものだということである。法律の定めによれば、功績によって得られた花冠は、そ

れを得た死者とその父親が着けることを許されているからである。また、たぶん、一人の死者のために何度も葬儀が行われ、いくつかの棺台が作られるといったことがしばしばあったため、こうしたことがないように法律で定められたのだろう。この法律には、「金を副葬品としてはならない」とあるのにたいし、別の法律がいかに寛大な例外を設けているか、〈あなたがたは注意していただきたい。〉すなわち、「しかし、歯が金でつないである死者の場合、金とともに葬ることも、焼くことも許されるべきである」。また同時に、埋葬と火葬とが別のこととみなされていることに注意していただきたい。

［61］そのほかに、墓にかんする二つの法律があり、その一つは個人の建物を、もう一つは墓自体を守るものである。じじつ、「戸主の同意を得ることなしに、火葬のための新しい積み薪または塚を他人の家の六〇ペース以内に設けること」を禁じているのは、火災を防ぐためと思われる。*94 また、「フォルム――すなわち墓の前庭のこと――あるいは火葬塚が時効によって取得されること」を禁じているのは、墓の権利を守るものである。わたしたちは、十二表法においてこれらの法律をもっているが、これらは、法律の規範である自然にまったくかなったものである。

そのほかは、慣習に基づくものである。すなわち、競技*95が行われる場合、葬儀は予告されなければならないとか、喪主は伝令と先導吏を使用することが許されるとか、［62］官職についたことのある者にたいしては、集会において追悼演説が行われ、これには笛に合わせた歌が伴わなければならないとかいったことだ。この歌の名称はネーニアというが、ギリシア人〈のあいだでも〉哀悼の歌は同じ名で呼ばれている。

二五

アッティクス　わたしたちの法が自然と一致しているのは、嬉しいことです。また、祖先の知恵もわたしを大いに喜ばせます。しかし、わたしは、ほかの出費についてと同様、墓にも限度が設けられるよう要求します。

マルクス　あなたの要求は正しい。そのことがすでにどれほどの出費を招くようになったか、〈あなたは〉ガーイウス・フィグルス*96の墓を見て分かったことと思う。昔はそのことにたいする欲求がきわめて控え目であったことは、祖先たちのたくさんの例が示している。じっさい、わたしたちの法の注釈者たちは、出費と哀悼を冥界の神々の権利から除くよう命じる規定を、まず第一に、墓の壮大さが抑制されなければならないという意味に取ればよいだろう。

[63] これらの点は、きわめて賢明な法制定者たちによってもおろそかにはされなかった。じじつ、大地に埋葬するというこの法は、アテーナイ人の慣習として、あの初代の王ケクロプス*97からいままで続いていると言われる。近親者が埋葬し、土が上にかけられると、そこに穀物が蒔かれたが、それは、いわば母親の胸とふところが死者に割り当てられ、土地が穀物によって浄められて生きている者に戻されるためであった。引き続いて宴会が催され、

花冠を着けた近親者がこれに参加したが、彼らの前で死者を称賛するため何か本当のことが述べられたとき——偽りを言うことは許されないと考えられたからだ——、正規の儀式が終わったのだ。

［64］やがて、パレーロンの〈デーメートリオス〉[*98]が述べているように、多大な出費と大げさな哀悼を伴う葬儀が行われるようになり始めたとき、それはソローンの法律によって禁止された。わたしたちの十人委員[*99]は、この法律をほとんど同じ言葉で第十表の中に取り入れた。じじつ、三つのヴェールについての規定や、そのほか、そういったことのほとんどはソローンに由来する。哀悼について、「婦人は頬を引き裂いてはならないし、葬儀のためのレッススも許されない」というのは、逐語的に言い表されている。

二六

さらに、墓については、ソローンの法律には、「誰もそれを壊してはならないし、無縁の者をその中に入れてはならない」、また「火葬塚——それはテュンボスと呼ばれるものと思う——、あるいは墓碑、あるいは記念柱を傷つけ、倒し、壊した者」が刑罰を受けることのほかは何も規定がない。しかし、いくらかのちになってから、わたしたちがケラメイコス[*100]において見るような壮大な墓のゆえに、「十人が三日で仕上げることができるよりも多くの労力を要する墓は、誰も作ってはならない」と、法律によって定められた。

[65] 墓を漆喰《しっくい》塗《ぬ》りで飾ることも、あのヘルメース柱像*101と呼ばれるものを墓の上に置くことも許されなかったし、死者の追悼演説も、公の葬儀においてそのことのために公に任命された者によって行われる場合以外は許されなかった。さらに、男女が大勢集まることは、哀悼を制限するために禁止された。つまり、人が集まると、嘆きを大きくさせることになるからだ。

[66] それゆえ、ピッタコス*102は、他人の葬儀に加わることを全面的に禁止した。しかし、先にあげたデーメートリオスは、葬儀と墓を壮麗にすることがふたたび盛んになり、いまローマにおいて見られるような状況になったと言っている。彼自身は、このような風習を法律によって制限した。じじつ、この人は、あなたがたも知っているとおり、きわめて優れた学者であったのみならず、国政にかけては第一人者で、国家を守ることに最大の経験を積んだ市民であった。それで彼は、刑罰によってのみならず、時間によっても出費を少なくさせた。すなわち葬送を夜明け前に行うように命じたのだ。さらに、新しい墓には限度を定めた。すなわち盛り土の上に、三クビトゥム*103を越えない高さの柱、あるいは犠牲のための台または鉢のほかには何も置くことを許さず、これを監視するために特定の官吏を任命した。

二七

[67] これが、あなたのアテーナイ人がしたことだ。だが、プラトーンを見てみよう。彼

は、ふさわしい葬儀を宗教的義務の解釈者に委ねているが、この慣習はわたしたちが守っているものである。墓については、次のように言っている。*104 すなわち彼は、墓のために耕地、あるいは耕作できる土地からいかなる部分も取ることを禁止する。しかし、生きている者への実害なしに死体を収めることができるほかは使いようがない土質の土地は、どの土地にもまして十分に利用されなければならない。他方、作物が作られ、母親のように食物を供給することができる土地は、生きている者であれ、死んだ者であれ、誰も減らしてはならない。

［68］さらに彼は、〈五人が〉五日間で仕上げることができるよりも高く墓を作ることを禁止している。また、エンニウスが長歌律と呼んでいる英雄詩律*105の四行以内で刻まれた死者の賛辞を収めることができるよりも大きな石碑を建てることも、墓の上に置くことも禁止している。このように墓について、わたしたちはこの卓越した人からも権威のある見解を得ている。彼は同様に葬儀のための出費を資産に応じて一ムナーから五ムナー*106のあいだに定めている。このあと、霊魂の不滅、善い人の死後に続く平安、不敬な者にたいする刑罰について、あの同じ意見を述べている。

［69］これであなたがたは、宗教にかんする問題のすべてについて説明を受けたことになると思う。

クイントゥス　まったくそのとおりです、兄上。しかも、細大漏らさずに。だが、先を続けて下さい。

マルクス　そうすることにしよう。あなたがたがわたしにこの話をさせたいという気になったからには、このさい今日の話で片をつけることにしたいと思う——とくに今日のような日には。じっさい、プラトーンは同じことをしたのであり、法律にかんする彼の話のすべてを夏の一日で語り終えたことをわたしは知っている。だから、わたしもそうすることにして、次に官職者について話したい。たしかにこれは、宗教の確立についで、国家の成立にもっとも大きくかかわることだから。

アッティクス　それでは話して下さい。最初からのあなたのやり方を続けて下さい。

訳注

＊1　リーリス（一・一四参照）の支流。

＊2　ナイルとエウリープスはローマ市内にある導水路のこと。ナイルはエジプトのナイル河に、エウリープスはギリシア本土のボイオーティアとエウボイア島とのあいだにあるエウリーポス海峡にそれぞれちなんでつけられた名。

＊3　キケローの叙事詩『マリウス』のことか。第一巻訳注＊1参照。

＊4　マーニウス・クリウス・デンタートゥスのこと。『国家について』第三巻訳注＊51参照。

＊5　オデュッセウスのこと。彼が不死の身になることを拒んだことについては、『オデュッセイア』一・五六以下、五・一三五以下参照。イタケーは彼の故郷である。

＊6　カトーと彼の出身地トゥスクルムについては、『国家について』第一巻訳注＊9、＊10参照。

＊7　『国家について』第二巻訳注＊6参照。彼はそれまで散在していたアッティケー地方の村落を一つにまとめてポリス国家アテーナイを作ったと言われる。

＊8　テクストに脱落がある。

＊9　グナエウス・ポンペイウス・マグヌスのこと。

＊10　ティトゥス・アンピウス・バルブスは、前六三年の護民官。彼をめぐる裁判と、キケローの弁護演説については詳細不明。

＊11　マリウスとキケローのこと。マリウスがキンブリー人とテウトニー人の北イタリアへの侵寇を撃退し、キケローがカティリーナ一派の陰謀を未然に防いだことを言う。

＊12　細長い中洲の先端が船の舳先に見立てられる。

＊13　プラトーン『パイドロス』二三〇B参照。

＊14　テュアミスは、エーペイロス（ギリシア本土の西北部）を流れる河。アッティクスはその河のほとりに地所をもっていて、そこにアマルテイア（ニンフの一人でゼウスの乳母となったと言われる）を祀る祠を建てた。

＊15　アラートスについては、『国家について』第一巻訳注＊64参照。キケローは彼の詩『パイノメナ（星辰譜）』をラテン語に訳した。

＊16　プブリウス・ホラーティウス・コクレスは、ローマの伝説的英雄。エトルーリア王ポルセンナがローマに攻めてきたとき、コクレスは市内に通じるスブリキウス橋の入口で敵を防ぎ、そのあいだに味方は橋を切り落とすことができた。そのあと彼は武具を着けたまま河に飛び込んで溺死したとも、味方の陣営に無事泳ぎ着いたとも伝えられる。

＊17　ルーキウス・タルクイニウス・スペルブスのこと。セクストゥス・タルクイニウスはその息子。ルーキウス・タルクイニウスについては、『国家について』一・六二、セクストゥス・タルクイニウスとトリキピティーヌスの娘ルクレーティアについては、同書、二・四六参照。

＊18　テクストに脱落がある。意味を補って訳す。

＊19　quidam と読む。

＊20 「法律」を意味するラテン語の lex は、「選ぶ」を意味する lego に由来するということ。第一巻訳注＊33参照。
＊21 ティティウス法は土地改革にかんするもので、前九九年の護民官セクストゥス・ティティウスによって提出された。アープレイウス法は前一〇三年および前一〇〇年の護民官ルーキウス・アープレイウス・サートゥルニーヌスによって、リーウィウス法は前九一年の護民官マルクス・リーウィウス・ドルーススによってそれぞれ提出された。この二つの法律は土地再配分、法廷の改革などにかんするものである。
＊22 『国家について』第三巻訳注＊58参照。
＊23 ロクロイ・エピゼピュリオイ（南イタリア）の住民。
＊24 テクストは不確か。大意を汲んで訳す。
＊25 プラトーン『法律』四・七二二D以下参照。
＊26 護民官の神聖不可侵性を保証する法律で、ローマにおける古くからの慣行に基づくものとみなされる。
＊27 テクストは不確か。
＊28 『国家について』第五巻訳注＊12参照。
＊29 『国家について』第二巻訳注＊54参照。
＊30 鳥卜官は、天空に仕切った観察区域（templum）に現れる鳥の飛翔などを観察して占った。さらに、地上で聖域として仕切られた区域も templum と呼ばれた。templum には（観察のため）視野を妨げるものやそのほか障害となるものがあってはならない、すなわち「清浄」で「神聖」でなければならない。
＊31 『国家について』第二巻訳注＊61参照。
＊32 エトルーリアでは雷や異兆のほか、動物の内臓、とくに肝臓の観察に基づく占いが行われた。元老院は必要に応じて内臓占い官をエトルーリアから呼び寄せ、彼らの意見を求めた。

＊33　穀物・農耕の女神。ギリシアのデーメーテールに相当するとみなされた。

＊34　プリュギアの女神キュベレーのこと。その崇拝は前二〇五／二〇四年にローマに導入され、その神官は寄付を募ることが許されていた。

＊35　テクストは不確か。

＊36　同意を表明する決まり文句。

＊37　『国家について』第三巻訳注＊16参照。

＊38　テクストは不確か。

＊39　キュローンはアテーナイの貴族で、（おそらく）前六三二年に独裁政の樹立を狙ってアクロポリスを占拠した。しかし逆に包囲され、彼自身は逃亡したが、仲間は嘆願者として祭壇で救いを求めたにもかかわらず殺害されたため穢れが生じた。この穢れを浄めるためにクレータの予言者エピメニデースが呼ばれたと言われる。

＊40　ラクタンティウス（『神的教理』一・二〇・一四―一六）による引用。

＊41　ローマの七つの丘の一つ。ローマ人が最初に定住した丘で、ここに初代の王ロームルスの館が作られたと伝えられる。のちに著名な政治家たちの居住地となった。エスクイリアエの丘については、『国家について』第二巻訳注＊26参照。

＊42　『国家について』第一巻訳注＊2参照。

＊43　ラテン語のVestaが、ギリシア語のἙστία（竈）とほとんど同じ語であるということ。この二つの語の語源は同一とみなされる。ウェスタについては、『国家について』第二巻訳注＊54参照。

＊44　ルーキウス・マルキウス・ピリップスのこと。前九一年の執政官、前八六年の監察官。

＊45　マルケッルスは、ガーイウス・クラウディウス・マルケッルス（前五〇年の執政官）、ガーイウス・クラウディウス・マルケッルス（前者と同名同姓であるが別人物、前四九年の執政官）、マルクス・クラ

ウディウス・マルケッルス（前五一年の執政官）のいずれであるか不明。アッピウス・クラウディウス・プルケルは、前五四年の執政官。

＊46　ポリュイードス以下、いずれもギリシアの伝説上の予言者。

＊47　プリュギア人以下、いずれも小アジアの民族。

＊48　『国家について』第二巻訳注＊72参照。

＊49　エレウシースの秘教の入信者によって崇められる神。エウモルピダイはエレウシースで祭儀を司る神官の一族。

＊50　ギリシアの新喜劇では、夜祭りに加わった乙女が誘惑されて身ごもる話がしばしば取り上げられたことを指す。

＊51　プブリウス・クローディウス・プルケル（前九二頃―前五二年）を暗に指す。彼が男子禁制のボナ・デア（「善い女神」を意味するイタリアの女神）の夜祭りに女装して加わって見破られ、瀆神罪で訴えられたとき、キケローは彼のアリバイの主張を否定する証言を行った。彼は裁判官を買収して無罪となったが、前五八年の護民官になったとき、国民の同意を得ずにローマ市民を死刑にした者（前六三年の執政官としてカティリーナ一派を処刑したキケローを指す）を追放する法律を提出した。キケローはこの法律が成立する前にローマから退去したが、クローディウスはさらに彼をイタリア全土から追放し、彼の全財産を没収するむねの法律を提出した。

＊52　この人物については詳細不明。

＊53　アリストパネース（前四五〇頃―前三八六年頃）の作品のうち十一篇が現存。サバジオスはプリュギアの神であるが、彼のどの作品にこの神が登場したかは不明。

＊54　テクストは不確か。

＊55　テクストは不確か。vacet と読む。

＊56　プラトーン『国家』四・四二四C以下参照。
＊57　ルーキウス・リーウィウス・アンドロニークスは、前三世紀のローマ詩人。グナエウス・ナエウィウスについては、『国家について』第四巻訳注＊44参照。
＊58　テクストは不確か。
＊59　ティーモテオス（前四五〇頃―前三六〇年頃）は、ミーレートス出身の竪琴演奏家・ディーテュランボス詩人。当時七本の弦をもつ竪琴がひろく用いられたが、彼は十一本の弦をもつ竪琴を用いた。
＊60　前注＊34参照。
＊61　小アジア東南部のキリキアの町。前三三三年にアレクサンドロスによって落とされた。
＊62　『国家について』第二巻訳注＊9参照。
＊63　プラトーン『法律』四・七一六E参照。
＊64　テクストの脱落が想定される。
＊65　前五八年にキケローがローマから退去したのち、パラーティウムにあった彼の屋敷は破壊されたが、クローディウスはそこに「僭主キケロー」を追放した記念として「自由（Libertas）」を祀る社を建てた。キケローはこれを「放縦（Licentia）」と言い換えている。前注＊51参照。
＊66　キケローはローマを去る前に、彼の屋敷にあったミネルウァの神像をもち出し、これをローマの守護女神としてカピトーリウムのユッピテル神殿へ移した（ユッピテルはミネルウァの父神）。
＊67　クローディウス一派およびこれに同類の者を指す。
＊68　プラトーン『法律』一二・九五五E―九五六B。
＊69　プブリウス・ムーキウス・スカエウォラとその息子クイントゥス・ムーキウス・スカエウォラ。前者については、『国家について』第一巻訳注＊56参照。後者は前九五年の執政官で、父親と同様法律の専門家であった。

＊70　テクストは不確か。
＊71　以上、できるかぎり忠実に原文を訳した。法の解釈をめぐって未解決の問題を含む個所である。
＊72　ティベリウス・コルンカーニウスは、トゥスクルムの出身。執政官（前二八〇年）、独裁官（前二四六年）などを務めた。
＊73　プブリウス・ムーキウス・スカエウォラのこと。
＊74　かなりのテクストの脱落がある。
＊75　デキムス・ユーニウス・ブルートゥス・カッライクス。前一三八年の執政官。
＊76　ルーキウス・アッキウス（前一七〇―前八四年頃）は、ローマの悲劇詩人。
＊77　古くは一年の最後の月は二月であったが、デキムス・ブルートゥスがこれを十二月にしたと言われる。
＊78　アウルス・マンリウス・トルクワートゥス。執政官（前一六五年）、神祇官を務めた。ポピッリウス一族は、平民出身の有名な氏族。
＊79　キケローは「死者の祭日」を意味する denicales を de と nex（死）から作られた語であると考える。
＊80　火葬のさい、少なくとも身体の一部分（たいてい指）を大地に埋めることが神祇官法によって定められていた。
＊81　前四三〇頃―前三五五年。アテーナイ出身。はじめソークラテースについて学び、キューロス（ペルシア王ダーレイオス二世の息子）が反乱の軍を起こしたとき従軍した。従軍と反乱の失敗を記録した『アナバシス』、キューロスと同名で前六世紀中頃にペルシア帝国を建設した祖父を主人公とする『キューロスの教育』などの著書がある。クセノポーンからの引用については、『キューロスの教育』八・七・二五参照。
＊82　フォンス（泉の神）の祭壇は、ティベリス河右岸のヤーニクルムの丘の麓にあった。

＊83　ルーキウス・コルネーリウス・スッラ・フェーリクス（前一三八―前七八年）。執政官（前八八、八〇年）、独裁官（前八二年）を務めた。マリウスやポントス王ミトリダーテース六世と戦って勝利を収め、貴族派を重んじる政策をとった。

＊84　アニオーはティベリス河の支流。ローマの北方でこれと合流する。

＊85　クイントゥス・エンニウスについては、『国家について』第一巻訳注＊17参照。プブリウス・コルネーリウス・スキーピオー・アーフリカーヌス・マイヨルについては、『国家について』第一巻訳注＊7参照。

＊86　テクストは不確か。

＊87　プブリウス・ウァレリウス・ポプリコラ（プーブリコラ）については、『国家について』第二巻訳注＊100参照。プブリウス・ポストゥミウス・トゥーベルトゥスは、ポプリコラと同様共和政初期の執政官（前五〇五、五〇三年）と伝えられる。

＊88　『国家について』第三巻訳注＊51参照。

＊89　ローマ北部のクイリーナーリスの丘を下ったところにあった門。

＊90　セクストゥス・アエリウス・パエトゥス・カトゥスについては、『国家について』第一巻訳注＊80参照。ルーキウス・アキーリウスは、アエリウスと同時代の法律家で、彼と同様十二表法の注釈を書いた。

＊91　ルーキウス・アエリウス・スティロー・プラエコーニーヌス（前一六六頃―前七五年頃）は、著名なラテン文法家で、十二表法などに用いられた古いラテン語について注釈を書いた。

＊92　テクストは不確か。

＊93　respersio の訳。神や死者を祀る儀式で注がれる清水、葡萄酒、乳、蜂蜜など。

＊94　テクストは不確か。

＊95　死者を弔うための競技。

＊96　前六四年の執政官ガーイウス・マルキウス・フィグルスのことと推測される。
＊97　アテーナイの伝説的な王。
＊98　『国家について』第二巻訳注＊10参照。
＊99　『国家について』第二巻訳注＊107、＊108参照。
＊100　陶工が居住していたアテーナイ北西部の地区で、そこに古くから墓地が設けられていた。
＊101　元来ヘルメース神を模した柱像のこと。のちにほかの神々や人間を模したものが現れたが、これもヘルメース柱像と呼ばれる。
＊102　ピッタコス（前六五〇頃―前五七〇年頃）は、ミュティレーネー（レスボス）の立法家。ギリシア七賢人の一人。
＊103　一クビトゥムは約五〇センチ（肘から指先までの長さ）。
＊104　プラトーン『法律』一二・九五八D、九五九D。
＊105　ヘクサメトロス（六脚律）のこと。元来ホメーロスなどの英雄叙事詩において用いられたのでこのように呼ばれる。
＊106　一ムナーは一〇〇ドラクメーに当たる（ペロポンネーソス戦争時の重装歩兵の日当は、ふつう一ドラクメーであったという）。

第三巻

一

［1］マルクス　それでは、はじめに決めたように、神に等しいあの人に従うことにしよう。わたしは、たぶん〈絶大な〉感嘆の念に駆られて必要以上に頻繁にあの人を称賛しているようだ。

アッティクス　もちろん、あなたはプラトーンのことを言っているのですね。

マルクス　まさにその人のことだ、アッティクス。

アッティクス　じっさい、あなたが彼をどれほど称賛しても、度が過ぎるとか、回数が多すぎるとかいうことはけっしてないでしょう。わたしの友人たち*1でさえ、自分たちの師のほかは誰も褒められることを好まないのですが、わたしが存分に彼を愛することは許してくれるからです。

マルクス　たしかに、彼らのしていることは正しい。じじつ、何があなたの優雅さにいっそうふさわしいというのか。あなたの生活と弁論は、威厳と優しさというあのきわめて難しい組み合わせを実現しているようにわたしには思われるからだ。

アッティクス　あなたの話の邪魔をしたことをわたしはたいへん喜んでいます。わたしにかんするあなたの判断について、そのようにみごとな証拠を見せて下さったのですから。だが、始めた話を続けて下さい。

マルクス　それでは、はじめに法律そのものを、真実に即した、その本質にふさわしい賛辞で称えることにしよう。

アッティクス　ぜひそうして下さい、宗教にかんする法律についてあなたがしたように。

［2］マルクス　さて、あなたがたも知っているように、官職者の本務は、指揮をとり、正当で、有益で、法律に合致した命令を下すことにある。じじつ、法律が官職者にたいして指揮をとるように、官職者は国民にたいして指揮をとるのであり、官職者はものを言う法律であり、法律はものを言わぬ官職者と言われるのは当たっている。

［3］さらに、命令権ほど、法と、自然の秩序――わたしがこう言うとき、法律のことを言っているのだと理解していただきたい――に合致したものはない。命令権がなければ、いかなる家も国家も民族も全人類も自然界のすべても宇宙そのものも成り立つことはできない。宇宙は神に従い、宇宙には海と陸が従い、人間の生活は至高の法律の命令に従うからである。

二

［4］だが、わたしたちにもっと身近な、もっとよく知られていることに話を進めるなら、かつて古代の民族はすべて王に服従していた。この種の命令権は、はじめ、もっとも公正でもっとも賢明な人たちに委ねられた。このことは、王権が支配していた期間のわが国にもっともよく当てはまる。ついで、命令権は次々に子孫に伝えられた。それゆえ、これはいまなお王政下にある人々のあいだで続いている。一方、王権が気に入らなかった人たちは、誰にも従おうとしなかったのではなく、つねに同じ一人の人間に従うことを望まなかったのだ。だが、わたしは、自由な諸国民のために法律を定めているのであり、最善の国家にかんするわたしの考えは先に六巻の書物の中で述べたのであるから、いまはわたしが是認するあの国制に法律を合致させることにしよう。

［5］こうして、官職者が求められることになる。彼らの思慮と勤勉がなければ国家は存在することができない。また国家の統治のすべては、官職者の構成にかかっている。彼らには支配の基準を教える必要があるのみならず、市民にも服従の基準を教えなければならない。立派に支配する者は、かつて服従したことがあるにちがいないし、従順に服従する者は、いつかは支配するにふさわしいと思われるからである。したがって、服従している者は、やがて支配するだろうことを期待するべきであり、支配している者は、まもなく服従す

るだろうことを考えるべきである。しかし、わたしたちは、カローンダース[*2]がその法律の中で行っているように、官職者には逆らわずに服従するのみならず、さらに彼らを尊敬し愛さなければならないことを定める。じっさい、わたしたちのプラトーンは、ティーターン族が天の神々に反抗したように官職者に反抗する者は彼らの一族であると決めつけた。[*3]

これらのことを確認しておいてから、もしよければ法律そのものに取り組むことにしよう。

アッティクス　そのことにも、あなたが取り上げる事柄の順番にも賛成です。

三

［6］マルクス　命令は正当でなければならない。市民は従順に逆らうことなくこれに従わなければならない。官職者は、従わない市民または罪ある市民を罰金刑、禁固刑、笞刑によって懲罰すること。ただし、同等の、またはより大きな権限をもつ者、あるいは国民が禁止する場合は除かれる。これらの者にたいして上訴することが認められなければならない。官職者が判決を下し、刑罰を科したときは、国民によって罰金刑または体刑の当否が問われるべきである。戦地では命令する者にたいする上訴が認められてはならないし、戦争を遂行する者が命令したことは、合法で妥当とされなければならない。

分割された権限をもつ幾人かの下級官職者を、いくつかの任務に当たらせること。戦地では、配下の者にたいして命令を下し、彼らの指揮官*4となること。国内では、公金を保管し、拘禁された罪人を監視し、死刑を執行し、銅貨、銀貨、金貨を公の名で鋳造すること。訴訟が起こされた場合はこれを裁き、元老院が決議したことは何であれ行うこと。

［7］造営官を置き、都の食料調達および祭の競技の監督に当たらせること。彼らには、これを上級官職への昇進の、最初の段階とすること。

監察官は、国民の年齢、子女、奴隷、財産を調査し、都の神殿、道路、水道、国庫、租税を管理し、国民を分けて区《トリブス》に編成し、ついで、財産、年齢、階級に応じて区分し、青少年は騎兵と歩兵とに分け、独身であることを禁止し、国民の風俗を正し、元老院の恥辱となることを放置しないこと。定員は二名、任期は五年とし、この官職は常任とすること。ほかの官職は任期を一年とすること。

［8］私的な事件を裁き、あるいは裁くことを命じる、法の裁定人は法務官でなければならない。彼は市民法の守護者でなければならない。彼には、同等の権限をもつ同僚――元老院が決定し、あるいは国民が命じただけの数の同僚――を置かなければならない。

王の命令権をもつ者を二名置くこと。彼らは、指揮をとり、裁判を行い、助言するところから、法務官、裁判官〔審判人〕、執政官*5と呼ばれること。戦地では彼らは最高の権限をもつべきであり、誰にも従ってはならない。彼らにとっては国民の安全が最高の法律でなければならない。

［9］十年を置かなければ、同一の官職につくことは許されない。年齢については、年齢

にかんする法律を守ること。

　重大な戦争、あるいは市民の内紛があるときは、元老院が決議した場合、一人の者が[*6]、六ヵ月を越えないかぎり二名の執政官と同じ権限をもつこと。彼は鳥の吉兆のもとに任命され、歩兵長官となること。彼は騎兵を指揮する者[*7]をもたなければならない。この者は法の裁定人と同等の権限をもつ。これらの者のほかに官職者を置いてはならない。

　しかし、執政官または歩兵長官がいないときは、鳥占い[*8]は元老院議員によって行われること。元老院議員は、民会において然るべき仕方で執政官を選出する権限をもつ者[*9]を自分たちの中から任命すること。

　命令権をもつ者、職権をもつ者、あるいは使節は、元老院が決議し、あるいは国民が命じたときは、都から離れ、正当な戦争を正当な仕方で遂行し、同盟国を大切に扱い、みずから節度を守って部下にもこれを守らせ、国民の栄光を高め、栄誉を得て帰還しなければならない。

　何者も、私用のために使節となることは許されない。

平民が自己を暴力から守るために選出した十名は、彼らの護民官となること。護民官が拒否したこと、および平民に提案したことは、効力をもたなければならない。彼らの身体は不可侵でなければならない。彼らは、平民を護民官の守りを欠いたまま放置してはならない。

[10] すべての官職者は、鳥占い権と裁判権をもつこと。元老院は彼らから構成されなければならない。その決議は効力をもたなければならない。同等の、あるいは上級の権限をも

つ者が拒否した場合は、これを書き記して保存すること。

元老院階級には悪徳があってはならない。またそれはほかの者にたいして模範とならなければならない。

官職者の選出、国民の審判、命令、禁止令が投票によって決定されるとき、投票は貴族には公開され、平民には自由でなければならない。*10

四

官職者の職務を越えて処理しなければならないなんらかの事柄があるときは、国民はそれを処理する者を選出し、彼に処理の権限を与えること。

国民および元老院に諮る権限は、執政官、法務官、歩兵長官、騎兵長官、および元老院が執政官選出のため任命した者に与えられること。平民が己のために選出した護民官には元老院に諮る権限が与えられること。護民官は、必要な事柄があれば平民に提案すること。

国民に諮られること、および元老院において諮られることは、慎みを伴わなければならない。

［11］元老院議員は、欠席する場合、その理由があるか、それとも、罪を犯したものとみなされるか、のどちらかでなければならない。元老院議員は、順番に従って控え目に発言し、国民の事情に通じていなければならない。

国民のあいだには暴力沙汰があってはならない。同等の、あるいは上級の権限はより大きな権限をもつこと。しかし、審議のさいになんらかの混乱が生じた場合、その責任は審議を司る者に帰されなければならない。誤ったことを拒否する者は、功績ある市民とみなされなければならない。

審議を司る者は、鳥占いに注意を払い、公の鳥卜官に従い、公表され、国庫の前に掲示され告知された事柄について審議しなければならない。また、同時に二つ以上の事柄について諮ってはならない。国民にはその内容を教え、また国民が官職者および一般人から教わることを許さなければならない。

個人にかんする法律は提案してはならない。市民の死刑または市民権剥奪については、もっとも規模の大きい民会によって、すなわち監察官が国民の区分を行ってその中に組み入れた者によってでなければ[11]、審議を行ってはならない。

贈与は、官職のため立候補中であれ、在職中であれ、任期終了後であれ、受け取ることも与えることも許されない。これに違反する者があれば、刑罰は罪に相応したものでなければならない。

監察官は、法律の正本を保管しなければならない。任期を終えて一般人になった者は、監察官に職務上の業績を報告しなければならないが、このことによって法的責任から免れることは許されない。

以上で、法律が読み上げられた。わたしは、めいめい退いて投票札の配布を受けるよう命[12]

じることにしよう。

五

［12］クイントゥス　官職者全員の構成がなんと簡潔にあなたによって展望されたことでしょう、兄上。だが、その構成は、少しばかり新しいことがあなたの手で付け加えられているものの、ほとんどわたしたちの国家のそれと同じです。

マルクス　きみの批判はまったく正しい、クイントゥス。これは、スキーピオーがあの書物の中で称賛し、もっとも優れたものとした国家組織であり、この国家は、そのような官職者の構成によってはじめて実現可能となるからだ。じっさい、あなたがたはこのように考えていただきたい。つまり、国家は、官職とそれを指揮する者たちから成るのであり、これらの編成から、それぞれの国家がどのような種類であるか、見て取ることができる。この組織は、わたしたちの祖先によってもっとも賢明な、もっとも節度ある仕方で整えられたものであるから、法律においてわたしが改めなければならないと考えたことは、まったくなかったか、〈あるいは〉わずかしかなかったのだ。

［13］アッティクス　それでは、わたしの勧めと求めによってあなたが宗教にかんする法律について行ったように、官職者についても行って下さい。つまり、その構成があなたにはもっとも正しいと思われる理由を説明して下さい。

マルクス　あなたが望むとおりにしよう、アッティクス。ギリシアのもっとも優れた学者たちが探究し論じたような仕方でこの問題のすべてを扱い、そして、先に決めたように、わたしたちの法に取りかかることにしよう。

アッティクス　わたしがもっとも期待しているのはそのような種類の議論です。

マルクス　だが、ほとんどのことはあの書物の中で言われている。最善の国家について探究されたため、そうする必要があったのだ。しかし、官職者にかんするこの問題の特別な論点のいくつかは、はじめテオプラストスによって、ついでストア派のディオゲネース*[13]によってかなりくわしく探究されている。

六

[14] アッティクス　そう思うのですか。ストア派でさえ、そのことを論じているのですか。

マルクス　もっとも、いま名をあげた者と、そのあとの傑出した人で、とりわけ博学であったパナイティオス*[14]だけだ。じじつ、あの古い人たちは、国家について理論的には鋭い議論をしたが、わたしの議論のように国民と国家に役立てるためにそうしたのではなかった。この探究はむしろ、プラトーンを指導者とするアカデーメイア派の流れを汲むものである。そのあと、アリストテレースと、同様にプラトーンの系統を引くポントスのヘーラクレイデースは[15]、この国家の問題のすべてにわたって論じ、これに光を当てた。アリストテレースから教えを受けたテオプラストスは、あなたがたも知っているように、この種の問題と熱心に取り組んだし、また同じアリストテレースに教わったディカイアルコスも[16]、いまの問題とその研究に無関心ではなかった。のちに、テオプラストスに続いて、先に言及したパレーロンのデーメートリオスは、驚くべきやり方で学問を学者たちの薄暗い木陰と閑居から陽光と塵埃の中に引きずり出したのみならず、危険な戦場のど真ん中にまで引っ張り出した。じっさい、わたしたちは、政治においては優れているけれども学者としては凡庸な人や、政治にはあまり精通していないけれどもきわめて優れた学者である人であれば、大勢の名をあげることができる。しかし、両方の分野に優れ、学問研究においても国家統治においても第一人者であるような人物は、この人をおいて誰がすぐに見つかるだろうか。

アッティクス　見つかると思います。しかも、わたしたち三人のうちの一人です。だが、始めたことを続けて下さい。

七

［15］マルクス　さて、彼らによって探究されたのは、一つの最高官職を――これにほかの者は従わなければならない――国家の中に置くべきかどうかという問題であった。この官職を置くのは、わたしの理解では、王が追放されたのちにわたしたちの祖先が決めたことで

ある。しかし、かつては是認されていた王政というものが、のちに王政の欠陥というより王の欠陥によって退けられたのであるから、もし一つの官職がほかのすべての官職を指揮下に置くのであれば、王という名だけが一見退けられたにすぎず、実質はそのまま残ることになるだろう。

[16] それゆえ、ラケダイモーンではテオポンポス[17]によって監督官[18]が王に対置され、わが国では護民官が執政官に対置されたのは、理由のないことではなかった。じじつ、執政官は、法に定められたあの権限、すなわち護民官を除くほかのすべての官職者を自分に従わせる権限さえもっている。護民官は、以前に起こったことがふたたび起こらないように、のちになって置かれた。つまり、執政官の権限を制約したのは、最初は、彼に従属しないような者さえ現れたということであり、ついで、護民官がほかの官職者たちにたいしてのみならず、一般人にたいしても、彼らが執政官に従おうとしないときに援助を与えたということであった。

[17] **クイントゥス** あなたは大きな禍いのことを言っているのですね。その官職が生まれて以来、貴族の威厳が地に落ち、民衆の力が強大になったからです。

マルクス そうではない、クイントゥス。執政官の権限があまりにも威圧的であるのみならず、あまりにも乱暴だと国民に思われることは避けられなかったからだ。それゆえ、穏当で賢明な制限が加えられたのちに……[19]どうして彼は同盟国を守ることができるだろうか、もし有益なことと無益なことを区別することができなければ。[20]

……法律はすべての者にたいするものである。

八

［18］「彼らは栄誉を得て帰還しなければならない」。じじつ、立派で潔白な人間にとって、敵国からであれ同盟国からであれ、もって帰るべきものは栄誉のほかにない。

さらに、きわめて明白なのは、何者かが公務のためではないのに使節として派遣されることほど恥ずべきことはないということである。使節として出かけたさいに遺産あるいは貸付金を取り立てる者が、どんなふうに振舞い、あるいは振舞ったかを言うのはやめておこう。人間はおそらくこのような弱点をもっている。だが、わたしは尋ねたい。任務も命令も国のいかなる用務もないのに元老院議員が使節となることよりも、何がほんとうにもっと恥ずべきことであるか、と。この種の使節は、元老院の利権にかかわるものとみなされていたけれども、わたしは執政官として、元老院議員の大多数の賛成のもとに廃止しただろう、もしそのとき一人の軽率な護民官がわたしに反対しなかったなら。とはいえ、わたしは期間を短くし、それまで無期限であったものを一年間とした。こうして、汚点は残っているが、長期の使節は廃止されたのだ。

だが、よければ属州をあとにしていまは都に戻ることにしよう。

アッティクス　わたしたちは賛成です。だが、属州にいる人たちはけっして賛成しませんよ。

〔19〕マルクス　だが、ティトゥス、もしその人たちがこの法律に従うなら、彼らにとって都やわが家ほど喜ばしいものはなく、属州ほど難儀で煩わしいものはないということになろう。

しかし、次にくる法律は、護民官の権限を定めているが、これはわたしたちの国家にあるものだ。これについては議論する必要はまったくない。

クイントゥス　それどころか、わたしは、あなたがその権限についてどう考えているか聞きたいのです、兄上。じっさい、それはわたしには有害なもののように思われます。暴動の中で、暴動のために生まれたものですから。その最初の起こりを思い出してみるなら、それは市民同士の戦いにおいて都の各所が占拠され、包囲されているときに生まれたものであることが分かります。ついで、ちょうど十二表法に従って殺される著しい奇形児のようにただちに抹殺されたにもかかわらず、どういうわけか、わずかのあいだにすみやかに生き返り、前よりもはるかに恐ろしい、忌まわしい姿でよみがえったのです。

九

じっさい、何をそれが仕出かさなかったでしょうか。それは最初に、非道なものに似つかわしく、元老院議員からすべての名誉を奪い取り、最低のものを最高のものに等しくし、すべてを引っ掻き回し、混乱させました。そして、指導者たちの権威に打撃を与えたのちも、けっして大人しくなりませんでした。

〔20〕じじつ、ガーイウス・フラーミニウス[21]や、長い年月のためすでに昔の出来事と思われることは省くとして、ガーイウス・グラックス[22]は、護民官職にあったあいだに、どのような権利を優れた人たちに残しておいたでしょうか。しかも、その五年前には、あらゆる人間にまして下劣で汚らわしいガーイウス・クーリアーティウス[23]が護民官となって、執政官であったデキムス・ブルートゥスとプブリウス・スキーピオーの二人を——彼らはなんと立派な人たちであったことか——牢獄につなぎました。これはかつてなかったことでした。さらに、護民官のガーイウス・グラックスは、市民同士が手に取って切り合うために彼みずから中央広場《フォルム》の中に投げ入れたのだと広言したその短剣[24]で、国家の体制のすべてをくつがえしたではありませんか。サートゥルニーヌス[25]やスルピキウスや、そのほかの者については、いまさら何を言うことがありましょうか。国家は、武器を用いずに彼らを国の外に追い出すことができなかったのです。

〔21〕だが、わたしたちの身に起こった最近のこと[26]よりも、どうして遠い昔のこと、あるいは他人のことをもち出す必要があるでしょうか。わたしたちの地位を揺さぶることを思いつくほど、いったい誰がそのように大胆で、そのようにわたしたちを敵視するでしょうか——もしわたしたちにたいして護民官の誰かの剣先をすでに研ぎ上げているのでなければ。

不埒な悪人どもは、このような者をどの家系の中にも、どの氏族の中にも見つけることができなかったとき、国家の暗闇の中では氏族というものはくつがえしてもよいと考えました。[*27] これはわたしたちにとって名誉であり、永遠に後世まで残る栄光となることですが、どのような報酬をもらってもわたしたちに対抗しようとする護民官は一人も見つかりませんでした――護民官になるべきではなかった者を除いては。

［22］だが、あの者はなんという破壊をもたらしたことか。たしかにその破壊は、理性もいかなる希望も欠いた汚らわしい野獣の狂気が、大衆の狂気にあおられて引き起こすことができたのです。それゆえ、この点においては、わたしはスッラにまったく賛成です。スッラは彼の法律によって護民官から不正を行う権利を取り上げ、援助を与える権利はそのまま残しました。わたしは、わたしたちの友人のポンペイウスをほかのすべての点ではいつも惜しみなく最高の賛辞で称えていますが、護民官の権限のことになると、何も言えません。彼を非難したいとは思いませんが、褒めることもできないからです。

一〇

［23］マルクス　きみは護民官職の欠陥をみごとに見抜いている、クイントゥス。だが、何を非難するにしても、善いところを無視して悪いところを取り上げ、欠陥を探し出すのは不公平だ。じじつ、そういうやり方であれば、執政官職さえ非難することができるだろう、

もし執政官たちの――彼らの名をあげたいとは思わないが――過ちを集めてみるなら。じっさい、わたしは護民官の職権自体にある種の悪が内在することを認めるが、しかし、それによって求められる善は、その悪を取り除くなら、わたしたちが手に入れることはできなくなるだろう。「護民官の権限はあまりにも大きい」。誰がそれを否定できるだろうか。だが、国民の力はそれよりもはるかに激しく荒々しいものであるが、ときには、指導者をもっているため、いかなる指導者ももたない場合よりも穏やかになることがある。指導者は、わが身を危険に曝して前に進んでいることを考慮に入れているが、国民は衝動的に行動するとき自分の危険をかえりみようとはしないからだ。

［24］「しかし彼らは扇動されることがある」。そのとおりだが、しかし彼らはしばしば宥められることがある。じっさい、どんな護民官団がまったく手の施しようのないものとなり、そのため十人のうち正気な者は一人もいないということになるだろうか。まさにティベリウス・グラックスを失墜させたのは、無視されたのみならず、その地位さえ奪われながら拒否権を行使した者[*28]であった。じじつ、反対する同僚の権限を剝奪したことのほかに、いったい何がグラックスを打ち倒したというのか。

だが、きみにはこの点におけるわたしたちの先祖の知恵を見てほしい。その職権が元老院によって平民に与えられると、戦いはやみ、反乱は収まった。妥協策が考え出され、これによって下層民は自分たちを指導者層と同等とみなすことができるようになった。こうするほかに国家の安全はなかったのだ。「しかしグラックスが二人もいた」。そのとおりだ。しかし、どれほど多くの者の名をあげることができるにしても——十名ずつ選出されるのだから——、彼らのほかに有害な護民官はすべての時代を通じて数名しか見つけることはできないだろう。軽率で役立たずの者はおそらくもっとたくさん見つかるだろう。ともあれ、最高階級は嫉視を免れ、平民は自己の権利のために危険な闘争をいっさいしなくても済む。

［25］したがって、王は追放されるべきではなかったか、あるいは、〔王政を廃止するのであれば〕平民には言葉の上だけではなく、本当の意味で自由を与えるべきであった。とはいえ、この自由は、多くのきわめて優れた〈制度によって〉、平民が指導者たちの権威にすすんで従うよう説得されるという形で与えられた。

一一

しかし、誰よりも立派な、誰よりも愛しいクイントゥス、わたしの事件は護民官の職権と衝突するものであったが、けっして護民官職と争うものではなかった。平民が唆《そそのか》されてわたしの身分を妬んだのではなく、牢獄が解放され、奴隷が扇動され、さらに軍隊による脅威がこれに加わったからだ。また、そのときわたしが戦った相手は、あの疫病神*29ではなく、国家のきわめて重大な危機であった。もしわたしがこの危機に直面して譲らなかったなら、祖国はわたしの尽力の成果を永続的に享受することができなかっただろう。そしてこのことは、出来事の成り行きによって明らかとなった。じじつ、誰が——自由人のみならず、自由に値する奴隷でさえ――わたしの安全を心配してくれなかっただろうか。

［26］だが、わたしが祖国の安全のために行ったことの結果がすべての者には歓迎されず、狂った群衆のあおられた憎しみがわたしを追放し、護民官の力がわたしにたいして――グラックスがラエナスにたいして[*30]、サートゥルニーヌスがメテッルスにたいして[*31]行ったように――国民を唆したとしても、わたしの弟クイントゥスよ、わたしはそれに耐えるだろう。そしてアテーナイで活躍した哲学者よりも――彼らにはこれを行う義務があるのだが――、むしろその都から追放された高名な人たちがわたしを慰めてくれるだろう。その人たちは、邪悪な国に留まるよりは、恩を忘れた国を失うことのほうを望んだのだ。

だが、この問題においてのみ、ポンペイウスにあまり賛成できないということについて、きみは次のことに十分注意を払っていないようにわたしには思われる。つまり、ポンペイウスは、何が最善であるかということのみならず、何が必要であるかということも視野に入れなければならなかった。じじつ、彼はこの国に護民官職を与えずにおいておくことはできないと考えた。わが国民は、それが未知のものであったときでさえ、そのように熱心に求めたのであるから、いったんそれを知った以上、どうしてそれなしで済ますことができるだろうか。有害ではないが、それに抵抗できないほど人気のある案件を危険きわまりない民衆扇動者に委ねるようなことはしないのが、賢明な市民の義務であった。

このような種類の討論では、別の話題に移るために、「まったく」とか「まさにそのとおり」などと、よく言うことをきみは知っているだろう、クイントゥス。

クイントゥス　わたしは賛成できません。だが、話を続けていただきたいと思います。
マルクス　あくまでこだわるのだね。前からのきみの考えを変えようとはしないのかね。
アッティクス　たしかにわたしも、わたしたちのクイントゥスに反対ではありません。だが、続きを聞くことにしましょう。

一二

［27］マルクス　では次に、すべての官職者には鳥占い権と裁判権が与えられる。裁判権は、国民には上訴を受けつける権限がある〈という条件のもとに〉与えられ、鳥占い権は、〔民会の〕延期の妥当な理由を示すことによって多くの無用な民会を阻止するために与えられる。不死の神々は、しばしば鳥占いによって国民の無法な衝動を抑えたからである。だが、元老院は官職についた者によって構成されるのであるから、監察官による補充指名が廃止されたのち、国民によってでなければ誰も最高位に達することができないというのは、たしかに民衆に迎合するものである。しかし、この欠点を緩和する方法は用意されている。元老院の権威はわたしたちの法律によって確保されているからだ。すなわち、次に、「その決議は効力をもたなければならない」と言われる。
［28］じつはこういうことだ。もし元老院が国策の指揮者となり、その決議をすべての者が支持するなら、またそのほかの階級がこの第一階級の政策によって国家が統治されること

を望むなら、権限は国民にあるが権威は元老院にあるという権利の均衡によって、あの穏健で協調的な国家体制を維持することができるだろう。とくに次の規定が守られるなら、なおさらである。次の規定では、「元老院階級には悪徳があってはならない」。またそれはほかの者にたいして模範とならなければならない」と言われる。

クイントゥス　たしかに、その法律は素晴らしいものです、兄上。しかし、元老院階級には悪徳があってはならないというのは広範囲に及ぶことですし、監察官に解釈してもらう必要があります。

〔29〕**アッティクス**　なるほど、その階級は完全にあなたの味方であり、あなたが執政官のときのことについては最大の感謝の念を抱いています。しかし、お許しを得て言いますが、その階級は監察官のみならず、すべての裁判官〔審判人〕を疲労困憊させることになるでしょう。*32

一三

マルクス　そのことは省いてもらいたい、アッティクス。この議論は、いまの元老院や現存の人たちについてではなく、おそらくこれらの法律にすすんで従うだろう未来の人たちについて行われているからだ。じっさい、いかなる悪徳もあってはならないと法律が命じているのであるから、悪徳に染まっている者は誰一人その階級に加わろうとはしないだろう。しかし、このことは、ある種の教育と陶冶によるのでなければ、達成することは難しいだろう。これについては、機会と時間があれば、たぶん何か言うことがあるだろう。

［30］**アッティクス**　たしかに、機会がないということはありません。あなたは法律をあげる順番を守っていますし、長い一日は時間をたっぷり与えてくれますから。しかし、教育と陶冶にかんするその論題は、たとえあなたが省こうとしても、わたしはあなたに要求したいと思います。

マルクス　ではそうしなさい、アッティクス。わたしが何かほかの論題を省こうとしたときもだ。

「それはほかの者にたいして模範とならなければならない」。わたしたちがこのことを確保するなら、すべてを〈確保することになる〉。国全体はつねに、指導者たちの欲望と悪徳によって損なわれるように、彼らの節制によって改善され正されるからである。ひとかどの人物で、わたしたちの共通の友人であったルーキウス・ルークッルス*33は、人の噂によれば、トゥスクルムの別荘の壮大さを非難されたとき、いわば当意即妙の答えを返した。自分には二人の隣人があり、上手にはローマの騎士が、下手には被解放奴隷が住んでいるが、二人とも壮大な別荘をもっているのを見れば、自分より低い階級の者に許されることは自分にも認められて然るべきだ、と答えたのだ。ルークッルスよ、そのような欲望を彼らに抱かせたのはあなた自身だということが分からないのか。もしあなたがそのことをしなかったなら、彼らにもそのことは許されなかっただろう。

［31］じじつ、あるものは国家のものであり、あるものは神聖な奉納物であった彫刻や絵画に満ち満ちた彼らの別荘を見るなら、誰がそのような者に我慢できるだろうか。誰が彼らの欲念を挫こうとしないだろうか――もし彼らの欲望を挫かなければならない者がみずから同じ欲望にとらわれているのでなければ。

一四

じっさい、指導者たちが過ちを犯すことは――それ自体大きな悪ではあるけれども――、指導者たちを模倣する者が大勢現れるということに比べるなら、それほど大きな悪ではない。じじつ、過去の記録をひもといてみるなら、国家の最高指導者がもっていた性格と同じ性格を国家がもっていたことを見ることができる。どのような変化が指導者たちの性格に生じても、これと同じ変化が引き続き国民の性格に生じるということだ。

［32］そしてこのことは、わたしたちのプラトーンの意見*34よりもはるかに正しい。彼は、音楽の変化に伴い国家体制も変化すると言うが、しかしわたしは、名門出身者の生活と生き方の変化に伴い国の風習も変化すると考える。悪徳をもつ指導者たちはそれだけにいっそう国家に害を及ぼすことになる。すなわち彼らは、みずから悪徳を身につけるのみならず、国家にそれを植えつけるからであり、また、みずから堕落するのみならず、他人を堕落させることによって害を及ぼし、過ちよりも悪例によって害を与えるからである。しかし、元老院

階級全体に適用されるこの法律は、その範囲をさらに狭くすることもできる。名声と栄光に輝くわずかの者――きわめてわずかの者が、国家の風習を堕落させ、あるいは正すことができるからである。

しかし目下のところ、この問題についてはこれで十分であるし、あの書物[*35]の中ではもっと綿密に論じられている。だから、先に進むことにしよう。

一五

〔33〕次に投票にかんする法律が置かれる。わたしの法律によれば、投票は貴族には公開され、国民には自由でなければならない。

アッティクス　たしかに、その点には気づきましたが、その法律あるいは条文が何を意味するのか十分理解できませんでした。

マルクス　説明しよう、ティトゥス。しばしば熱心な究明の対象となった難問――官職の選出、被告人にたいする判決、法律または提案にかんする〈決定〉において公開投票がよいか、それとも秘密投票がよいかを取り上げることにしよう。

クイントゥス　そのことも疑問だというのですか。わたしは今度もあなたと意見を異にするのではないかと思います。

マルクス　きみがそうすることはないだろう、クイントゥス。わたしは、投票では口頭による方法がもっともよいという意見――これがきみの日頃の考えであることはよく知っている――をもっているからだ。しかし、それが実行できるかどうか見なければならない。

［34］クイントゥス　しかし、兄上、あなたの好意ある許しを得て言いますが、そのあなたの考えは未経験の者をひどく誤らせ、国家にきわめて頻繁に害を与えるものです。あることが真実で正しいと言われるが、しかしそれを実行すること、すなわち国民に反対することはできないと言われるからです。じじつ、第一に、きびしく対処すれば反対を貫くことはできるし、第二に、不当なことのために譲るよりも正当なことのために力で破られるほうがましです。無記名投票法が貴族の権威のすべてを奪ったことを、誰が知らないでしょうか。民衆は、自由であるときはこの法律をけっして望まなかったのですが、指導者たちの支配と権力によって虐げられたときにそれを要求したのです。したがって、きわめて大きな権力をもつ者たちにたいする判決は、投票による表決のときよりも口頭による表決のときのほうが厳しいのです。ですから、よからぬことについて無記名投票を行わせようとする過度の熱心さを権力者たちから取り除く必要はありましたが、めいめいがどういう意見をもっているかを貴族が知ることもなく、投票札が害を及ぼす投票を蔽い隠すといった隠れ場を国民に与えるべきではなかったのです。それゆえ、あなたの言う方法には、貴族の中では提案者も支持者もけっして見つかりませんでした。

一六

[35] じじつ、四つの無記名投票法がありますが、最初の法律は官職者の選出にかんするものです。それはガビーニウス法[36]で、無名の卑賤な者によって提案されました。二年後に国民の裁判にかんするカッシウス法[37]が続きました。名門出身のルーキウス・カッシウスがこれを提案しましたが、彼の一族の許しを得て言うなら、彼は貴族から離反し、民衆扇動家のやり方であらゆる噂を追いかけていた者でした。三番目は法律の採択と拒否にかんするカルボーの法[38]です。彼は反乱を唆した邪悪な市民で、貴族派に復帰したにもかかわらず、貴族派によって身の安全を守ってもらえなかったのです。

[36] カッシウス自身も例外としたただ一つの部類、すなわち反逆罪においては口頭による表決がそのまま残っていたようです。この種の裁判にもガーイウス・コエリウス[39]が投票による表決を導入しましたが、ガーイウス・ポピッリウスを倒すために国益を損なったことを一生涯悔やんでいました。

また、きわめて勇気のある人物であったわたしたちの祖父は、この町において、無記名投票法を提案したマルクス・グラーティディウス[40]――祖父は彼の妹、つまりわたしたちの祖母を妻にしたのです――にたいして一生涯反対していました。じじつ、グラーティディウスはいわゆる「杓子《しゃくし》の中の嵐」を起こしたのですが、のちに彼の息子のマリウス[41]はその嵐をエーゲ海で起こしました。執政官のマルクス・スカウルス[*42]は、この問題が彼に報告されたとき、わたしたちの祖父に次のように言いました。「マルクス・キケロー、あなたにはその心意気と勇気をもって町の問題よりも最高の国政にわたしとともに取り組む気になってもらいたかったと思います」。

［37］それゆえ、わたしたちはいまローマ国民の法律を調べているのではなく、失われた法律を取り戻すか、あるいは新しい法律を定めているのですから、わたしの考えでは、この国民のもとで何が達成可能であるかではなく、何が最善であるかをあなたは論じなければなりません。じじつ、あなたが贔屓《ひいき》するスキーピオーは、彼がその提案を勧告したと言われるカッシウス法にたいして責任があります。もしあなたが無記名投票法を提案するなら、あなた自身が責任を取ることになるでしょう。わたしはそれに賛成しませんし、わたしたちのアッティクスも、顔つきから判断するかぎり賛成しないようですから。

一七

アッティクス　たしかに、これまでわたしは、民衆に迎合することに賛成したことは一度もありませんし、ここにいる人が執政官のときに確立させた国家、すなわち貴族の権力のもとにある国家を最善とみなしています。

［38］マルクス　あなたがたは、わたしの見るところ、無記名投票によらずに法律を却下

したようだ。しかし、あの書物の中でスキーピオーは自分の考えを十分に述べているとはいえ、[*43]わたしがその自由を国民に惜しまずに与えるのは、貴族が権威を維持し、それを行使することができるという範囲においてである。じっさい、投票にかんする法律としてわたしがあげたのは次のようなものである。「投票は貴族には公開され、平民には自由でなければならない」。この法律は次の意味をもっている。すなわち、それはのちに提案された法律のすべて――あらゆる手段で投票を秘密にし、誰も投票札を見ることも尋ねることも声をかけることもできないようにする法律のすべてを廃止しようとするものである。

〔39〕マリウス法は渡り板さえも狭くしている。[*44]これが票を買収しようとする者たちにたいする対抗手段であれば――たいていはそうであるが――、わたしはそれを非難する者ではない。しかし、法律が買収をなくすという効果をもたなかったのであれば、国民はやはり自由の保証として投票札をもつことが許されるべきである。ただし、投票札は、誰にもまして立派で威厳のある市民の一人一人に示され、すすんで差し出されなければならない。こうして、国民には面目を保ちながら貴族たちを満足させる権利が与えられること、まさにそのことの中に、自由があるということになる。こうすることによって――国民にはその権利をもつだけで十分であるから――、クイントゥス、きみがさきほど言ったこと、すなわち、投票札による表決は有罪とされる者の数を、口頭による表決が行われていたときのいつもの数よりも少なくする、という結果が生まれるのだ。このことを維持するなら、そのほかの意思表明は〔貴族の〕権威と好意に一任されることになる。したがって――買収によって汚された

票のことは省くとして――、もし不正な選挙運動が静まるなら、投票するさいには誰にもまして優れた人たちの意見が尋ねられるのをきみは見るのではないか。それゆえ、わたしたちの法律では、外見上の自由が与えられ、貴族の権威が保持され、紛争の原因が取り除かれることになるのだ。

一八

［40］このあとに続いて、国民あるいは元老院に諮ることのできる権限をもつ者たちがあげられる。〈それから〉重要な、わたしの考えではきわめて優れた法律がくる。「国民に諮られること、および元老院において諮られることは、慎みを伴わなければならない」。慎みを伴うというのは、大人しく平静にするということだ。じじつ、審議を司る者は、彼のもとで審議に加わる者たちの考えと意思のみならず、いわば顔つきをも統御し形作ることになる。これは、元老院の中で〈なければ〉困難なことではない。元老院議員自身、権威者によって考えを左右されるのではなく、自分自身のゆえに注目されることを望むような人間であるからだ。彼には三つの命令が与えられている。すなわち、彼は出席しなければならない。元老院議員が多数出席する場合、議事は重みをもつからである。順番に従って発言しなければならないというのは、発言を求められたときに発言するということである。控え目に発言しなければならないというのは、際限なく話してはならないということである。じじつ、意見表

明における簡潔さは、元老院議員のみならず、演説をする者にとっても大きな称賛の対象となる。長い演説は――これはしばしば功名心のゆえに起こることだが――、次の場合を除いてけっして行ってはならない。すなわち、元老院が過ちを犯し官職者の誰もこれを助けようとしないとき、一日を演説によって使ってしまう場合か、あるいは案件がきわめて重大で、勧告または啓蒙のため演説者の能弁が求められる場合か、のどちらかである。これらの場合のどちらにおいてもわたしたちの友人のカトー[*45]は達人である。

〔41〕「国民の事情に通じていなければならない」と付け加えられているのは、元老院議員にとって国家を知ること――これは広い範囲に及ぶもので、どれだけの兵力をもっているか、国庫の財力はどれほどか、国はどのような同盟国、友好国、属国をもっているか、それぞれがどのような法律、協定、条約に基づいているかを知ることである――、さらに決議の手続きの慣行を守り、父祖の範例[*46]を心得ていることが必要だという意味である。これが元老院議員としての任務に備えるために絶対に不可欠な知識、勤勉、記憶といったもののすべてであることを、あなたがたはすでに理解しただろう。

〔42〕次は、国民と行う審議である。そこでは、最初にして最大の規定は、「暴力沙汰があってはならない」である。じじつ、組織され確立された国家において何かが暴力によって行われることよりも、国家にとっていっそう破滅的なことはけっしてなく、また法と法律にこれほど背くことも、市民と人間の精神にいっそう相反することも、けっしてないのである。法律は、〔提案を〕拒否する者には従わなければならないと命じているが、これよりも優れ

た規定はない。間違った案件に道を譲るよりも、正しい案件が阻止されるほうがましだからである。

一九

責任は審議を司る者に帰されなければならない、とわたしが定めている規定のすべては、きわめて賢明な人であったクラッスス[*47]の意見に従って述べたものである。元老院は彼の意見に従ったのであるが、それは、執政官ガーイウス・クラウディウス[*48]がグナエウス・カルボー[*49]による暴動について報告したさい、国民との審議を司る者の意思に反して暴動が生じることはありえない――なぜなら、拒否権が行使され騒動が起こり始めるやいなや彼は会議を解散することができるからである――、と元老院が決議したときのことであった。審議することがまったくできないとき審議を続行する者[*50]は、暴力を招く者であり、これにたいする罰を免れることはこの法律によってできなくなる。

［43］続いて次の規定がくる。すなわち、「誤ったことを拒否する者は、功績ある市民とみなされなければならない」。このようにみごとな法律の言葉で称賛されるなら、誰が国家を熱心に援助せずにいられるだろうか。

これに続いて、わたしたちがすでに公の制度と法律においてもっている規定が置かれる。「彼らは鳥占いに注意を払い、〈公の〉鳥卜官に従わなければならない」。優れた鳥卜官は次のことを銘記しなければならない。すなわち、彼には国家の危機にさいし役立つことが義務とされること、鳥占いを行うため彼の命令によって彼の助手および召使いとして任命された者と同様、彼自身は至善至高のユッピテル[*51]の助手および召使いとして任命されていること、また、天の方位がすでに定められたものとして彼に伝えられているのは、彼がその方位に基づいてしばしば国家に援助を提供できるようにするためだということである。続いて、公表、個々の案件の審議、一般人や官職者への諮問にかんする規定が置かれる。

［44］次に、十二表法からもってきた二つのきわめて優れた法律が置かれる。その一つは、個人にかんする法律は提案してはならないというものであり、もう一つは、市民の死刑または市民権剝奪についてはもっとも規模の大きい民会においてでなければ提案することを禁じるというものである。まだ反逆的な護民官が現れる前に――それどころか、そのような者のことが考えられる前に――、祖先たちがそれほど遠い未来のために備えていたのは感嘆すべきことだ。彼らは、個人を的にした法律が提案されることを望まなかった。それは個人にかんする法律だからである。それよりも不正なものが何かあるだろうか。法律の意味はこの点に、すなわちすべての者にたいして定められ命令されるという点にあるからだ。彼らは、ケントゥリア民会においてでなければ個人について提案されることを望まなかった。なぜなら、国民は、財産、階級、年齢によって区別されたときのほうが、区別なしにトリブスごとに召集されたときよりも、投票においていっそう分別を働かせるからである。

［45］それゆえ、わたしの事件において、才に富み、きわめて思慮深い人であったルーキ

ウス・コッタ[*52]が、わたしにかんしては何一つ有効なことが行われなかったと言っていたのは、いっそう当たっていたことになる。すなわち、彼によれば、あのときの民会が武装した奴隷たちを控えさせて行われたことは別にして、トリブス民会は死刑または市民権剝奪について権限をもつことができないし、個人にかんする法律についてはいかなる民会も権限をもつことができないのであり、したがって、法律に基づいて何一つ有効なことが行われなかった事柄にたいし、わたしはいかなる法律も必要としないだろうというのである。だが、あなたがたや、きわめて声望の高い人たちは、ある人間について奴隷や盗賊の一派が自分たちで何かを決議したと主張している、その同じ人間について、全イタリアがどう思うかを公表するのが望ましいと考えたのだ。

二〇

［46］続いて、金銭の受贈と不正選挙運動にかんする規定がくる。これらの罪は、〈法律の〉字句によってよりもむしろ裁判において罰せられるのであるから、次の規定が付け加えられる。「刑罰は罪に相応したものでなければならない」。これによって、めいめいが自分の罪にふさわしい刑罰を受ける、すなわち、暴力は死刑または市民権剝奪によって、貪欲は罰金刑によって、名誉欲は不名誉によって罰せられることになる。

最後にあげた法律は、わたしたちが用いているものではないが、しかし国家にとっては必要なものである。わたしたちは法律を保管する部署をまったくもっていない。したがって、法律は、下級官吏が望んでいるようなものになっている。わたしたちは法律を書記に要求して取り寄せるが、公文書に書き記した公の記録を何一つもっていない。ギリシア人はこの点にはもっと大きな注意を払っていた。彼らのもとでは法監視官[*53]が選出され、この者たちは、法文を監視するのみならず——これはわたしたちの祖先のもとでも行われていたことである——、さらに人間の行為を見張り、法律を守るよう促した。

〔47〕この任務は監察官に委ねられなければならない。わたしたちは国家において監察官を常任とすることを望んでいるからだ。官職から退く者は、その官職にあったあいだに何を行ったかを監察官に報告し、説明しなければならないし、また監察官はその報告と説明について予審を行わなければならない。これは、ギリシアでは公に任命された訴追人によって行われる。しかし、訴追人は、自発的にそれを行うのでなければ、厳しい態度を取ることはできない。それゆえ、監察官にたいして報告が行われ説明がなされるが、しかし、その報告と弁明〔の扱い〕は法律、訴追人、および裁判にそっくりそのまま委ねるほうがいっそう優れている。

しかし、官職者についてはすでに十分に議論された——もし何かもの足りないとあなたが思うのでなければ。

アッティクス　何ですって。わたしたちが黙っていても、論題そのものが、この次にあなたが語るべきことが何であるかをあなたに思いつかせるのではありませんか。

マルクス　わたしが語るべきことかね。それは裁判にかんすることだと思う、ポンポーニウス。官職と関係のあることだからだ。

［48］アッティクス　何ですか――あなたがはじめに決めたように、ローマ国民の法について語る必要はまったくないと考えるのですか。

マルクス　その論題にかんして、あなたはいったいどんなことを聞きたいのかね。

アッティクス　わたしが聞きたいことですか。それは、国政に携わる者が知らなければきわめて大きな恥だとわたしが考えていることです。じっさい、法律を書記に要求して取り寄せているとさきほどあなたが言ったように、官職についているほとんどの者は、自分の権利について無知であるため、下級官吏が彼らに望んでいる程度の知識しかもっていないことをわたしは認めます。それゆえ、あなたが宗教にかんする法律を定めたあと祭儀の義務の譲渡について語るべきだと考えたように、いまあなたにとってなすべきことは、官職を法律で定めた以上、その権限の法的範囲について論じることです。

［49］マルクス　簡単にやってみよう、もしわたしにできるなら。じっさい、そのことについてはマルクス・ユーニウス*54が、友人であるあなたの父上に宛てて、多くの言葉を費やして――わたしの見るところでは専門家として細心の注意を払って――書いている。だが、わたしは自然の法についてはわたし自身の立場で考え、議論しなければならないが、ローマ国民の法についてはわれわれに伝え残されたものを語らなければならない。

アッティクス　まったくそのとおりだと思います。そして、あなたが言うのとまさに同じ

ことをわたしは期待しているのです……[*55]

訳注

*1　エピクーロス派のこと。
*2　第一巻訳注*69参照。
*3　プラトーン『法律』三・七〇一B—C。
*4　軍団副官（tribunus militum）のこと。『国家について』第六巻「スキーピオーの夢」訳注*2参照。
*5　一般に、praetor（法務官）は「指揮をとる者（先頭を行く者）」、consul（執政官）は「助言する者（あるいは、諮る者）」という意味に解されたのでこのように言う。
*6　独裁官のこと。
*7　騎兵長官のこと。
*8　『国家について』第二巻訳注*36参照。
*9　中間王のこと。中間王については、『国家について』第二巻訳注*46参照。
*10　この条項については、三・三三以下参照。
*11　財産等級（classis）によって分けられたケントゥリア民会のことを言う。
*12　採決にあたり議長が宣言する言葉の引用。
*13　ディオゲネースは、セレウケイア（ティグリス河畔の町）出身のストア派哲学者（前二四〇頃—前一五二年頃）。アテーナイのストアの学頭を務め、前一五六／一五五年にギリシアの哲学者たちから成る使節団がローマへ派遣されたとき、その一員として加わった。
*14　『国家について』第一巻訳注*42参照。
*15　ヘーラクレイデース・ポンティクス（前三九〇頃—前三一〇年頃）は、ヘーラクレイア（ポントス

（黒海）沿岸の町）出身のアカデーメイア派哲学者。法律、倫理学などにかんする著作を著した。
＊16　ディカイアルコスは、前四世紀後半に活躍したメッサーナー（シキリア）出身のアリストテレース派哲学者。政治、哲学、歴史、地理、文学などにかんする著作を著した。
＊17　『国家について』第二巻訳注＊118参照。
＊18　監督官（ἔφοροι）は五名の同僚制で、古くは王によって、のちに民会で毎年選ばれ、スパルタなどのドーリス人のポリスにおいて政治上の実権を握っていた。
＊19　テクストに脱落がある。
＊20　マクロビウス（『ギリシア語とラテン語の動詞の相違点と一致点について』一七・六）による引用。
＊21　前二三二年の護民官として貴族派の反対を押し切って農地再配分にかんする法律を提出した。前二一七年、執政官としてトラスメーヌス（エトルーリア）湖畔でハンニバルと戦って戦死した。
＊22　ティベリウス・センプローニウス・グラックスと彼の弟ガーイウスについては、『国家について』第一巻訳注＊85、＊86参照。
＊23　前一三八年の護民官ガーイウス・クーリアーティウスは、同じ年の執政官であったデキムス・ユーニウス・ブルートゥス・カッライクスおよびプブリウス・コルネーリウス・スキーピオー・ナーシーカ・セラーピオーと兵士の徴募をめぐって争い、彼らを獄につないだ。プブリウス・スキーピオーについては、『国家について』第一巻訳注＊24参照。
＊24　第二巻訳注＊21参照。
＊25　プブリウス・スルピキウス・ルーフス。前八八年の護民官。
＊26　キケローがクローディウスの画策によって追放された事件のこと。以下はクローディウスにかんする事柄である。
＊27　貴族の出身であったクローディウスが、護民官になる資格をもっていなかったため、平民の氏族に養

子として入ったことを指す。

＊28　前一三三年の護民官マルクス・オクターウィウスのこと。彼は同僚のティベリウス・グラックスの農地法にたいして拒否権を行使したため、後者の提案に基づき平民会によって罷免されたが、これはローマの伝統に反することであったから、グラックスはみずから墓穴を掘ることになった。

＊29　クローディウスのことか。他方、すぐ上に言及がある解放された囚人や奴隷のこととも取れる。

＊30　『国家について』第一巻訳注＊25参照。

＊31　『国家について』第二巻訳注＊27参照。

＊32　キケローの時代には元老院階級の腐敗はほとんど恒常的であったことを言う。

＊33　ルーキウス・リキニウス・ルークッルス・ポンティクスは、前七四年の執政官。ポントス王ミトリダーテース六世と戦って部分的勝利を収めた。

＊34　プラトーン『国家』四・四二四D、『法律』三・七〇〇B―七〇一C。

＊35　『国家について』のことであるが、キケローの言う個所は現存の部分には見当たらない。

＊36　前一三九年の護民官アウルス・ガビーニウスによって提出された法律。

＊37　前一三七年の護民官ルーキウス・カッシウス・ロンギーヌス・ラーウィッラによって提出された法律。

＊38　前一三一年または前一三〇年の護民官ガーイウス・パピーリウス・カルボーによって提出されたパピーリウス法のこと。

＊39　前一〇七年の護民官ガーイウス・コエリウス・カルドゥスは、ガーイウス・ポピッリウス・ラエナス（三・一二六で言及されたプブリウス・ポピッリウス・ラエナスの息子）を反逆罪で訴え、その有罪判決を確実にするために無記名投票法を提出した。

＊40　マルクス・ガーイウス・グラーティディウスは、アルピーヌムに無記名投票を導入しようとしてキケ

ローの祖父の反対に会った。のちに指揮官としてキリキアの海賊と戦って戦死した（前一〇二年）。

＊41　グラーティディウスの息子のマルクスは、ガーイウス・マリウスの兄弟の養子となり、マルクス・マリウス・グラーティディアーヌスと呼ばれ、護民官（前八七年）、法務官（前八五年）を務めたが、スッラによるマリウス派追討のさいに殺害された。彼が嵐をエーゲ海で起こしたというのは何を指すのか不明。

＊42　マルクス・アエミリウス・スカウルス。貴族派の指導者の一人で、執政官（前一一五年）、監察官（前一〇九年）を務めた。

＊43　これについての言及は、『国家について』の現存の部分には失われている。

＊44　投票する者は彼らのトリブスの集会場から渡り板を通って投票場へおもむいたが、マリウスが前一一九年に提出した法律は渡り板の幅を狭くし、彼らの投票がさまざまな干渉によって影響を受けることを防いだ。渡り板の幅がかなり広い場合、その上に登って他人の投票札をのぞいたり話しかけたりする者がいたためと思われる。

＊45　マルクス・ポルキウス・カトー・ウティケンシス（前九五—前四六年）は、マルクス・ポルキウス・カトー（・ケンソーリウス）の曽孫。ストア哲学の信奉者。護民官（前六二年）、法務官（前五四年）などを務め、共和政派としてポンペイウスを支持し、共和政派がカエサルによって破られたのち、ウティカ（北アフリカ）で自殺した。

＊46　exempla maiorum の訳。これは、父祖の慣習・制度、すなわち伝統（mos maiorum）に等しいものとみなされた。

＊47　ルーキウス・リキニウス・クラッスス（前一四〇—前九一年）。執政官（前九五年）、監察官（前九二年）を務めた。ローマの代表的弁論家の一人で、キケローの対話篇『弁論家について』に登場する。

＊48　ガーイウス・クラウディウス・プルケル。法務官（前九五年）、執政官（前九二年）などを務めた。

＊49　グナエウス・パピーリウス・カルボー。護民官（前九二年）、執政官（前八五、八四、八二年）を務め、前八二年マリウス派として処刑された。彼が護民官のときの暴動については、詳細不明。

＊50　agere perget と読む。

＊51　鳥の飛翔を占うための観察区域（templum）のこと。第二巻訳注＊30参照。

＊52　ルーキウス・アウレーリウス・コッタ。法務官（前七〇年）、執政官（前六五年）、監察官（前六四年）を務めた。前五七年キケローを追放から呼び戻すにあたり、元老院において以下のような意見を述べた。

＊53　νομοφύλακες の訳。前五世紀のアテーナイで創始されたと言われるが、実際には前四世紀末頃から行われた制度で、七人の法監視官が任命され、評議会や民会において不法なことや国益に反することが行われた場合、拒否権を行使した。

＊54　ローマの官職にかんする著作を著したマルクス・ユーニウス・コングス・グラッカーヌス（前二世紀後半—前一世紀前半）のことか。

＊55　以下、脱落。

個所不明の断片

一　わたしたちは、わたしたち自身を祝福することにしよう。なぜなら、死は、生におけるよりもより良い状態を、あるいは、少なくともより悪くない状態をもたらすだろうから。というのは、もし肉体がなくても精神が生を保つのであれば、生は神のそれに等しいものとなるし、もし感覚が失われるなら、いかなる悪も存在しないことになるからだ。*1

二　それでは、あなたはこうしたいとは思いませんか――見たところ太陽がすでに天頂から少しばかり傾いたし、それにこれらの若木がこの場所全体に十分に陰を落としていないので、わたしたちはリーリスのほうへ降りていって、あそこの、榛《はん》の木が陰を作っているところで残りの議論を最後まで行うことにする、と。*2

訳注

*1　ラクタンティウス『神的教理』三・一九・二。

＊2　マクロビウス『サートゥルナーリア』六・四・八。この個所は、散逸した第五巻からの引用である。

訳者解説

『国家について』

『国家について』は、前一二九年にスキーピオー（小アーフリカーヌス）を中心に行われた討論を再現する対話篇の形式で書かれている。前一二九年前後は、グラックス兄弟を中心とする改革派と、これに対抗する保守派によって国民が二分され、国政が混乱のきわみに陥った時期であって、その状況は、キケローが『国家について』を執筆した前五〇年代後半の、ポンペイウスとユーリウス・カエサルとがはげしく対立した時期の状況に酷似していた。キケローは、対話篇の舞台を前一二九年のローマに設定し国家の意義と市民の使命を説くことによって、現在市民同士の対立と国家の混乱の抜本的解決が以前にまして切実に求められていることを訴え、積年の内紛によって切り裂かれた国家の再建と国民の再統一に向けてローマ市民を立ち上がらせようとしたのである。

理想的国家とその政体

国家をめぐる討論は、実際に目撃され、異兆（prodigium）として元老院で報告された二つの太陽――幻日――をめぐる議論から始まる。登場人物の一人ピルスは、このような問題は家や国家、すなわち地上の事柄について知り尽くしてから論じるべきではないかというラエリウスの疑問にたいし、宇宙という大きな「家」の中で起こることは、地上の家や国家の中で起こることとけっして無関係ではありえないと答える。しかしラエリウスは、現実のローマの深刻な政治情勢をかえりみるなら、いま天に見える二つの太陽について論じるよりも、一つの国家の中に二つの元老院と二つの国民が生じる理由を探り、その解決を求めるほうがいっそう差し迫った課題だと言う。こうして対話篇の主人公スキーピオー（キケロー）は、国家の名に値する国家とはどのようなものであるかという問題から議論を始める。

スキーピオー（キケロー）によれば、国家（res publica）とは国民の物（res populi）である（一・三九）。国民とはなんらかの方法で集められた人間のあらゆる集合ではなく、法についての合意と利益の共有によって結合された民衆の集合である（coetus multitudinis iuris consensu et utilitatis communione sociatus）。民衆の集合の第一原因は、人間は一人では無力であることよりも、むしろ人間に生まれついた一種の群居性と言うべきものである。

「レース・プーブリカ（res publica）」（英語に入って republic という語になる）は、直訳すると「公共の物」または「公共の事柄」という意味であるが、これはローマにおいてのみ見られる表現である。ギリシア語では国または国家は元来「城塞」を意味したポリス（polis）、またはこれに基づいて作られたポリーテイアー（politeia）という語によって表される。一方、国家の成立が人間の群居性に由来するというのは、アリストテレースの有名な言葉「人間は自然本性上ポリスを成す動物、すなわちポリスを作って生きる動物［physei politikon zōion］である」（『政治学』一・二）を想起させる。言い換えれば、はじめに個人があり、次に個人が集まって家ができ、これらが集合して村落が生じ、やがて国家となることではなく、（よく生きるために）国家を作ること自体が人間の本性に基づく行為、人間をほかの動物から決定的に分かつ行為である。

さらに、国民が法についての合意と利益の共有によって結合された民衆の集合であるとすれば、国家はこのような国民から成るものでなければならない。この国家が永続するためには、ある審議体（権力）によって治められる必要があるが、審議体が一人の者に委ねられるか、選ばれた少数の者に委ねられるか、またはすべての者に委ねられるかによって、政体は王政、貴族政（最優秀者政）、民主政の三つに分かれる。いま法を政体や制度（instituta）をも含むものとするなら、民主政はすべての市民の参加によって成立するものであるから、そこに法についての合意があることは明らかであろう。一方、貴族政については、自由な国民が自己を委ねようとする少数の者を選ぶのであるが、もし自分たちが安泰に過ごすことを望むなら、最善の者を選ぶであろう（一・五一）。このように国民が自発的に自己を少数の者に委ねるところに、法についての合意が見られる。

これにたいし、一人の者が支配する王政では、果たして法についての国民の合意が見られるであろうか。相続によって王位が継承される場合、当然ながらそれを見出すことはできない（一・五〇）。一方、第二巻ではロームルスによるローマの建国から共和政の樹立を経てルーキウス・クインクティウス（前四五八年の独裁官）の時代に至るローマの歴史が概観されるが、ロームルスがローマ初代の王位についたとき、人々が皆すすんで彼に従ったと言われる（二・四）。また彼は民衆によって敬愛されていた者を選んで審議会（のちに元老院となるもの）を設け、彼らの権威と審議を重んじて治めた。ロームルスが死んだのち次の王を決めるにあたって人々は血統ではなく、王者にふさわしい徳と英知を求めるべきだとの考えから、これらの徳において卓越していたヌマ・ポンピリウスをクレースから招いてローマ第二代目の王に任命した。ヌマはローマにやって来たとき、ローマ国民によって王に選ばれたにもかかわらず、自己の命令権（支配権）について国民の承認を得るための法案をクーリア会（民会）に提出した。このように王位についた者が命令権について国民の承認を求めることは、トゥッルス・ホスティーリウスやアンクス・マルキウスについても報告されている。王位を相続によって継ぐ場合とは異なり、国民によって選ばれた者あるいはその承認を得た者による王政では、法についての国民の合意があることは明らかであろう。

　この関連において、一・五〇が民主政支持者の意見であるか、それとも王政支持者の意見であるかという問題をめぐって学者の見解が対立している。このような見解の対立が生じるのは、一・五〇の前後に若干のテクストの脱落が見られるからである。従来の主な見解では、民主政支持者の意見が一・四八から始まって一・五〇の後で終わり、そのあとに貴族政支持者の意見が続いたと推測されていた。すなわち王政支持者による意見は、それぞれの政体を支持する意見の開陳においては省かれ、一・五四以下においてスキーピオー（キケロー）自身の意見の形で表明されたとみなされていた。これにたいしビュッヒナーは、一・五四のはじめでラエリウスが「あなたはどうなのか、スキーピオーよ。その三つの〔政体の〕種類の中でどれをもっとも是認するのか」と質問するところから、一・五四の前にすでに王政を含む三つの政体の支持者の意見が表明されていたにちがいないと考えた。とくに一・五〇で相続によって王を決める王政と、国民の選択によって王を決める王政とがはっきりと区別されていることはビュッヒナーの見解を裏づけるものである。というのは、もし一・五〇が民主政支持者によって語られていたなら、彼は相続によって王を決める場合と国民の選択によって王を決める場合とを細かく区別したりせずに、王政そのものを全面的に否定するにちがいないからである。ここでは王政の支持者は、相続によって王位につく者、つまり一般に王と呼ばれる者はその名にふさわしくないのであり、（法についての国民の合意は当然ありえないゆえに）むしろ僭主と呼ばれるべきだと述べている。

第三巻はかなりの部分が脱落しているが、アウグスティーヌスによる要旨がある（『神の国』二・二一）。ここではじめピルスが彼自身同じ意見だと思われないようとくに断わった上で、不正なしには国家は運営できないと考える人々の意見を取り上げて述べたのにたいし、ラエリウスは国にとって不正ほど有害なものはなく、正義なくしては国家は運営することも存在することもできないと主張した。ここで主として問題となるのは、国家を運営する者にたいして求められる正義、いわゆる配分的正義（一般的正義にたいし、交換的（応報的）正義とともに、部分的正義とも呼ばれる）である。キケローの定義によれば、正義とは「心のあり方であって、共通の利益を守るとともに、各々に各自にふさわしいものを定め与えるもの」である（『発想論』二・一六〇）。スキーピオーはラエリウスの主張を引き継ぐ形で先の国家の定義をふたたび取り上げ、これに基づき、一人の王によって、あるいは少数の貴族によって、あるいは国民全体によって正しく公平に運営されるとき、それが国家、すなわち国民の物であると結論する。王が不正であるとき（これは僭主と呼ばれる）、あるいは貴族が不正であるとき（これは党派と呼ばれる）、あるいは国民自体が不正であるとき（これも僭主と名づけるのでなければ一般的な名称は見当たらない）、それは欠陥のある国家というようなものではなく、国家の定義から導かれる結論が示すように、いかなる国家でもありえない。というのは、僭主あるいは党派が国家をわが物にするなら、それはもはや国民の物ではなく、また国民自体が不正であるなら、それ自体すでに国民ではないからである。このようなものは、法の合意と利益の共有によって結合された民衆ではありえない。

スキーピオー（キケロー）によれば、王政、貴族政、民主政の三つの政体は、国家が国民の物であるかぎり、ある程度の安定性をそなえているが、そのいずれも完全ではない。すなわち、王政ではほかの人々は共同の法と審議から除外され、貴族政では民衆は共同の審議や権限のすべてから排除され、民主政では、たとえ国民が正しく慎重であっても、公平そのものが身分の段階をもたないゆえに不公平である。たしかに、これらの単一な（ほかの政体と混じり合っていない）政体の中から一つを選ぶとすれば、宇宙はユッピテル一人によって支配される、魂の諸部分は一つのもの、すなわち最善の部分である知性によって支配される、ローマでは危機のさい一人の独裁官にすべての命令権が委ねられる、などの理由から、王政が最善の政体とみなされる。しかし、この最善の政体といえども、一人の者の悪徳によって突き倒され、いとも容易に完全な破滅に陥るという理由から、もっとも変わりやすい（二・四三）。この種の国家は、もっとも有害な状態に向かって急傾斜していて、王が少しでも不正な支配に転じるやいなや、もっとも忌まわしい僭主になる（二・四七以下）。もっとも正しく賢明な王キューロスの中には、もっとも残酷な僭主パラリスが潜んでいるのである。

これらの三つの政体は、いずれもその反対の、欠陥のある形に変わりやすい傾向をもっている。すなわち、王は僭主に、貴族は党派に、国民は僭主または混乱した群衆に変わる。これにたいし三つの政体の特色を均等に混ぜ合わせた混合政は、単一の政体では最善のものである王政にまさるであろう。混合政は、王政からインペリウム（imperium（命令権））を、貴族政からアウクトーリタース（auctoritas（権威））を、民主政からリーベルタース（libertas（自由））を取り入れたものであって、もっとも公平と安定性をそなえているからである。もちろん、スパルタやカルターゴーの政体のように混合政の名で呼ばれるものであっても、これら三つの要素が正しい比率で混ぜ合わされていなければ公平でも安定したものでもありえない。スキーピオー（キケロー）は、ローマの共和政が、最善の政体である混合政の中でもとくに優れたものであることをローマの歴史的考察に基づいて実証する。すなわち、執政官（コンスル）は王の命令権を引き継ぎ、元老院は貴族の権威をそなえ、民衆はケントゥリア民会などにおいて彼らの権利を自由に行使することができるのであり、そこではすべての市民がそれぞれの身分に応じて国政に参加するゆえに完全な正義が実現する。地上に国家と呼ばれうるものは多数存在するけれども、父祖の英知の結晶であるローマの共和政こそもっとも国家の名に値するものであり、したがってローマ市民はその政体を最大の努力によって守るべきだ、とスキーピオー（キケロー）は言う。

理想的政治家、市民としての人間

スキーピオー（キケロー）が国家を守ると言うときもっとも恐れているのは、国の外からローマを脅かす敵ではなく、ラエリウスがいまローマに二つの元老院と二つの国民があることを指摘するように、国家の中に生じる変動である。キューロスとパラリスの例が示すように、国家の変質は内部から生じる。じじつ、ロームルスによって礎を築かれたローマの王政が倒れたのも、七代目の王タルクイニウス・スペルブスの横暴な専制がきっかけとなったからであった。僭主タルクイニウス・スペルブスを倒し、共和政初代の執政官の職についたのはルーキウス・ブルートゥスであったが、彼は私人（プリーウァートゥス、すなわちいかなる公職にもついていない一市民）であったにもかかわらず、国家全体を支え、また市民の自由を守るにあたっては誰一人私人ではありえないことをローマにおいてはじめて教えた

（二・四六）。

　王が突然僭主に変化することは、貴族（貴族政）が党派に、民衆（民主政）が混乱した群衆に変化することを含めて、政体の「環」または「循環」と呼ばれる。これはプラトーン（『法律』）、アリストテレース、ポリュビオスなどの政体循環説にさかのぼるものであり、政体の変化または変質は自然の理として必然的に生じるものとされる。スキーピオー（キケロー）によれば、単一の政体はいずれも変質しやすいという欠陥をもっている。単一政体の中では最善とされる王政でさえ、その欠陥を免れることができない。この最善の政体が最悪の僭主の専制に変わることは、ローマ人が身をもって体験した最大の政治的変化であった。スキーピオー（キケロー）は、このような国家の変化にたいし、「正しい、賢明な、市民の利益と品位を守ることを心得ている者、国家のいわば守り人、保護者」を対抗させる（二・五一）。この者は指揮者とも、（船にたとえられる国家の）舵手とも呼ばれる。ローマの共和政に見られる混合政は、スキーピオーが言うようにもっとも安定性をそなえているが、しかしその歴史を通じてつねに安泰であったわけではない。たとえば、前五世紀中葉に十人委員（デケムウィリー）が任命されて十二表法を作成したが、彼らは執政官権限を与えられ、しかもその決定は絶対的であったため、やがて苛酷な専制を行う者が現れ、国家を混乱の渦に巻き込んだ。さらに、国家についての討論が行われた前一二九年頃、また対話篇が執筆された前五四―前五一年頃には、二つの国家と二つの元老院がローマに生じたと言われるような混乱が見られた。ローマの指導的政治家、すなわち国家の「守り人」に要求されるのは、何よりもまず国家が進むであろう行程、すなわち政体の「循環」の原理をよく理解し、国家の傾く方向を認めてそれを引き止め、あるいはそれに対抗することである（二・四五）。

この指導的政治家の最終目標は、市民の幸福な生活、すなわち資力で固められ、財産に富み、栄光によって偉大で、徳によって誉れある市民の生活の実現である（五・八）。キケローに見られる、善く正しく生きる（bene et honeste vivere）という目標は中世、近世を経て現代にまで受け継がれた政治の理想であるが、キケローは、自己の魂の調和に基づき国家全体に一致協調を生ぜしめることを政治家の第一の務めとしてあげていたと思われる（肝腎の個所は欠落している）。現存の部分では、国家はちょうど音楽におけるように音に比すべき上中下の階級の均衡のもとに、さまざまな要素の一致によって調和すると言われる（二・六九）。この一致（コンコルディア）がすべての国家において安寧のための最強、最善の絆となるのであり、市民の一致によって正義は国家の礎となり、目的となる。こうして政治家は、国家の中の内紛や混乱のみならず、さらには最大にして最悪の変化である僭主、「忌まわしく醜悪な、神々にも人間にも厭わしいいかなる動物」（二・四八）の出現をも防ぐことができるであろう。

「守り人」と呼ばれる指導的政治家は、魂の中の知性（mens）に当たる部分にたとえられる（二・六七）。ちょうど知性が魂の中で欲望や怒りなどの感情を抑え統御して調和をもたらすように、政治家は国の中の諸階級を統御し、これらのあいだに一致協調を生ぜしめる。「守り人」が魂の知性にたとえられるところから、キケローが国家における唯一の指導者のことを考えていたのではないかという推測が行われている。このような推測を行う者は、そのほかの点でもこの指導者が唯一の支配者である王に似た要素をそなえていることを指摘し、これがのちのオクターウィアーヌス（アウグストゥス）の元首政に道を開くものとなったと考える。たしかに政治家について用いられる魂の比喩はギリシアの政治理論に由来するものであり、もともと一人の支配者である王について用いられたと推定される。しかし、キケローは、一人の支配が容易に最悪の支配（専制）に陥ることを再三指摘しており（一・六八、二・四七、五一）、彼の言う理想的政治家をただ一人の指導者として考えたということはありえない。じじつ、スキーピオー（キケロー）は、討論の参加者たちに、彼ら自身もまた残らず理想的政治家となるべく努力するよう強く勧める（二・四五）。

キケローは「ローマの国はいにしえの慣習と人によって立つ」というエンニウスの詩行を引用し、ローマでは父祖の慣習が優れた人々を生み出し、また卓越した人々が昔の慣習と祖先の制度を維持したと述べている（五・一）。もっとも優れた政体であるローマの共和政がキケローの時代に内部の対立から危機に直面しているのは、キケローを含めて、指導的立場にある政治家、すなわちかつて執政官やそのほかの重要な公職についた者あるいは現在その職にある者すべての責任であり、彼らが本来なすべきことをおろそかにしたからにほかならない。

スキーピオー（キケロー）によれば、優れた政治家はたえず自己を陶冶し観察し、自己の精神と生活の輝きによってみずからをいわば他の市民たちの鑑として示すという（二・六九)。彼は、公職についているか私人であるかを問わず、つねに市民の鑑としてその指導力を発揮することができる、すなわちアウクトーリタース(権威)によって市民を指導することができる。この点でもキケローの理想的政治家は命令権によって支配する王とは根本的に異なっている。このアウクトーリタースによる指導は、いわゆるエクセンプルム(exemplum(模範))の思想に基づくものである。政治家は自己を市民たちのエクセンプルムとして示すことによって、たんに市民たちが彼を見ならうよう促すのみならず、さらに市民たちが彼を見ならうことによって、彼ら自身もまた新たにエクセンプルムとなるよう勧める。ここに、命令権や権限によって市民を支配するのではなく、アウクトーリタースによって市民の一致協調のもとに政治を行う理想的市民の姿が提示される。

このような市民は、人々がスキーピオー一人にたいして国を支えるよう求めるであろうと言われるように(六・一二)、ほかの市民を救うためとあれば、激しい嵐さえ物ともせずわが身の危険を冒してすべての者の安寧をはかるであろう(一・七参照)。スキーピオー一人が国を支えるというのは、具体的には独裁官の職につくことを指す(実際にはスキーピオーは国家をめぐる討論が行われたのちまもなく急死したため、その職につくことができなかった)。しかし独裁官の任期は最長で六ヵ月であり、しかも任務を果たすとなるべくすみやかに、たとえ任期が残っていても職から退く慣行があった。したがって人々がスキーピオーに期待したのは、一定期間公職につくとしても、命令権、すなわち特定の法律や法的措置によってというよりも、アウクトーリタースの力によって市民のあいだに一致協調の精神を復活させることであったと考えられる。これはまた、スキーピオーたちの討論の時期と重ね合わされる時期、すなわちキケロー自身が『国家について』を執筆した前後の時期に、指導的政治家から——それが誰であれ——求められたことであった。

アリストテレースが言うように、国家を作って生きることが人間の本性であるとするなら、そのような人間、すなわち市民として国政に携わることは、人間の本性の完全なる実現、人間としての完成に導くことにほかならない。ローマ市民の一人一人が理想的市民として生きるよう求められるのみならず、国家の中で善く正しく生きること、すなわち人間としての完成が求められる。ギリシア人にとっては、個人が国家（さらには人間一般）から切り離せない存在であったとしても、個人の完成そのものが人生の意味であった。たしかにキケローにとってもプラトーンにとっても人間が理性と正義の担い手であり、その実現者であるが、しかしキケローの人間はプラトーンのそれとは異なっている。プラトーンをはじめギリシアの思想家が個々の人間の観点から考えるとすれば、キケローは国家の観点から考える。キケローにとっては国家が人生の意味となる。国政に携わること、国家と同胞（親、近親者を含む）にたいする義務（pietas）と正義を重んじることにおいて、人間としての完成を目指すことができるのである。

宇宙における国家と人間

国家を作って生きる人間が本性すなわち自然の法則に従うように、人間を取り巻く宇宙もまた自然の法則に従う。国家と宇宙は、規模の大きさで異なるとはいえ、いずれも同じ自然の法則に従うのである。上に述べたように討論のはじめでピルスは、宇宙という「家」の中で生じる事柄が地上の家や国家の中で起こる出来事と密接な関係をもつことを指摘した。ピルスはさらに、アルキメーデースの天球儀について語り、それは一回の回転で不同の、さまざまな軌道を異なった速度で示すことができ、この天球儀を動かすと、その上で月は太陽にちょうど天界において遅れる日数だけ回転数において遅れ、その結果日食と月食が正確に生じたと言う（一・二二）。すなわちピルスは、大きな「家」すなわち宇宙の法則を究めることによって日食や月食——一般に宇宙における規則性の「逸脱」とみなされていた現象——の原因を知ることができるのみならず、それが起こる時期を正確に予測することも可能となるように、地上の「家」、すなわち国家についてもその法則を究めることによってその変化の原因と時期を予測することができると考える。

ピルスが提起した二つの太陽——幻日——についての探究は、より差し迫った国家の問題をめぐる討論のためふたたび取り上げられることはないが、しかし国家の法則と宇宙の法則に共通するものがあるという認識が討論において失われたわけではない。たとえばロームルスの死は日食（前七一四年七月七日）と結び付けて語られる（一・二五、二・一七）。またスキーピオー（キケロー）は政体循環説を取り上げ、彼の話が終始目標とする政治的洞察の根本は、国家の傾く方向を認めてそれを引き止め、あるいはそれに対抗するために国家の曲折した行程（「循環」）を理解することにあると言う（二・四五）。これらの個所では、国家の変化もまた自然の法則のもとにあり、したがって宇宙を支配する法則とはけっして無関係ではないことが示唆される。

すでに見たように、一致、一致（コンコルディア）はすべての国家において安寧の最強、最善の絆であるが、一致、ひいては国家そのものが正義なくしては存在しえない（二・六九）。国家の中で秩序と正義を守るのは、命令権をもつもの――審議体――であるが、国家においても宇宙においてもそのような命令権をもつ中心が存在する。このことは、『国家について』に続いて姉妹篇として執筆された『法律について』（三・三）では、命令権（支配の力）ほど法と自然の秩序に合致したものはないのであり、この力がなければ家も国家も宇宙そのものも存在しえないと言われる。宇宙では永遠の秩序と調和が支配し、一見秩序が乱れたかのように見えることがあってもそれは見せかけにすぎない。同様に本来あるべき姿の国家の中では、永遠の秩序と調和がなければならない。宇宙が未来永劫に存続するように、国家もまた永遠に存続するべく確立されていなければならない（一・四一、三・三四）。もし国家が崩壊するならば、それはまさに宇宙の崩壊に似たものとなるであろう（三・三四）。

『国家について』の最後に語られる「スキーピオーの夢」（六・九―二九）では、地上の国家がより高い観点から、すなわち宇宙からの目によって眺められる。キケローは国家について論じるにあたってギリシアの学者の著作、とくにプラトーン『国家』とアリストテレース『政治学』をしばしば参照しているが、これらの著作には宇宙からの視点は設定されていない。夢の中でスキーピオーは星をちりばめた天の高みに立ち、はるかかなたの地球を見おろしながら大アーフリカーヌスの霊と語り合う。大アーフリカーヌスはスキーピオーに、祖国を守り、助け、興隆させた者すべてのために天界に特定の場所が定められ、そこで彼らは至福の者として永遠の生を享受できるのだと告げ、国を守る仕事にいっそう熱心に精を出すよう励ます（六・一三）。全世界を支配する最高の神にとって、少なくとも地上で行われることで、法によって結ばれた、国と呼ばれる人間の結合と集合よりもいっそう気に入るものはない。「……よりもいっそう気に入る（acceptius）」というのは、神にとってほかに気に入るもの、たとえば哲学、科学があるけれども、国を作り守ることがもっとも神意にかなうという意味である。第一巻のはじめでは、いかなる業といえども、新しく国を建設すること、あるいはすでに建設された国を守ることほど、そこにおいて人間の徳が神意に近づくことはないと言われる。

いま天の高みから眺めると、地球ではわずかな狭い場所に人間が住み、しかも人間の住むいわば染みのあいだにさえ広大な荒野が広がっている。地中海世界に君臨するローマ人といえども、自分たちの土地の裏側（対蹠点）に住む人間から称賛を得ることは期待できないであろう。また人間は太陽だけの、つまり一個の天体の循環によって一年を計るが、実際にはすべての天体が最初に出発した地点に戻ったとき、すなわちキケローの計算によれば一万一千三百四十年以上が本当の「一年」である（六・二四）。この「一年」のごくわずかな部分にさえ達することのできない人間の栄光には、なんの値打ちも認めることができない。

したがって、民衆の噂に耳を傾けたり希望を人間的な褒賞に託したりしてはならず、徳そのものが真の誉れへと誘うべきだ、と大アーフリカーヌスは言う。宇宙から見れば大国ローマも地球上の一点の染みにすぎず、地上の誉れは取るに足らぬものである。じじつ、この地上では国政に携わる者がつねにふさわしい栄誉と名声を享受するとは限らず、キケローがいくつもの例をあげているように、迫害を受け、あるいは恥辱にまみれ最期を遂げた者も少なくない（一・五―六）。とすれば、人間が地上の誉れを求めるべき理由はまったくないであろう。

ちょうど宇宙が不死なる神の力によって動くように、肉体は不死なる魂の力によって動く。みずからの力によって動くのは魂の本性であり、それは不滅の証拠でもある。この魂の力を人間としての最善の仕事のために発揮しなければならない（六・二八―二九）。人間としての最善の仕事とは、国を作り守ること、すなわち人間の本性を発揮することである。この仕事によって人間は人間としての真のあり方に達することができる、すなわち完全な人間となることができる。それは人間の生が宇宙の法則と合致することにほかならない。地上でこのような生を送った者が天の高みで永遠の生を許されるというのは、壮大な比喩である。

キケローの最期と共和政

前四四年、カエサルがブルートゥスらによって暗殺されたのち、遺言によってカエサルの嗣子となったオクターウィアーヌスと、執政官（前四四年）としてカエサルの同僚であり友人でもあったアントーニウスとのあいだに対立が生じたとき、キケローはオクターウィアーヌスにローマ共和政の「守り人」を見出したと確信し、元老院において彼を援護したのみならず、『ピリッピカ』と呼ばれる一連の演説でアントーニウスを国家の敵として攻撃した。しかし前四三年、オクターウィアーヌスは執政官に就任するやいなやキケローを見捨て、アントーニウスとレピドゥスとともに彼ら三人のあいだでローマを五年間支配することを取り決めた。また彼らは自分たちに反対した者を死刑にするために二百人以上のリストを作ったが、そこにアントーニウスの最大の敵であったキケローの名も載っていた。オクターウィアーヌスははじめキケローの処刑に反対したが、アントーニウスとレピドゥスがそれぞれ自分の身内の者をリストに載せたため、ついに恩人の死刑を承認するに至った。プルータルコスはオクターウィアーヌスらの行動を評して、野獣といえども怨念に加えて権力をもった人間ほど残酷になることはないと述べている（『対比列伝』「キケロー」四六）。

キケローが殺害されたあとアントーニウスがキケローの死体に凌辱を加えて見せしめにしたのはたしかに野獣にも劣る行為であった。しかし彼ははじめからキケローと敵対していたのであるから、少なくとも敵の死刑を要求したのは当然であった。これにたいし、アントーニウスとの取り引きでキケローを売ったオクターウィアーヌスの行為は、恩人にたいする最大の裏切りであった。レピドゥスを隠退させたあとアントーニウスを倒してローマの全支配権を手中に収めたオクターウィアーヌス（アウグストゥス）は、共和政時代に指導的政治家の呼び名であったプリンケプス（princeps（第一人者））の名称を踏襲し、形の上では共和政の枠組みを保持したが、プリンキパートゥス（principatus（第一人者政、元首政））と呼ばれたその政体は最初から独裁政を狙ったものであった。彼はローマ共和政にたいしても裏切りを働いたことになる。彼が百年間近く続いたローマの内紛と内乱を終息させたことは当時のローマ人から最大の感謝と賛辞を得たが、それは四百年間以上続いた共和政に最後のとどめを刺すことによってはじめて可能となった。プルータルコスによれば、オクターウィアーヌス（アウグストゥス）があるとき彼の孫の一人がキケローの著作を手にしているのを見て、それを取り上げ立ったまま読んでから孫に返し、「学のある人〔logios〕だった、それに愛国者〔philopatris〕だった」と言ったという。

その意義と後世への影響

キケローの『国家について』は、多数の引用からうかがえるように後代の国家思想にたいしてのみならず、テルトゥッリアーヌス、ラクタンティウス、アウグスティーヌスなど、キリスト教徒の著作家・思想家にも多大の影響を与えたが、古代の文芸と学問が復活したルネッサンス期にはその写本を発見することができず、したがってそれは第六巻の「スキーピオーの夢」を除いて中世のあいだに失われたと信じられていた。ところが一八一九年、ヴァティカン図書館長であったアンジェロ・マイがアウグスティーヌスによる『詩篇』の注釈を写した羊皮紙を調べたところ、それが紀元四世紀末に筆写された『国家について』の写本の文字を消して再利用した写本（パリンプセスト）であることを発見し、「スキーピオーの夢」を除く元の写本の約四分の一を復元することに成功した。現在の『国家について』の刊行本は、別の伝承によって伝えられた「スキーピオーの夢」を加え、さらにラクタンティウス、アウグスティーヌスなどによる多数の引用（引用断片）や要約をその本来の位置と推定される個所に配置したものであり、これによってわたしたちはキケローの国家思想のほぼ全容を知ることができる。

キケローがプラトーン、アリストテレース、さらにヘレニズム時代の学者の政治理論を利用したことは明らかであるが、しかし宇宙から始まって宇宙に終わる全体の枠組みは彼の独創によるものであろう。またその国家理論を、ローマの王政と共和政の歴史事実によって実証したのみならず、ギリシアの理論を学び、同時に執政官（前六三年）として実際に国家の運営に携わり、カティリーナ事件の処理によって国家の危機を救った者として国政を論じたことは、ギリシアの理論に比べてより大きな現実性と説得性を彼の国家論に付与することとなった。またプラトーン、アリストテレース、ポリュビオスなど、ギリシアの理論家や歴史家では、理想的国家あるいはローマのような強大な国家もこの地上に限られた現象とみなされ、いつの日かこの世から消滅するものとして扱われたのにたいし、キケローは、ロームルスによって礎が据えられたローマ国家こそ、ウェスタの神殿の竈に燃える炎のように永遠に存続しうるものであり、自己の生命を賭して守るに値する政体であることを確信し、ローマ人が、その生まれによってでなく、国を守る努力と徳によって最善の者（ボニーあるいはオプティマーテース）となることを期待した。

キケローは、プラトーンやアリストテレースやそのほか国家について論じたギリシア人とは異なり、みずから率先して守るべき指針として、同時にまたローマの国民が彼に見ならうであろうことを願って、『国家について』を書いた。彼自身、現実の政治の重要な局面で一度ならず判断の誤りを犯したが、しかし国政に携わることが人間としての完成への道であると信じ、これを実行することにいささかのためらいも見せなかった。キケローの国家論が現代のわたしたちにとってなんらかの意味をもつとすれば、それは国政に携わることを人間の本来あるべき生き方として倫理的次元にまで高めたことにある。

*

本訳は、『同志社法學』（同志社法學會）第一〇八号（一九六八年十二月）および第一〇九号（一九六九年一月）に発表された翻訳に基づくものである。このたび『キケロー選集』に収めるにあたり、これを全面的に改めることができた。解説では『国家について』の成立の背景や、その思想的諸問題についてはくわしく述べることはできなかったが、関心のある読者は文献としてあげた拙論「キケロー『国家について』――その指導者像（二・五一）をめぐって」を参照していただければ幸いである。

I　テクスト・注釈・翻訳

Bréguet, Esther, *Cicéron: La république*, 2 vol., Paris: Belles lettres, 1980.
Büchner, Karl, *M. Tullius Cicero: De re publica, Kommentar*, Heidelberg: C. Winter,

1984.
—— *Der Staat*, Darmstadt: Wissenschaftliche Buchgesellschaft, 1993.
Keyes, Clinton Walker, *Cicero: De re publica / De legibus*, London / Cambridge, Mass.: Heinemann / Harvard University Press (Loeb Classical Library), 1966.
Zetzel, James E. G., *Cicero: De re publica, Selections*, Cambridge: Cambridge University Press, 1995.
Ziegler, Konrat, *Cicero: De re publica*, Leipzig: Teubner, 1969.
—— *Cicero: Staatstheoretische Schriften*, Berlin: Akademie-Verlag, 1974.

Ⅱ　参考文献

Büchner, Karl, *Studien zur römischen Literatur*, Bd. 2: *Cicero*, Wiesbaden: F. Steiner, 1962.
Christes, Johannes, „Noch einmal Cicero, De re publica 1, 33, 50: Wer ist der Sprecher?“, *Würzburger Jahrbücher für die Altertumswissenschaft*, XIII, 1987, S. 163-180.
Heck, Eberhard, *Die Bezeugung von Ciceros Schrift De re publica*, Hildesheim: Georg Olms, 1966.
Meyer, Ernst, *Römischer Staat und Staatsgedanke*, Zürich und Stuttgart: Artemis-

Verlag, 1964.（E・マイヤー『ローマ人の国家と国家思想』鈴木一州訳、岩波書店、一九七八年）

岡道男「キケロー『国家について』――その指導者像（二・五一）をめぐって」（「キケロの「國家論」――その指導者像（二・五一）をめぐって」、『法制史研究』第三四号、法制史学会、一九八五年三月、二三一―四六頁）、『ギリシア悲劇とラテン文学』岩波書店、一九九五年、三八四―四〇九頁。

Pöschl, Viktor, *Römischer Staat und griechisches Staatsdenken bei Cicero: Untersuchungen zu Ciceros Schrift De re publica*, Darmstadt: Wissenschaftliche Buchgesellschaft, 1962.

Ruch, Michel, „Notwendigkeit und Zufälligkeit in Kosmos und Gesellschaft nach der Weltanschauung Ciceros“, *Gymnasium*, LXXII, 1965, S. 499-511.

Schmidt, Peter L., „Cicero 'De re publica': Die Forschung der letzten fünf Dezennien“, in *Aufstieg und Niedergang der römischen Welt: Geschichte und Kultur Roms im Spiegel der neueren Forschung*, Bd. I-4, Berlin: De Gruyter, 1973, S. 262-333.

『法律について』

執筆時期とその意図

キケローは、すでに『国家について』の執筆中にその続篇として『法律について』の構想を練っていたようである。じじつ、彼は、前五一年に『国家について』を刊行する前から『法律について』の執筆に取りかかっていたと推定される。しかし、彼は前五一年の夏から一年間小アジアのキリキアの総督として多忙な日々を過ごし、その任務を終えてローマに帰国してまもなく、前四九年初頭カエサルとポンペイウスとの対立から勃発した内乱に巻き込まれることになったため、この間著作のために時間を割くことはほとんどできなかったと思われる。カエサルの暗殺（前四四年）ののち書かれた『占いについて』第二巻の序文においてキケローは、これまでに彼が著した哲学的著作のすべてを列挙しているが、そこでは、『国家について』はあげられているものの、『法律について』への言及を見出すことはできない。とくに、この個所において『占いについて』と『神々の本性について』を補うものとして『運命について』の執筆が予告されていることを考慮に入れるなら、『国家について』の続篇としてすでにかなりの部分が執筆されていた『法律について』にかんする沈黙はいっそう注目に値する。この事実は、前四四年の時点でキケローが近い将来に『法律について』を完成して刊行する意図をもっていなかったことを示す。

『法律について』の第二巻と第三巻であげられるキケローの法律は、多くの点で伝統的なローマ国家（共和政）の法律または慣行に基づくものであり、ここには、第一巻においてと同様、前四九―前四五年の動乱の反映はまったく見られない。したがって、これらの個所は、彼がキリキアへ赴任する前に執筆されたものと推測される。しかし、ローマ国家を根底まで揺るがした内乱と、これに続くカエサルの独裁政は、キケローの国家観に大きな衝撃を与えたにちがいない。おそらくキケローは、もし『法律について』を刊行するなら、未完の部分のみならず、すでに執筆した部分をも大幅に書き改める必要を感じたのであろう。このように考えるなら、彼が前四四年の時点で『法律について』に言及しなかったことも容易に理解できる。

しかし、『法律について』にふたたび取り組む余裕もなく政争に巻き込まれたキケローは、翌前四三年に政敵の策謀のため生命を断たれ、彼の著作は死後未完の状態のままで刊行されることになった。現存の写本は、第一巻から第三巻の途中までを伝えているが、紀元四世紀頃の文人マクロビウスが第五巻から引用しているところから、もともと五巻以上の規模をもっていたことがうかがえる。この対話篇では夏の一日が討論にあてられることになっており、第五巻では太陽がちょうど天頂を過ぎたと言われるので、全体は八巻から成るものとして構想されたとする見解がある。一方、公刊された『国家について』が六巻から成るところから、これと同じ規模の対話篇を想定する研究者もいる。三・四七から、裁判制度にかんする法律が論じられた、あるいは論じられる予定であったことがうかがえるが、キケローがどこまで書き進めていたか、また、失われた部分では何を取り上げて論じていたか、これらの点については推測に委ねるほかない。

プラトーン『法律』との関係

『法律について』は、キケローと彼の弟クイントゥスが彼らの友人であるアッティクスと一緒に兄弟の生地アルピーヌムにある別荘で夏の一日を過ごし、三人のあいだで「国々の制度と法律」について討論するという設定となっている。第一巻では、法律論のいわば導入部として、法の起源とその自然本性について論じられる。第二巻は、キケローがはじめに宗教にかんする法律、すなわち神々の崇拝、神官、鳥卜官、祭儀と犠牲、神聖冒瀆などにかんする諸規定を述べ、ついで、これに注釈を加えながらほかの二人と討論するという形式をとる。第三巻では、国政に携わる官職者、すなわち執政官、法務官、監察官などの職務と彼らの選出にかんする法律が取り上げられるが、最初に諸規定があげられ、これに注釈と討論が続く点では第二巻と同じ形式が認められる。

『国家について』と『法律について』の両対話篇を執筆するにあたって、キケローがプラトーンの『国家』と『法律』を強く意識していたことは明らかである。プラトーンの『国家』では、プラトーンの偉大な師ソークラテースを含む六人がアテーナイで彼らの一人の家に集まって議論を交わすように、キケローの『国家について』では、彼がローマの理想的政治家と仰いでいたスキーピオーを含む九人がローマ郊外のスキーピオーの別邸に集まって討論を行うという形をとる。一方、プラトーンの『法律』とキケローの『法律について』では、それぞれの姉妹篇において設定されている時代よりのちの時代に討論が行われたことになっている。またプラトーンの『法律』では、明らかにプラトーン自身と思われる人物、すなわちアテーナイからの客人を含む三人がクレータで夏の一日を費やして討論することになっているように、キケローの『法律について』では、著者自身を含む三人がアルピーヌムで夏の一日を討論しながら過ごす形となっている。このように一見プラトーンの対話篇を想起させる舞台を設定した上で、キケローはプラトーンの対話篇と彼自身のそれとの相違を示すのである。

キケローは、自分は国政に携わって偉大な業績をあげた者であるのみならず、幼少の頃から（ギリシアの）学問に親しんで国政の原理を学んだ者であるというとき（『国家について』一・七、一三）、実際の政治に携わろうとしなかったプラトーンのことを念頭に置いている。プラトーンは、みずからの判断に基づいて国家を作る場所を定めたが、その国家はおそらくみごとなものであるにせよ、実際の生活と慣習からかけ離れたものであることに変わりない（同書、二・二一―二二）。また、『法律について』では、「国民と市民に役立てるために国家について理論的探究を行った者として、プラトーンをはじめとして、アリストテレース、ヘーラクレイデース、テオプラストスなどがあげられる（三・一四）。たしかに、彼らは国家にかんする学問と熱心に取り組んだが、しかし、それは「机上の空論」――キケローによれば「思索に適した涼しい木陰とか、書斎の中で」考えられた事柄にすぎない。最初にこの学問を俗塵の中へ引っ張り出し、学識を国政に活かすことを試みたのは、前四世紀後半から前三世紀にかけて活躍したパレーロンのデーメートリオスであった。しかしキケローは、彼自身、学問の造詣においてのみならず、国家統治の経験においても、このデーメートリオスにまさるともけっして劣らぬ者であることを、アッティクスの口を借りてそれとなく仄めかしている。

法律の本質——自然法則としての理性

ローマでは、法律は、主として民会において提案され採択される国民の決議として捉えられた。このような決議は、国民によってあとから訂正されることもあれば、廃止されることもあり、また、ときには以前の決議に矛盾する新しい決議が採択され、法律として通用することもあった。キケローは、法律というものを伝統的な理解に従って捉えることを誤りとしている（二・八—九）。キケローによれば、ローマの伝統的な理解は、善い命令と善い禁止令には該当するとはいえ、法概念にとっては本質的なものではありえない。したがって彼は、ストア派の思想を援用して、法律とは、自然本性（natura）に内在する理性——これは神的なもので、人間のあいだではとくに賢者にそなわるものである——であって、永遠に存続し、何が正しいか、誤りか、何をなすべきか、なすべきでないかを定め、正しく行動するよう呼びかけ、過ちを犯さないよう警告するものであるという。

しかし、ストア派の考えによれば、成文化された実定法はむしろ自然法則（自然の法律

（lex naturae））への「追加」または「補助」とみなされるべきものであり、それゆえ、本来の意味における「法律」には該当しない。つまり、法律は、人為的に制定されるものではなく、自然に基づくものであるとするなら、およそ人間によって制定されるものは、「法律」ではありえない。したがって、「制定された法律」あるいは「法律を制定する」と言うのは、ストア派の観点からすれば、名辞上の矛盾ということになる。アスカローンのアンティオコス（前二―前一世紀）のようにストア派の思想を受け入れる者が、その法律の定義に導かれて、リュクールゴスやソローンの法律についてのみならず、ローマの十二表法についても「法律」という名称を否定したのはけっして意外なことではなかった（キケロー『アカデーミカ』二・一三六参照）。

これに反してキケローは、人々がしばしば耳にする諸規定や、そのほかの、国民の命令と禁止令は、正しい行いを勧め、過ちを思いとどまらせる力（vis）をもつのであり、その力は、国民や国家の年代よりも古いばかりか、天地を守り支配する神ユッピテルと同じ世代に属するものであると言う（二・九）。つまり、「正しい行いを勧め、過ちを思いとどまらせる力」が、書かれた命令や禁止令を法律にするのであり、逆に、この性質をそなえていないものは、たとえ一般に法律の名で呼ばれ、法律として通用していても、けっして法律ではありえない。ここで言う力とは、理性の力のことである（二・一〇）。この力をもつ、国民の命令と禁止令は、「書かれた（成文化された）理性」とみなすことができるのであり、そのような命令と禁止令は、「書かれた理性」として、自然に基づくものである。それは自然法則であり、それゆえに、法律の名に値する。このようにキケローは、法律とは理性であるというストア派の定義を、書かれた命令と禁止令そのものに当てはめ、これを、ストア派の考えとは反対に、「書かれた理性」、すなわち自然法則として――理論的には諸国民のすべてのもとにおいて同一であり、永久に効力をもつものとして――理解するのである。このことから、キケローは、彼自身が制定する法律についても、「書かれた理性」として、ローマにおいてのみでなく、諸国民のすべてのもとにおいて永久に効力をもつものであるという前提に立って議論していることが明らかである（三・二九参照）。キケローの考えによれば、最高の法律、すなわち自然法則としての理性は、成文法の形をとることができる。それは、成文化されたからといって、自然から生まれた理性、すなわち自然法則でなくなるわけではない。キケローは、理性は書かれたときはじめて法律となるのではない、すなわちそれは「書かれた理性」としてはじめて法律となるのではないと言うこと（二・一〇）。これは、言い換えれば、理性は「書かれた理性」（成文法）としても存在しうること、そしてこの形をとる場合においても、それは自然に基づく法律である点にまったく変わりないということである。真の法律は、その力（vis）を、その上に置かれた自然法則（理性）から得るのではない。その力は、「書かれた理性」としての法律に、本来的に属するのである。自然法則と成文法は、異なった二つのもの――互いに関連づけられる、あるいは互いに関連づけられるべき、二つのものではけっしてない。両者に共通して現れるのはむしろ、二つの存在形式をとることができる理性――「書かれていない理性」と「書かれた理性」——である。「書かれた理性」としての成文法は、本能的に正しい行為、たとえばホラーティウス・コクレスの英雄的行為に現れる「書かれていない理性」と同様、自然法則とみなされる。自然の法（ius naturae）についてキケローは、彼自身の立場で考え、議論しなければならないと述べているように（三・四九）、彼の考えは明らかにストア派の思想を越えるものである。

キケローの法律

キケローは、討論を始めるにあたり、いま問題となるのは法律上どのようにすればわれわれの安全をはかることができるかといった種類のことではなく、まずはじめに、法の本質を解明すること、すなわち法を人間の自然本性にさかのぼって考え、国々がそれに従って治められるべき法律を考察することであり、ついで、諸国民の、集成され記述された法と布告を取り上げることであると言う（一・一七）。そして、ローマにおいて行われているいわゆる「市民法」——これは一般に私法および民事訴訟法の領域において個別的に制定された法律、官職者の布告、法学者の解釈などから成るものとされる——については、諸国民の法と布告を論じるさいに取り上げるつもりであるが、それは議論の全体においてわずかの場所しか占めないだろうと言う。

ここで予告されたとおり、議論においてはまず「国々がそれに従って治められるべき法律」が論じられ、続いて、宗教にかんする法律（二・一九—二二）と官職にかんする法律

（三・六―一一）があげられる。そして、キケローが制定するこれらの法律についてそれぞれ注釈（二・二四―六八、三・一二―四九）が述べられるが、ここではローマと、ローマを除く国々の法律が取り上げられる。法律にかんする注釈は、主として個々の法律の意味を明確にし、キケローがこれらの法律を制定する理由を述べるものであるが、留意すべき点は、法的効力をもつものがすべて法文として文字に固定されるわけではないという立場をキケローがとっていることである。じじつ、当時のローマ人のあいだでは、先祖伝来の慣習（mores）は法秩序に属するものとみなされていた。

新たに制定される法律の運用については、キケローは注釈の部分においてしばしば伝統的なローマの法律を引き合いに出す。たとえば、キケローは宗教にかんする法律において、死者のための出費と哀悼は控え目にしなければならないことを定めるが、この法律の注釈の部分では、十二表法の規定を引用し、そこでは死者を弔うさいは三つのヴェール、一つの紫の経帷子、十人の笛吹きに制限され、さらに過度の哀悼が禁じられていることをあげる（二・五九―六二）。これらの規定についてキケローは、それは称賛に値するものであって、金持ちと大衆に共通して適用されることを指摘し、死において身分の相違が取り除かれることは「きわめて自然にかなったこと」であると言う。官職者にかんする法律では、（官職者の）命令は正当でなければならないとされ、市民は官職者の命令に服従しなければならないと定められるが、一方では、市民は官職者の命令にたいして上訴することができると言われる（三・六）。この上訴権は、共和政が発足したとき（前五〇九年）から行われたと伝えられる制度であり、ローマ市民の自由を支える柱の一つであった。また、市民個人を対象とする法律を提案することは禁止されるが、市民個人にたいして死刑または市民権剝奪を宣告する必要がある場合は、ケントゥリア民会において審議することが義務づけられる（三・一一）。というのは、法律は市民個人にたいしてではなく、すべての市民にたいして制定されるものであり、また、市民個人にたいしては、市民自身が、すなわち財産、階級、年齢に基づいて編成される民会が、公平な判断を下すことができるからである。キケローによれば、この規定は十二表法そのものにさかのぼるという（三・四四）。じじつ、キケローの法律の古風な文体は、十二表法や古代ローマの法律を髣髴させるところがあり、彼はローマの伝統的な法律を時代にふさわしい形でよみがえらせることを意図していたことがうかがえる。キケローは、彼の法律の運用にあたって、細目についてはそれぞれの時代や場所に適合する形で変更されうる余地を残してはいるものの、少なくとも十二表法や古代ローマの法律に共通するその根本精神——たとえば、法律は「自然にかなう」ものであって、個人のためではなく、万人のためにあるのでなければならない——が遵守されることを要求するのである。

じっさい、宗教についてキケローが制定する法律は、第二代ローマ王ヌマ・ポンピリウスが定めた法律やローマ古来の慣習とほとんど変わるところがないと言われる（二・二三）。同様に、彼が定める官職制度と、官職者および官職経験者から成る元老院の役割は、ローマ共和政のそれと大幅に一致していることが指摘される（三・一二）。キケローが言うように、『国家について』において伝統的なローマ国家がすべての国家の中で最善であることが示されたのであるから、彼の法律もまたこの最善の国家に適合したものにならざるをえない（二・二三）。こうして、キケローが最善のものとして定める法律は、最善の国家、すなわちローマ国家の法律に多くの点で一致することになる。また、当時のローマでは法律の形式をそなえていなかったものが彼の法律の中に取り入れられたとしても、それは核心において父祖の慣習（mos maiorum）に基づくものであり、彼の時代には法的効力をもっていた。キケローの考えによれば、法（ius）は正しい行為のための規範（norma）であるが、これはあるときは法律などの形をとって現れ、あるときは父祖の慣習などの形をとって現れるのである。

しかし、キケローの法律のすべてがローマの伝統的な法律、すなわち先祖の英知に基づくというわけではない。じじつ、彼の法律の規定には、ギリシア人の知恵にさかのぼるものが少なくない。たとえば、劇場で行われる音楽にかんする規定はプラトーンの『法律』（第四巻）を参考にして定められている（二・三八―三九）。またキケローは、五年ごとに選ばれる監察官の任期を従来の十八ヵ月から五年に、すなわち次期監察官が選出されるまで延長するのみならず、これまでの任務に加えて新たに法律の正本を保管し、市民が法律を遵守しているかどうか常時監視して法の維持に努める任務を課しているが、この規定はギリシアで行われていた法監視官（ノモピュラケス）の制度を手本にしたものである（三・四六―四七）。

法律の普遍性

キケローは彼の法律を制定するにあたって、過去から現在に至る法律を吟味し、これらがほんとうに法律の名に値するものであるか、それとも一般に法律という名で呼ばれているだけのものであるかを判断する。この判断において基準となるのは、これらの法律がローマ人によるものか、ギリシア人によるものか、また、どの時代において行われたかということではなく、世界のどの場所であれ、どの時代であれ同一である自然本性に基づくものであるかどうかということである。キケローはまさにこの判断を、ギリシアの法律と法理論に精通する者としてのみならず、ローマの法律を修め、弁護人または法律専門家として法廷の内外で活躍し、また国政に携わった者として行うことができるのである。この意味において、彼が制定する法律は、ローマ人のあいだで効力をもつことを目的とするのみならず、さらに手本として諸国にひろく受け入れられることを目指している。

もちろん、キケローの法律は、第一義的に、ローマ国家の改革を目的とするものであった。すなわち、ちょうど、『国家について』がローマ国民に彼らの国家の偉大さに目覚めさせ、その安定と確立のために奮起を促す意図のもとに執筆されたように、『法律について』において制定されるキケローの法律の主な狙いは、ローマ国家——先祖たちによって多くの世代を通じて最高の英知をもって築かれたものの、グラックス兄弟の時代から衰退の一途をたどっている国家——を安定させ、確固たる基盤の上に据えることであった。理想的な混合政であるローマ国家は、その構造からして、公平さのゆえに最大の安定性をそなえている（『国家について』一・六九）。しかし、いかに優れた国制であっても、指導者層のあいだで悪徳がはびこるとき、衰退と変化を免れることはできない。キケローは、『国家について』と『法律について』の二著作でローマ市民に直接訴えることによって、指導者層の腐敗と堕落に端を発する国家の衰退を放置するならば必然的に生じるであろう大動乱と国家の崩壊を未然に防ごうとしたのである。

しかし、他方では、キケローは、彼の法律がローマ国家の境界を越えて効力をもつことを確信していた。このことは、彼の法律について、それによって諸国が治められるべきものであると言われ（一・一七）、彼自身、ローマ国民のためだけでなく、すべての立派な、堅実な国民、自由な国民のためにこれらの法律を定めていると言うところから明らかである（二・三五、三・四参照）。たしかに、キケローにとっての世界秩序は、改めて言うまでもなくローマを中心とする覇権的秩序であり、この点において彼の法律もまた、ローマ共和政の伝統の枠組みを越えるものではなかった。したがって、キケローは、「すべての立派な国民」に法律を定めると言うとき、アテーナイをはじめとする友邦国や同盟国が彼の法律を手本として彼らの諸制度を改めることを期待していたと思われる。しかし、このことは、彼の法律がその根本思想において普遍的であることを妨げるものではない。彼が定める法律が、自然本性に基づく法律、すなわち「書かれた理性」であるかぎり、いかなる時代においても、いかなる場所においてもその普遍性が失われることはけっしてないであろう。

＊

本訳は、このたび Ziegler のテクストに基づいて新たに訳出したものである。法思想史上の問題点については、畏友小西美典氏（神戸大学名誉教授・姫路獨協大学教授）から多くの貴重な教示をいただくことができた。ここに記して心からの感謝の意を表したい。

Ⅰ　テクスト・注釈・翻訳

de Plinval, Georges, *Cicéron: Traité des lois*, Paris: Les Belles Lettres, 1959.

Keyes, Clinton Walker, *Cicero: De re publica / De legibus*, London / Cambridge, Mass.: Heinemann / Harvard University Press (Loeb Classical Library), 1966.

中村善也訳、キケロ『法律について』、鹿野治助責任編集『キケロ　エピクテトス　マルクス・アウレリウス』（「世界の名著」13）、中央公論社、一九六八年。

Ziegler, Konrat, *Cicero: De legibus*, Heidelberg: F. H. Kerle, 1963.

—— *Cicero: Staatstheoretische Schriften*, Berlin: Akademie-Verlag, 1974.

Ⅱ　参考文献

Blänsdorf, Jürgen, „Griechische und römische Elemente in Ciceros Rechtstheorie“, *Würzburger Jahrbücher für die Altertumswissenschaft*, II, 1976, S. 135-147.

船田享二『ローマ法』（改版）、全五巻、岩波書店、一九六八—七二年。

Girardet, Klaus M., *Die Ordnung der Welt: ein Beitrag zur philosophischen und politischen Interpretation von Ciceros Schrift De legibus*, Wiesbaden: Steiner, 1983.

Lehmann, Gustav Adolf, *Politische Reformvorschläge in der Krise der späten römischen Republik: Cicero, De legibus III und Sallusts Sendschreiben an Caesar*, Meisenheim am Glan: Hain, 1980.

Pohlenz, Max, *Die Stoa: Geschichte einer geistigen Bewegung*, 2 Bde., Göttingen: Vandenhoeck & Ruprecht, 1970-72.

Rawson, Elizabeth, "The Interpretation of Cicero's 'De legibus'", in *Aufstieg und Niedergang der römischen Welt: Geschichte und Kultur Roms im Spiegel der neueren Forschung*, Bd. I-4, Berlin: De Gruyter, 1973, S. 334-356.

Schmidt, Peter L., *Die Abfassungszeit von Ciceros Schrift über die Gesetze*, Roma: Centro di studi ciceroniani, 1969.

解題

山下太郎

このたび岡道男先生による『国家について』と『法律について』の翻訳が講談社学術文庫から出版されると伺い、思わず心の中で「万歳！」と叫んだ。このような形で、一人でも多くの方にキケローの作品を読んでいただけることを、岡先生もきっと天国でお喜びのことと思う。両作品の翻訳が世に出たのが今から四半世紀前のことで、その翌年、先生は他界された。私は翻訳が出版された直後、先生からこのお仕事にかける思いを直接お聞きする機会があった。そのことを思い出しながら、かつて次のようなエッセイを先生の「追悼文集」に寄稿した（「岡先生の残された言葉」、『岡道男先生追悼文集』（西洋古典論集別冊）、京都大学西洋古典研究会、二〇〇一年一月。引用に際し一部表現に手を入れている）。

＊

私が、岡先生と最後にお会いしたのは、昨年六月の古典学会（於東大）のときのことである。ちょうど「キケロー選集」（岩波書店）の『国家について』と『法律について』が刊行されて間もない頃であった。昼休みに三四郎池のほとりでお話しする機会があったとき、話題は自然とキケローの翻訳のことに及んだ。先生は、今回の翻訳においては徹底した直訳体を試みたと言われ、キケローの訳は直訳を旨とするのがよいと強調された。

現在、私は大学の授業でキケローの「スキーピオーの夢」（『国家について』第六巻）を学生たちと読んでいる。浅学な私には、先生が仰った言葉の本当の意味は、未だによくわかっていないのかもしれないが、少なくともキケローの原文――そびえ立つアルプスの山のように見える――に直に取り組もうとする真摯な登山者にとって、先生のご労作がこの上なく頼もしい「導き手」であることに疑いはない。

と、ここまで書いてきて、私は先生がかつて口にされたある言葉を思い出した。どういう前後関係だったかは忘れたが、当時学生だった私は、失礼を顧みず、「先生はどうして一般向けの本をお書きにならないのですか」と問うたことがあった。すると先生は、「私は啓蒙書を書くより論文が書きたい。専門以外の人は、専門家の書いたものを信用する。だから間違いが許されない。それに対し、私は間違ったことを書く可能性があるが、専門家相手なら、間違いだと気づいてもらえる。つまり、議論ができる」という趣旨のことを語られた。

そのとき周りには、私以外にも数名の学生がいた。先生は続けてこう仰った、「私たちは、常に世界を見て研究しなければならない。そして百年先の学問に貢献しなければならない。だから、私は君たちのような若い学生に語りたいことがいっぱいあるのだ」と。

当時、私は西洋古典を学び始めてまだ日が浅く、先生の高邁な論理のつながりがすぐさま理解できなかったが、「世界を視野に入れた研究」であるとか、「百年先の学問」といった普段耳慣れない言葉だけが不思議に心に残った。

だが、いっそう印象に残ったのは、むしろ次の言葉であった。すなわち、先生は続けて言われた、「世界を見るとは、必ずしも英語で論文を書くことを意味するのではない。日本語であっても、論理を重んじる態度が何より大切である。今後、世界のより多くの人が日本語を学び、理解する日が来るに違いない」と。岡先生が多少なりとも予言めいたことを口にされたのは、このときが最初で最後であった。

その後、数年の月日が流れ、私がこれらの言葉を再び思い出すきっかけとなったのは、先生が演習の授業で、ウェルギリウスの『アエネーイス』を取り上げられた時のことであった。この作品の第一巻半ばには、ユッピテルが未来のローマの運命を物語る有名なエピソードがあり、その中に、imperium sine fine という表現がある。私は授業の中で、「限界のない支配権」と訳したところ、先生は、即座に「際限のない支配権」の方がいいと言われた。続けて、「ローマの支配権は、時間的にも空間的にも際限がないという趣旨だ」と説明された。このとき、私の脳裏には、かつて先生が口にされた「世界」や「百年先」といった言葉が蘇ったのである。

それから、さらに年月が経ち、私は今、学生たちといっしょに「スキーピオーの夢」を読んでいる。宇宙の高みから小さな地球を指さしつつ、真の誉れの何たるかを語る大アーフリカーヌスの言葉は、地上の栄光（gloria）——時間的にも、空間的にも限定されている——のはかなさを指摘してやまない。キケローのラテン語を読めば、岡先生の肉声が、今もありありと聞こえてくるかのようである。はたして、先生がキケローのラテン語を日本語に直されたのか、あるいは、キケローが先生の日本語をラテン語に表したのか。

私はさらに想像を逞しくする。百年先の地球という星においては、世界の人々が、岡先生の日本語を「導き手」とし、キケローの原文に挑戦しているだろう、と。前述のように、将来の日本語の普及と発展を確信しておられた先生にとって、その可能性は自明のことのように思われたに違いない。

もし、この想像が当たっているとすれば、冒頭で触れた「キケローの翻訳は直訳を旨とすべし」という先生の言葉の真意は、やはり、「世界」や「百年先」といったキーワードとともに理解すべきことのように思えてくる。すなわち、先生が今回キケローの原文に限りなく忠実な日本語を用意されたのは、ご自身の訳文が、キケローの「論理」——世界の人々によって理解されうる普遍性を有する——の美しさを永遠に保持することを何より祈念しての措置であったと思われる。

＊

冒頭で述べた通り、キケローの作品が二千年後の日本で広く読まれることは、極めて意義深い。この出版を通じて、国家のあるべき姿や法の支配、理想的な政治家像について、より多くの国民が関心を抱き、議論を深める気運が高まれば、たとえ時間がかかっても、日本の未来は輝かしいものとなるだろう。

『国家について』と『法律について』の二作品において、キケローは丹念に議論を積み重ねながら、「永続する理想国家とは何か」、「普遍的な法とは何か」といった人類共通の問題に対する自身の考えを解き明かしている。岡先生の翻訳を通して読むと、まるでキケローが日本語で自分の考えを直接伝えているかのように感じられる。

両作品が扱うテーマは抽象的であり、古典特有の難解な言葉や概念、さらには古代ローマの社会や政治状況の特殊性もあって、一読して容易に理解できる内容ではないことも確かである。キケローの他の作品、例えば『友情について』や『老年について』とは、この点で性質を異にしている。また、テキストの欠落により、前後関係がつかみづらい箇所も存在する。しかしながら、本翻訳には要所要所に詳しい訳注が施されており、巻末の「訳者解説」では、作品全体の構成や議論の細かいつながりが丁寧に説明されていて、まさに頼もしい「道しるべ」となっている。

岡先生は、世界的なホメーロス研究の泰斗として知られている。『ホメロスにおける伝統の継承と創造』（創文社、一九八八年）は、ホメーロス研究の新境地を切り開いた労作であり、「文学はホメーロスから始まる」という通説を覆し、ホメーロス自身の独創性を浮き彫りにしたものである。先生はまた、ギリシアの悲劇作家たちがホメーロスの叙事詩を凌駕することを意識して競い合った事実を解明される一方で、ローマ人によるギリシアの詩人や作家に対する「創造的模倣」――すぐれた作品を手本としてそれを上回る作品をつくるという意味――を主題とする論文も数多く執筆された。これらの研究成果は、先生のもう一つの代表的著作である『ギリシア悲劇とラテン文学』(岩波書店、一九九五年)にまとめられている。

この著書には「キケロー『国家について』」と題する論文が収められ、その掉尾を飾っている。第二巻五一節に描かれた指導者像の解釈を突破口として、この作品の独創性――ギリシアの思想家に対する「創造的模倣」――がテキストに基づいて入念に考察されているが、その解釈の鍵となるエクセンプルム(模範)の思想は、本書の「訳者解説」でも簡潔に説明されている。すなわち、「政治家は自己を市民たちのエクセンプルムとして示すことによって、たんに市民たちが彼を見ならうよう促すのみならず、さらに市民たちが彼を見ならうことによって、彼ら自身もまた新たにエクセンプルムとなるよう勧める」とある。

この思想は、元来詩作のジャンルで見出され、先に触れた「創造的模倣」と表裏一体である。岡先生の解釈に基づけば、キケローは『国家について』を執筆する際、ギリシアの思想家たちの作品を「創造的に模倣」し、自らの作品が後代のエクセンプルム(模範)となるように心血を注いだことになる。その具体的な努力――すなわち、この作品の独創的工夫――の跡は、巻末の「訳者解説」で詳しく説明されている。

時空を超え、真に模倣に値するエクセンプルムのことを、私たちは尊敬を込めて「古典」と呼ぶだろう。ウェルギリウスの言う「際限のない支配権(imperium sine fine)」とは、古典が持つ計り知れない影響力を指すとも考えられる。『国家について』や『法律について』をはじめとするキケローの作品は、西洋の古典であると同時に人類の古典であり、私たち日本人にとっても古典となり得る普遍性を備えている。

明治開国以降、日本が近代化のために手本とした西洋諸国は、直接・間接を問わず、例外なくキケローの思想の影響を強く受けている。では、日本はどうだろうか。キケローの思想に対する理解はおろか、西洋古典全般に対する理解や共感が十分に浸透しているとは言い難い。いまだ「和魂洋才」の呪縛から逃れられていないようにも見える。「和魂で十分」といった偏見が社会に満ちるとき、世の中には閉塞感が漂うだろう。そこに風穴を開け、自由な空気を通したいと願うとき、また、学問、教育、真善美について考えるとき、人類の英知の宝庫たる西洋古典に無関心でいるわけにはいかない。とりわけ、理想的国家のあり方や普遍的法の問題を考える際にはなおさらである。

日本が「和魂」の伝統の上に真に世界の先進国となるためには、つまりキケローの言う理想的国家のエクセンプルム（模範）となるためには、今こそ「洋魂」を根本から学ぶべき時である。それによって、「和魂」と「洋魂」の正・反・合が実現できれば、これほど素晴らしいことはない。今回、キケローの二大作品の翻訳が文庫化され、再び脚光を浴びること は、決して偶然の出来事ではない。このたびの出版が、西洋のルネサンスに匹敵する歴史的大事件の幕開けとなることを私は心から確信している。

（西洋古典学）

ロームルス（クイリーヌス）　ローマの建国者。初代の王。I-3, 8, II-19, 33

50年の執政官。または同名同姓の別人物で前49年の執政官)、あるいはマルクス・クラウディウス・マルケッルス(前51年の執政官)。II-**32**
ムーキウス・スカエウォラ・アウグル、クイントゥス　前117年の執政官。法律家。I-13
ムーキウス・スカエウォラ、クイントゥス(1)　前95年の執政官。法律家。II-**47**, 49, 50, 52
ムーキウス・スカエウォラ、クイントゥス(2)　前54年の護民官(?)。I-**2**
ムーキウス・スカエウォラ、プブリウス　前133年の執政官。法律家・大神祇官。II-47, 50, 52, 53, 57
ムーサ　ギリシアの文芸の女神。II-7
メギッロス　プラトーン『法律』の登場人物。I-15
メテッルス・ヌミディクス、クイントゥス・カエキリウス　前109年の執政官。III-26
メランプース　ギリシアの伝説的な予言者。II-33
モプソス　ギリシアの伝説的な予言者。II-33

ヤ　行

ユッピテル　ローマの主神(ギリシアのゼウスに当たる)。I-2, II-7, 10, 20, 28, III-43
ユーニウス・コングス・グラッカーヌス、マルクス　ローマの著作家。III-**49**
ユーリウス、プロクルス　ロームルスが死後自分の姿を現したと言われる人物。I-3

ラ　行

ラエナス　→ポピッリウス・ラエナス、プブリウス
ラレース　ローマで崇拝された家・農地の守り神。II-19, 27, 42, 55
リーウィウス・アンドロニークス、ルーキウス　ローマの詩人。II-**39**
リーウィウス・ドルースス、マルクス(リーウィウス法)　前91年の護民官。II-**14**, 31
リュクールゴス　スパルタの伝説的な立法家。I-57
ルークッルス・ポンティクス、ルーキウス・リキニウス　前74年の執政官。III-**30**
ルクレーティア　セクストゥス・タルクイニウスによって凌辱されたローマ婦人。II-10
ルクレーティウス・トリキピティーヌス、スプリウス　ルクレーティアの父。II-10
レムス　ロームルスの兄弟。I-8
ロスキウス・ガッルス、クイントゥス　有名なローマの俳優。I-**11**

ファビウス・ピクトル、クイントゥス　ローマの歴史家。I-**6**
ファブリキウス・ルスキヌス、ガーイウス　前282、278年の執政官。II-58
ファンニウス、ガーイウス　前122年の執政官。歴史家。I-**6**
フィグルス、ガーイウス・マルキウス　前64年の執政官（?）。II-**62**
フォンス　泉の神。II-56
プラトーン　アテーナイの哲学者。アカデーメイアの創始者。I-15, 55, II-6, 14, 16, 17, 38, 41, 45, 67, 69, III-1, 5, 14, 32
フラーミニウス、ガーイウス　前232年の護民官、前223、217年の執政官。III-**20**
ブルートゥス・カッライクス、デキムス・ユーニウス　前138年の執政官。II-**54**, III-20
ヘーラー　ギリシアの女神。II-41
ヘーラクレイデース・ポンティクス　ヘーラクレイア（ポントス）出身のアカデーメイア派哲学者。III-**14**
ヘーラクレース（ヘルクレース）ギリシアの英雄。II-19, 27
ヘレノス　トロイアの英雄・予言者。II-33
ヘーロドトス　ハリカルナッソス出身の歴史家。I-5
ポピッリウス・ラエナス、ガーイウス　次項の人物の息子。III-36
ポピッリウス・ラエナス、プブリウス　前132年の執政官。III-26
ポプリコラ　→ウァレリウス・ポプリコラ（プーブリコラ）
ホメーロス　ギリシアの代表的叙事詩人。I-2
ポリュイードス　ギリシアの伝説的な予言者。II-33
ポリュデウケース（ポッルクス）ギリシアの英雄。ギリシア・ローマの船乗りの神。II-19
ボレアース　ギリシア神話の北風の神。I-**3**
ポレモーン　アテーナイの古アカデーメイア派哲学者。I-**38**
ポンペイウス・マグヌス、グナエウス　ローマの将軍・政治家。キケローの友人。I-**8**, II-6, III-22, 26

マ　行

マグヌス　→ポンペイウス・マグヌス
マケル、ガーイウス・リキニウス　前68年の法務官。歴史家。I-**7**
マミリウス、ガーイウス（マミリウス法）　前109年の護民官。I-**55**
マリウス、ガーイウス（マリウス法）　ローマの将軍・政治家。I-1, 2, 3, 4, II-56, III-39
マルケッルス　ガーイウス・クラウディウス・マルケッルス（前

ーキウス　ローマ第5代の王。I-4
タレース　ギリシアの初期哲学者。七賢人の一人。II-26
ディオゲネース　セレウケイア（ティグリス河畔の町）出身のストア派哲学者。III-**13**
ディオニューソス（バッコス、リーベル）　ギリシア・ローマの葡萄酒の神。II-19, 37
ディカイアルコス　メッサーナー（シキリア）出身のアリストテレース派哲学者。III-**14**
ティティウス、セクストゥス（ティティウス法）　前99年の護民官。II-**14**, 31
ティーマイオス（タウロメニオンの）　ギリシアの歴史家。II-15
ティーモテオス　ミーレートス出身の竪琴演奏家・ディーテュラムボス詩人。II-**39**
テオプラストス　レスボス出身のアリストテレース派哲学者。I-**38**, II-15, III-13, 14
テオポンポス(1)　半ば伝説的なスパルタ王。III-16
テオポンポス(2)　キオス出身の歴史家。I-**5**
テーセウス　ギリシアの英雄。アテーナイの伝説的な王。II-**5**
デーメートリオス（パレーロンの）アリストテレース派哲学者・政治家。II-64, 66, III-14
トゥーベルトゥス、プブリウス・ポストゥミウス　前505、503年の執政官。II-**58**
トリキピティーヌス　→ルクレーティウス・トリキピティーヌス
トルクワートゥス、アウルス・マンリウス　前165年の執政官・神祇官。II-**55**

ナ　行

ナエウィウス、グナエウス　ローマの詩人。II-39
ヌマ・ポンピリウス　ローマ第2代の王。I-4, II-23, 29, 56

ハ　行

パイドロス　エピクーロス派哲学者。I-**53**
パゴーンダース　テーバイ人。詳細不明。II-37
バッコス　→ディオニューソス
パナイティオス　ロドス出身のストア派哲学者。III-14
ピーソー・フルーギー、ルーキウス・カルプルニウス　前133年の執政官。歴史家。I-**6**
ピッタコス　ミュティレーネー（レスボス）の立法家。ギリシア七賢人の一人。II-**66**
ピュータゴラース　サモス出身の哲学者。ピュータゴラース派の創始者。I-33, II-26
ピリップス、ルーキウス・マルキウス　前91年の執政官、前86年の監察官。II-**31**

年の執政官、前64年の監察官。III-**45**
コルンカーニウス、ティベリウス　前280年の執政官、前246年の独裁官。II-**52**

サ　行

サートゥルニーヌス、ルーキウス・アープレイウス（アープレイウス法）　前103、100年の護民官。II-**14**, III-20, 26
サバジオス　プリュギアの神。II-**37**
ザレウコス　ロクロイ・エピゼピュリオイ（南イタリア）の立法家。I-**57**, II-14, 15
シーセンナ、ルーキウス・コルネーリウス　ローマの政治家・歴史家。I-**7**
スカウルス、マルクス・アエミリウス　前115年の執政官、前109年の監察官。III-**36**
スカエウォラ　→ムーキウス・スカエウォラ
スキーピオー・アエミリアーヌス・アーフリカーヌス・ミノル（小アーフリカーヌス）、プブリウス・コルネーリウス　前147、134年の執政官、前142年の監察官。I-20, 27, II-23, III-12, 37, 38
スキーピオー・アーフリカーヌス・マイヨル（大アーフリカーヌス）、プブリウス・コルネーリウス　前205、194年の執政官、前199年の監察官。II-57
スキーピオー・ナーシーカ・セラーピオー、プブリウス・コルネーリウス　前138年の執政官。III-20
スタタ　しっかり立つという意味の神の名。II-28
スタトル　→ユッピテル
スッラ・フェーリクス、ルーキウス・コルネーリウス　前88、80年の執政官、前82年の独裁官。II-**56**, 57, III-22
スペウシッポス　古アカデーメイア派哲学者。プラトーンの甥。I-**38**
スルピキウス・ルーフス、プブリウス　前88年の護民官。III-**20**
ゼーノーン　キュプロス出身の哲学者。ストア派の創始者。I-**38**, 53, 54, 55
ソークラテース　アテーナイの哲学者。プラトーンの師。I-33, 56, II-6
ソローン　前594年のアテーナイの執政官。I-57, II-59, 64

タ　行

タルクイニウス・スペルブス、ルーキウス　ローマ第7代の王（最後の王）。II-10
タルクイニウス、セクストゥス　タルクイニウス・スペルブスの息子。II-10
タルクイニウス・プリスクス、ル

学者。I-38, 55
クセノポーン　アテーナイ出身の著作家。ソークラテースの弟子。II-**56**
クセルクセース　ペルシア王。II-26
クラウディウス・プルケル、アッピウス　前54年の執政官。II-**32**
クラウディウス・プルケル、ガーイウス　前95年の法務官、前92年の執政官。III-**42**
グラックス、ガーイウス・センプローニウス　前123、122年の護民官。III-20, 24, 26
グラックス、ティベリウス・センプローニウス　前133年の護民官。ガーイウス・センプローニウス・グラックスの兄。III-24
クラッスス、ルーキウス・リキニウス　前95年の執政官、前92年の監察官。ローマの代表的弁論家。III-**42**
グラーティディアーヌス、マルクス・マリウス　前87年の護民官、前85年の法務官。III-**36**
グラーティディウス、マルクス・ガーイウス　キケローの祖父の義兄弟。III-**36**
クーリアーティウス、ガーイウス　前138年の護民官。III-**20**
クリウス・デンタートゥス、マーニウス　前290、(284、) 275、274年の執政官。II-3
クレイステネース　アテーナイの政治家。II-41
クレイタルコス　ギリシアの歴史家。I-**7**
クレイニアース　プラトーン『法律』の登場人物。I-15
クローディウス（クラウディウス・クワドリーガーリウス、クイントゥス？）　ローマの歴史家。I-**6**
クローディウス・プルケル、プブリウス（文中では「あの男」、「不敬の者」、「不埒な悪人」、「あの疫病神」、「反逆的な護民官」などと言及される）　前58年の護民官。キケローの政敵。II-**36**, 42, III-21, 22, 25, 44, 45
ケクロプス　アテーナイの伝説的な王。II-**63**
ゲッリウス、グナエウス　ローマの歴史家。I-**6**
ゲッリウス・ポプリコラ、ルーキウス　前72年の執政官、前70年の監察官。I-**53**
ケレース　ローマの穀物・農耕の女神。II-**21**, 37
コエリウス・カルドゥス、ガーイウス　前107年の護民官、前94年の執政官。III-**36**
コクレス、プブリウス・ホラーティウス　ローマの伝説的な勇士。II-**10**
コッタ、ルーキウス・アウレーリウス　前70年の法務官、前65

イアッコス　エレウシースの秘教の神。II-**35**
インウィクトゥス　→ユッピテル
ウァレリウス・ポプリコラ（プーブリコラ）、プブリウス　前509、508、507、504年の執政官。II-58
ウィカ・ポタ　征服し獲得するという意味の神の名。II-28
ウェスタ　ローマで崇拝された竈の女神。II-20, 29
ウェンノーニウス　ローマの年代記作者。I-**6**
エーゲリア　ローマの泉のニンフ。I-**4**
エピメニデース　クレータの予言者。II-28
エンニウス、クイントゥス　カラブリア出身のローマ詩人。II-57, 68
オデュッセウス　ギリシアの英雄。I-2
オーレイテューイア　伝説的なアテーナイの王女。I-**3**

カ　行

カストール（カストル）　ギリシアの英雄。ギリシア・ローマの船乗りの神。II-19
カッシウス・ロンギーヌス・ラーウィッラ、ルーキウス（カッシウス法）　前137年の護民官。III-**35**, 36, 37
カトー・ウティケンシス、マルクス・ポルキウス　前62年の護民官、前54年の法務官。ストア哲学の信奉者。III-**40**
カトー・ケンソーリウス、マルクス・ポルキウス　前195年の執政官、前184年の監察官。I-6, II-5
ガビーニウス、アウルス（ガビーニウス法）　前139年の護民官。III-**35**
カーラーティーヌス、アウルス・アティーリウス　前258、254年の執政官。II-28
カルカース　ギリシアの伝説的な予言者。II-33
カルネアデース　キューレーネー出身の哲学者。新アカデーメイアの創始者。I-39
カルボー、ガーイウス・パピーリウス　前131年（または前130年）の護民官。III-**35**
カルボー、グナエウス・パピーリウス　前92年の護民官、前85、84、82年の執政官。III-**42**
カローンダース　カタネー（シキリア）の立法家。I-**57**, II-14, III-5
キケロー、マルクス・トゥッリウス　キケローの祖父。III-36
キューロス　ペルシア帝国の建設者。II-56
キュローン　アテーナイの貴族。II-**28**
クイリーヌス　→ロームルス
クセノクラテース　カルケードーン出身の古アカデーメイア派哲

『法律について』

ア　行

アエリウス・スティロー・プラエコーニーヌス、ルーキウス　著名なラテン文法家。II-**59**

アエリウス・パエトゥス・カトゥス、セクストゥス　前198年の執政官。法律家。II-59

アキーリウス、ルーキウス　ローマの法律家。II-**59**

アスクレーピオス（アエスクラーピウス）　ギリシア伝来の医術神。II-19

アセッリオー、センプローニウス　ローマの歴史家。I-**6**

アッキウス、ルーキウス　ローマの悲劇詩人。II-**54**

アットゥス・ナウィウス　ローマの伝説的な予言者（鳥卜官）。II-33

アッピウス　→クラウディウス・プルケル、アッピウス

アーフリカーヌス　→スキーピオー・アエミリアーヌス・アーフリカーヌス・ミノル／スキーピオー・アーフリカーヌス・マイヨル

アープレイウス　→サートゥルニーヌス

アポローン　ギリシアの神。I-61, II-40

アラートス　キリキア出身のギリシア詩人。『パイノメナ（星辰譜）』の作者。II-7

アリストテレース　スタゲイラ（カルキディケー）出身の哲学者。ペリパトス派（アリストテレース派）の創始者。I-38, 55, III-14

アリストパネース　アテーナイの古喜劇詩人。II-**37**

アリストーン　キオス出身のストア派哲学者。I-**38**, 55

アルケシラース　ピタネー出身の新アカデーメイア派哲学者。I-**39**

アレクサンドロス（アレクサンドロス大王）　マケドニア王。オリエント世界の征服者。II-41

アンティオコス　アスカローン（シリア）出身のアカデーメイア派哲学者。キケローの師の一人。I-**54**

アンティパテル、ルーキウス・コエリウス　ローマの歴史家。第二次ポエニー戦史の著者。I-**6**

アンピアラーオス　ギリシアの英雄・予言者。II-33

アンピウス・バルブス、ティトゥス　前63年の護民官。II-**6**

ユーリウス、プロクルス　ロームルスが死後自分の姿を現したと言われる人物。II-**20**

ラ　行

ラエナス　→ポピッリウス・ラエナス

ラルキウス、ティトゥス　前501年の独裁官。II-**56**

ラレース　ローマで崇拝された家・農地の守り神。V-**7**

リュクールゴス　スパルタの伝説的な立法家。II-**2**, 15, 18, 24, 42, 43, 50, 58, III-16, IV-5

ルクモー　ローマ軍の指揮官。II-14

ルクレーティア　セクストゥス・タルクイニウス（タルクイニウス・スペルブスの息子）によって凌辱されたローマ婦人。II-46

ルクレーティウス・トリキピティーヌス、スプリウス　ルクレーティアの父。II-46, **55**

レムス　ロームルスの兄弟。II-4

ロームルス（クイリーヌス）　ローマの建国者。初代の王。I-25, 58, 64, II-4, 10, 11, 14, 16, 17, 18, 19, 20, 22, 23, 25, 26, 50, 51, 52, 53, III-47, VI-24

ローマ史の著者。I-**34**, II-27, IV-3

ポルキウス・カトー、マルクス（ポルキウス法） →カトー・ケンソーリウス

ポルキウス・ラエカ、プブリウス（ポルキウス法） 前199年の護民官、前195年の法務官。II-**54**

ポンピリウス →ヌマ・ポンピリウス

ポンペイウス、クイントゥス 前141年の執政官。III-**28**

マ 行

マエリウス、スプリウス ローマの富裕な平民。II-**49**

マクシムス →ファビウス・マクシムス・クンクタートル

マシニッサ ヌミディア（北アフリカ）の王。VI-**9**

マリウス、ガーイウス ローマの将軍・政治家。I-**6**

マルキウス →アンクス・マルキウス

マルケッルス、マルクス・クラウディウス(1) 前222、(215、) 214、210、208年の執政官。I-**1**, V-10

マルケッルス、マルクス・クラウディウス(2) 前166、155、152年の執政官。I-**21**

マルス ローマの軍神（ギリシアのアレースに当たる）。II-**4**, VI-17（火星）

マンキーヌス、ガーイウス・ホスティーリウス 前137年の執政官。III-**28**

マンリウス・カピトーリーヌス、マルクス 前392年の執政官。II-**49**

ミーノース クレータの伝説的な王。II-**2**

ミルティアデース アテーナイの将軍。I-**5**

ムーキウス・スカエウォラ、プブリウス 前133年の執政官。法律家・大神祇官。I-**20**, 31

メテッルス・ヌミディクス、クイントゥス・カエキリウス 前109年の執政官。I-**6**

メテッルス・マケドニクス、クイントゥス・カエキリウス 前143年の執政官。I-**31**

メテッルス、ルーキウス・カエキリウス 前251、247年の執政官。I-**1**

メネラーオス ギリシアの英雄。スパルタ王。V-**11**

メルクリウス ローマの商業の神（ギリシアのヘルメースに当たる）。VI-17（水星）

ヤ 行

ユッピテル ローマの主神（ギリシアのゼウスに当たる）。I-**50**, 56, II-36, III-23, VI-17（木星）

ユーリウス、ガーイウス(1) 前450年の十人委員の一人。II-61

ユーリウス、ガーイウス(2) 前430年の執政官。II-60

マの悲劇詩人・画家。I-**30**, III-14
パナイティオス　ロドス出身のストア派哲学者。I-**15**, 34
パピーリウス、プブリウス　前430年の執政官。II-60
パピーリウス、ルーキウス　前430年の監察官。II-60
パラリス　アクラガース（シキリア）の僭主。I-**44**
ピーナーリウス、プブリウス　前430年の監察官。II-60
ピュータゴラース　サモス出身の哲学者。ピュータゴラース派の創始者。I-**16**, II-28, 29, III-19
ピュッロス　エーペイロス（ギリシア本土）の王。III-**40**
ヒュペルボロス　アテーナイの政治家。IV-**11**
ピリッポス（ピリッポス2世）　マケドニア王。アレクサンドロス大王の父。III-**15**, IV-13
ピロラーオス　ピュータゴラース派哲学者。I-**16**
ファビウス・マクシムス・クンクタートル、クイントゥス　前233、228、215、214、209年の執政官。I-**1**, V-10
ファブリキウス・ルスキヌス、ガーイウス　前282、278年の執政官。III-**40**
ブーシーリス　伝説的なエジプト王。III-**15**
プーブリコラ　→ウァレリウス・ポプリコラ（プーブリコラ）
プラウトゥス、ティトゥス・マッキウス　ローマの喜劇詩人。IV-**11**
プラトーン　アテーナイの哲学者。アカデーメイアの創始者。I-16, 22, 29, 65, 66, II-3, 22, 51, IV-4, 5, VI-4
ブルートゥス、ルーキウス・ユーニウス　ローマ最初の執政官。II-**46**
ペイシストラトス　アテーナイの僭主。I-**68**
ペイディアース　アテーナイの彫刻家。III-**44**
ペナーテース　ローマで崇拝された家の守り神。V-**7**
ヘーラクレース（ヘルクレース）　ギリシアの英雄。II-**24**, 断片4
ペリクレース　アテーナイの将軍・政治家。I-**25**, IV-11
ペルシウス、マーニウス　詳細不明。I-断片2
ポストゥムス・コミニウス　前496年頃の執政官。II-57
ポピッリウス・ラエナス、プブリウス　前132年の執政官。I-**6**
ホメーロス　ギリシアの代表的叙事詩人。I-56, II-18, 19, IV-5, VI-10
ホラーティウス・バルバートゥス、マルクス　前449年の執政官。II-**54**
ポリュビオス　ギリシアの歴史家。

の執政官。II-**2**, 59

タ　行

タティウス、ティトゥス　サビーニー人の王。II-13, 14
タルクイニウス・スペルブス、ルーキウス　ローマ第7代の王（最後の王）。I-62, II-28, **44**, 46, 51, 52
タルクイニウス・プリスクス、ルーキウス　ローマ第5代の王。II-**35**, 37, 38
タルペイウス、スプリウス　前454年の執政官。II-60
タレース　ギリシアの初期哲学者。七賢人の一人。I-**22**, 25
ディオニューシオス　シュラークーサイの僭主。I-**28**, III-43
ティーマイオス（タウロメニオンの）　ギリシアの歴史家。III-**43**
ティーマイオス（ロクロイの）　ロクロイ・エピゼピュリオイ（南イタリア）出身のピュータゴラース派哲学者。I-**16**
テオポンポス　半ば伝説的なスパルタ王。II-**58**
テーセウス　ギリシアの英雄。アテーナイの伝説的な王。II-**2**
デーマラートス　コリントス人。II-34
テミストクレース　アテーナイの将軍・政治家。I-**5**
デーメートリオス（パレーロンの）　アリストテレース派哲学者・政治家。II-**2**
ドゥエーリウス、ガーイウス　前260年の執政官。I-**1**
トゥッルス・ホスティーリウス　ローマ第3代の王。II-31, 53, III-47
トゥディターヌス、ガーイウス・センプローニウス　前129年の執政官。I-**14**
ドラコーン　アテーナイの立法家。II-**2**
トリキピティーヌス　→ルクレーティウス・トリキピティーヌス

ナ　行

ナエウィウス、グナエウス　ローマの詩人。IV-**11**
ナーシーカ　→スキーピオー・ナーシーカ・セラーピオー
ヌマ・ポンピリウス　ローマ第2代の王。II-25, 26, 28, 29, 31, 33, III-47, V-3
ネオプトレムス（ネオプトレモス）　ギリシアの英雄。エンニウスの悲劇の主人公。I-**30**

ハ　行

パウルス・マケドニクス、ルーキウス・アエミリウス　前182、168年の執政官。本篇の登場人物スキーピオー・アエミリアーヌス・アーフリカーヌス・ミノルの父。I-14, 23, 31, VI-14
パークウィウス、マルクス　ロー

政官、前169年の監察官。VI-**2**
グラックス、ティベリウス・センプローニウス(2)　前133年の護民官。I-**31**, III-41
クラッスス・ディーウェス・ムーキアーヌス、プブリウス・リキニウス　前131年の執政官。I-**31**, III-17
クリウス・デンタートゥス、マーニウス　前290、(284、) 275、274年の執政官。III-6, **40**
クリューシッポス　ソロイ（キリキア）出身のストア派哲学者。III-**12**
クレイステネース　アテーナイの政治家。II-**2**
クレオポーン　アテーナイの政治家。IV-**11**
クレオーン　アテーナイの政治家。IV-**11**
コングス、ユーニウス　詳細不明。I-**断片2**
コンラーティーヌス、ルーキウス・タルクイニウス　ローマ最初の執政官。II-**46**, 53

サ　行

サートゥルヌス　ローマの農耕神（ギリシアのクロノスと同一視される）。VI-17（土星）
サルダナパッルス　伝説的なアッシリア王。III-**断片4**
シモーニデース　ケオース出身の抒情詩人。II-**20**
スカエウォラ　→ムーキウス・スカエウォラ
スキーピオー・アーフリカーヌス・マイヨル（大アーフリカーヌス）、プブリウス・コルネーリウス　前205、194年の執政官、前199年の監察官。I-**1**, 27, VI-10, 15, 17, 20, 26
スキーピオー・カルウス、グナエウス・コルネーリウス　前222年の執政官。I-**1**, IV-11
スキーピオー・ナーシーカ・セラーピオー、プブリウス・コルネーリウス　前138年の執政官。I-**6**
スキーピオー、プブリウス・コルネーリウス　前218年の執政官。I-**1**, IV-11
スルピキウス・ガッルス（ガルス）、ガーイウス　前166年の執政官。I-**21**, 22, 23, 30
セスティウス、ルーキウス　ローマの貴族。II-61
ゼートゥス　ギリシア神話の人物。I-30
セルウィウス・スルピキウス・ガルバ　前144年の執政官。弁論家。III-**42**
セルウィウス・トゥッリウス　ローマ第6代の王。II-37, 38, 40
ソークラテース　アテーナイの哲学者。プラトーンの師。I-15, 16, II-3, 22, 51, III-5
ソローン　前594年のアテーナイ

ウェヌス　ローマの愛の女神（ギリシアのアプロディーテーに当たる）。VI-17（金星）
ウェルギーニウス、デキムス　凌辱から守るため自分の娘を殺したローマ人。II-63
ウォコーニウス・サクサ、クイントゥス（ウォコーニウス法）　前169年の護民官。III-**17**
エウドクソス　クニドス出身の数学者・天文学者。I-**22**
エピクーロス　アテーナイの哲学者。エピクーロス派の創始者。VI-3
エンニウス、クイントゥス　カラブリア出身のローマ詩人。I-**3**, 25, 30, 49, 64, VI-10
エンペドクレース　アクラガース（シキリア）の哲学者。III-**19**
オピーミウス、ルーキウス　前121年の執政官。I-**6**

カ　行

カエキリウス・スターティウス、ガーイウス　ローマの喜劇詩人。IV-**11**
カッシウス、スプリウス　前502、493、486年の執政官。II-**49**, 57, 60
ガッルス　→スルピキウス・ガッルス（ガルス）
カトー・ケンソーリウス、マルクス・ポルキウス（ポルキウス法）　前195年の執政官、前184年の監察官。I-**1**, 27, II-**1**, 37, **54**, III-40, IV-11
カヌレイウス、ガーイウス（カヌレイウス法）　前445年の護民官。II-**63**
カミッルス、マルクス・フーリウス　ローマの将軍。I-**6**
カーラーティーヌス、アウルス・アティーリウス　前258、254年の執政官。I-**1**
カルネアデース　キューレーネー出身の哲学者。新アカデーメイアの創始者。III-**8**, 9
キュプセロス　コリントスの僭主。II-**34**
キューロス　ペルシア帝国の建設者。I-**43**, 44
クイリーヌス　→ロームルス
クインクティウス・キンキンナートゥス、ルーキウス　前458年の独裁官。II-**63**
クセノクラテース　カルケードーン出身の古アカデーメイア派哲学者。I-**3**
クセルクセース　ペルシア王。III-**14**
クラウディウス・プルケル、アッピウス　前143年の執政官。I-**31**
クラウディウス・プルケル、ガーイウス　前177年の執政官、前169年の監察官。VI-**2**
グラックス、ティベリウス・センプローニウス(1)　前177年の執

『国家について』

ア　行

アイスキネース　アテーナイの悲劇俳優・弁論家。IV-**13**
アエリウス・パエトゥス・カトゥス、セクストゥス　前198年の執政官。法律家。I-**30**, III-33
アキレース（アキレウス）　ギリシアの英雄。I-30
アクイーリウス、マーニウス　前129年の執政官。I-**14**
アットゥス・ナウィウス　ローマの伝説的な予言者（鳥卜官）。II-**36**
アティーリウス、アウルス　→カーラーティーヌス
アーテルニウス、アウルス　前454年の執政官。II-60
アナクサゴラース　クラゾメナイ（イオーニア）出身の哲学者。I-**25**
アハーラ、ガーイウス・セルウィーリウス　ローマ人。スプリウス・マエリウスの暗殺者。I-**6**
アーフリカーヌス　→スキーピオー・アーフリカーヌス・マイヨル
アポローン　ギリシアの神。II-44
アムーリウス　伝説的なアルバの王。II-**4**
アラートス　キリキア出身のギリシア詩人。『パイノメナ（星辰譜）』の作者。I-**22**, 56
アリストデーモス　アテーナイの悲劇俳優。IV-**13**
アルキメーデース　ギリシアの数学者。I-**21**, 22, 28
アルキュータース　タラース（南イタリア）出身のピュータゴラース派哲学者。I-**16**, 59, 60
アレクサンドロス（アレクサンドロス大王）　マケドニア王。オリエント世界の征服者。III-**15**
アンクス・マルキウス　ローマ第4代の王。II-**5**, 33, 35, 38
イーピゲニーア（イーピゲネイア）　ミュケーナイ王アガメムノーンの娘。エンニウスの悲劇の主人公。I-**30**
ウァレリウス・ポティートゥス、ルーキウス　前449年の執政官。II-**54**
ウァレリウス・ポプリコラ（プーブリコラ）、プブリウス　前509、508、507、504年の執政官。II-**53**, 55
ウィルトゥース　神格化された徳（勇気）。I-**21**
ウェスタ　ローマで崇拝された竈の女神。II-**26**, III-17

人名索引

・本索引は、作品本文中に登場する人名・神名を対象として作成されたものである。ただし、対話篇の登場人物については、各作品本文の前にその一覧を掲げ、本索引の対象としなかった。
・各人名・神名に簡略な事跡を記した上、五十音順に配列し、各作品ごとに出現個所を「巻・節」で示した。その際、「巻」はローマ数字、「節」はアラビア数字で表示し、本文で注解が付されている個所をゴシック体にすることで参照の便宜をはかった。
例）III-14　第3巻第14節
・本索引では、原則として日本語本文に明示される人名のみを対象とし、「あの男」など暗示的に言及されている場合、また「孫」や「祖父」などと呼ばれている場合については、特に重要と思われるもののみを対象とした。また、人名にちなむ法律名（「ポルキウス法」など）についても、人名として扱い、その旨を注記した。
・複数の同一人名が存在する場合、人名の後に(1)、(2)……などと数字を付すことで区別した。
・作品本文で指示されている人名が当該人物であるかどうか不確かなものについては、（？）を付すことで区別した。
・本索引の見出し項目とは異なる呼称が本文で用いられている人名については、適宜「→」で見出しの表記を示した。
例）アティーリウス、アウルス　→カーラーティーヌス

KODANSHA

本書は、一九九九年に岩波書店より『キケロー選集8　哲学I』として刊行されたものを底本とし、体裁や方針などを改訂して文庫版としたものです。

キケロー（Marcus Tullius Cicero）

前106-前43年。共和政ローマ末期の政治家・弁論家・哲学者。代表作は『弁論家について』,『老年について』,『友情について』など。

岡　道男（おか　みちお）

1931-2000年。京都大学名誉教授。専門は，西洋古典学。主な訳書に，アポロニオス『アルゴナウティカ』（講談社文芸文庫），ソポクレース『オイディプース王』，ウェルギリウス『アエネーイス』（共訳）ほか。

講談社学術文庫

定価はカバーに表示してあります。

国家《こっか》について　法律《ほうりつ》について

キケロー

岡《おか》　道男《みちお》 訳

2025年 1 月14日　第 1 刷発行

発行者　篠木和久
発行所　株式会社講談社
東京都文京区音羽 2-12-21 〒112-8001
電話　編集（03）5395-3512
販売（03）5395-5817
業務（03）5395-3615
装　幀　蟹江征治
印　刷　株式会社新藤慶昌堂
製　本　株式会社国宝社

ISBN978-4-06-538134-2

「講談社学術文庫」の刊行に当たって

これは、学術をポケットに入れることをモットーとして生まれた文庫である。学術は少年の心を養い、成年の心を満たす。その学術がポケットにはいる形で、万人のものになることは、生涯教育をうたう現代の理想である。

こうした考え方は、学術を巨大な城のように見る世間の常識に反するかもしれない。また、一部の人たちからは、学術の権威をおとすものと非難されるかもしれない。しかし、それはいずれも学術の新しい在り方を解しないものといわざるをえない。

学術は、まず魔術への挑戦から始まった。やがて、いわゆる常識をつぎつぎに改めていった。学術の権威は、幾百年、幾千年にわたる、苦しい戦いの成果である。こうしてきずきあげられた城が、一見して近づきがたいものにうつるのは、そのためである。しかし、学術の権威を、その形の上だけで判断してはならない。その生成のあとをかえりみれば、その根は常に人々の生活の中にあった。学術が大きな力たりうるのはそのためであって、生活をはなれた学術は、どこにもない。

開かれた社会といわれる現代にとって、これはまったく自明である。生活と学術との間に、もし距離があるとすれば、何をおいてもこれを埋めねばならない。もしこの距離が形の上の迷信からきているとすれば、その迷信をうち破らねばならぬ。

学術文庫は、内外の迷信を打破し、学術のために新しい天地をひらく意図をもって生まれた。文庫という小さい形と、学術という壮大な城とが、完全に両立するためには、なおいくらかの時を必要とするであろう。しかし、学術をポケットにした社会が、人間の生活にとってより豊かな社会であることは、たしかである。そうした社会の実現のために、文庫の世界に新しいジャンルを加えることができれば幸いである。

一九七六年六月

野間省一